U0600595

信息时代高校档案安全管理与创新建设研究

陈　良　黄梦璇　刘昕彤　著

中国原子能出版社

图书在版编目（CIP）数据

信息时代高校档案安全管理与创新建设研究 / 陈良，
黄梦璇，刘昕彤著. --北京：中国原子能出版社，
2023.11

ISBN 978-7-5221-2954-9

Ⅰ. ①信… Ⅱ. ①陈…②黄…③刘… Ⅲ. ①高等学
校–档案管理–研究 Ⅳ. ①G647.24

中国国家版本馆 CIP 数据核字（2023）第 168845 号

信息时代高校档案安全管理与创新建设研究

出版发行	中国原子能出版社（北京市海淀区阜成路 43 号 100048）
责任编辑	张 磊
责任印制	赵 明
印 刷	北京天恒嘉业印刷有限公司
经 销	全国新华书店
开 本	787 mm×1092 mm 1/16
印 张	15
字 数	246 千字
版 次	2023 年 11 月第 1 版 2023 年 11 月第 1 次印刷
书 号	ISBN 978-7-5221-2954-9 定 价 78.00 元

网址：**http://www.aep.com.cn** E-mail：**atomep123@126.com**
发行电话：**010-68452845** 版权所有 侵权必究

前　言

　　档案是历史的真实记录，通过档案可以了解过去、把握现在、计划未来。在我国的社会发展实践中，档案能够为人们的生活与工作提供重要的信息资源，同时档案记录记载的这些重要信息，在关键时刻可以保护广大人民群众的财产安全不受到侵害。因而，国家重视档案事业的发展，切实保证档案工作的有序，保证相关档案的安全。上述这些离不开档案管理工作，档案管理具体指的是在科学理论的指导下，用科学的方法来对档案进行管理的行为，为各级党政机关、企事业单位、社会组织和个人服务的工作。

　　高校档案是高校在招生、教学、科研和管理等活动中形成的历史记录，是国家档案的重要组成部分。它关系到高校建设、人才培养、科学研究和行政管理等方面，具有凭证、参考、教育、存查的价值。因此，国家和高校都特别重视高校档案的管理工作。

　　在我国高校中，档案管理是一项至关重要的基础性管理工作。一方面，高校档案馆中保存有很多重要的历史文献，承担着保存历史资料的职责，另一方面，档案馆还保管着很多工作所需的重要文件，肩负着为高校各项工作提供资料支持的使命，同时还肩负着为社会公民提供使用和服务的重要使命。

　　随着科学技术的迅猛发展，当下我们已经进入了信息化时代，网络的发展进步已经彻底颠覆了人类对信息资源的传统利用方式，信息资源正在密切地与网络资源相结合，为当今国家、地区、组织和个人的信息传递搭建了沟通的桥梁，为人类带来了前所未有的便利，成为生活中不可缺少的一部分。随着信息技术为各行各业的赋能，为很多传统行业提供了新的发展助力，高校档案工作也应该紧跟时代浪潮，积极拥抱信息技术，让档案管理与信息技术相结合，促进高校档案管理工作向着更高效、更快捷的方向发展。

本书共分为六章，第一章为档案管理基础，主要就档案基础理论、档案管理涉及层面、现代档案管理工作的发展这三个方面展开论述；第二章为我国高校档案管理分析，主要围绕我国高校档案管理类型、我国高校现行档案管理体制、我国高校档案的收集、整理与保管现状展开论述；第三章为信息时代下高校档案的安全管理，依次介绍了基于档案安全体系的研究、高校档案信息管理现状、信息时代下的档案管理技术、高校档案信息安全管理总体对策共四个方面的内容；第四章为我国高校档案数字化建设工作，依次介绍了档案信息的数字化、高校档案数字化研究、我国高校档案数字化建设工作体系；第五章为信息时代高校数字档案馆的创新建设，分为四部分内容，依次是信息时代下高校档案馆的发展、数字档案馆的发展与普及、高校数字档案馆建设目标与原则、高校数字档案馆生态系统建设。最后一章为高校档案信息化管理与建设，主要围绕实现档案信息化管理的技术应用、高校档案信息化建设的问题与影响、高校档案信息化建设管理的思路展开论述。

在撰写本书过程中，得到了许多专家学者的帮助和指导，参考了大量的学术文献，在此表示真诚的感谢。本书内容系统全面，论述条理清晰、深入浅出，但由于笔者水平有限，书中难免会有疏漏之处，希望广大同行和读者及时指正。

目　录

第一章　档案管理基础

档案管理又被学界称为档案工作，其具体的内容指的是在档案馆或者档案室里，对记载信息的档案试题资料进行管理，并为需要档案资料的人提供相应的服务。本章主要对档案管理基础进行论述，具体从三个方面进行阐述，分别是档案基础理论、档案管理涉及层面和现代档案管理工作的发展。

第一节　档案基础理论

档案在文字发明不久后就已产生的，但"档案"一词，直到清代才出现的档案。清代，虽由过去的木牌、木签改为纸质文件，但仍沿用过去的习惯，将保存起来的文件称为"牌子""档子""档案"，将存放档案的架子称为"档架"，每一格称为一档，"档案"便意为存放在档架之内的案卷，这种称呼历经 300 多年，一直沿用至今。

一、关于"档案"的概念解释

从文字出现的那一刻起，其承担的责任以及扮演的角色就非常重要，随着社会的发展以及生产力的提升，这种趋势不仅没有改变，反而使文字所需承担的功能变得更多。文字与档案二者密不可分，人类通过文字记载重要信息进而形成了档案，只不过有关档案名称的确认经历了一个非常漫长的演变过程，直至清朝才最终被确立。

（一）探究"档案"的历史渊源

档案作为一种事物在我国早已存在，但我国古代的档案在各个朝代有着不同的称谓。商代称之"册",周代称之"中",秦汉称之"典籍",汉魏以后谓之"文书""文案""案牍""案卷""簿书",清代以后多用"档案"作为它的称谓。

"档案"一词来源于清初。为何称"档案",有两种解释:一种意见认为,"档案"的名称是沿用了清军入关以前对档案事务的用语。约康熙四十六年(1707年),杨宾在《柳边纪略》中对"档案"一词进行解释:"边外文字,多书于木,往来传递者曰牌子,以削木片若牌故也;存储年久者曰档案,曰档子,以积累多贯皮条挂壁若档故也。然今文字书写于纸者,也呼为牌子、档子矣。"意思是说,满族在建立清朝之前,大多在削得薄如纸牌的木片上书写文书,并将木片文书悬挂起来存档,档案日积月累,使得挂壁上的档案成连贯的条状,因此被称为"档子"。入关后,清人虽然改用纸张书写文书,但"牌子""档子"的用语并没有改变;另一种意见是,清朝建政后使用汉语词义来解释档案。在《康熙起居注》一书中有"部中无档案"的记载,这里面的"档案"不是上述"档子"的解释。通过查阅《康熙字典》,我们可以查到其中对"档"字的解释为"横木框档",具体指的就是木架框格。按照《说文解字》的意思,"档"字指的是"几属",一种与小桌子极为类似的物体。通过这些具象化的解释,对案进行解释,比如,往往将处理一件事情称为"一案",相关事件所收存的文件也被称为"案卷"。再将"档"与"案"连用,"档案"就是存入档架的案卷。档案一词,历经三百多年,一直延续使用,现已成为一个科学概念,档案的第二种含义,在今天仍保留着清代赋予它形象的和内在的意义。

(二)《中华人民共和国档案法》的规定

在档案管理领域,我国在1987年的第六届全国人民代表大会常务委员会第二十二次会议就审议通过了《中华人民共和国档案法》,为我国的档案事业提供了立法说明,由此可以看出我国对档案工作的重视。在《档案法》第二条中,就明确了有关档案的定义,档案具体指的是:"本法所称档案,是指过去和现在的机关、团体、企事业单位和其他组织以及个人从事经济、政治、文化、社会、生态文明、军事、外事、科技等方面活动直接形成的对国家和社会具有保存价值的各种文字、图表、声像等不同形式的历史记录。"

通过对《档案法》的研究分析，我们可以探究出档案的真正含义，档案具体指的是人类在开展实践活动中记载形成的原始记录，同时也包括记录记载这些信息的文件材料。

档案产生于各种社会组织和个人的社会实践活动，这说明档案的产生时间久远，产生领域广泛，内容构成丰富。

档案形成于人类实践活动中，是人类社会历史的"记忆"和"再现"。可以说，自从有了个人及社会组织利用文字进行信息交流与沟通的需要以及留存备查的需要，就有了档案。同时，人类实践活动涉及自然和社会的各个方面，既包括政治活动、军事活动、经济活动，还包括科学、技术、文化等；既涉及人类认识自然和社会以及改造自然和社会等各个方面，也涉及人类认识和改造自己的主观方面[1]。

档案是保存备查的历史文件，档案由办理完毕且有保存价值的文件转化而来，这指明了档案的成因和价值因素。有关文件的定义有很多，一般来说指的是组织和个人在开展实践活动的过程中记录并形成的具有效用的一切材料的总称。由于社会实践的持续性和继承性，将以后仍具考查利用价值的文件有规律、有规则地保存下来，进行分类存贮，于是便形成了档案。

换句话说，我们当下所产生的文件，在经过筛选与存贮之后，就会变为档案，二者具有天然的"血缘关系"。从某种意义上说，"文件"和"档案"是同一事物在不同阶段的两种称呼或者两种表现。

档案的形式多种多样，这揭示了档案的物质存在形态和形式范围。档案的形式是指档案文件存在形式和内容记述与显示方式等因素。从档案信息载体来说，有甲骨、金石、嫌帛、竹简、泥板、纸草、纸张、胶片、磁介质、光介质等；从信息表达方式来说，文书档案有法律、条例、办法、决定、指示、总结等，科技档案有产品图、竣工图、测绘图、气象图等；从档案材料制作方式而言，有刀刻、手写、印刷、摄影、录音、录像、复印、缩微等。档案形式的多样性要求我们在实施档案管理活动时，要注意从档案形式方面

---

① 杜宝文. 档案信息化管理发展路径与档案信息开发利用的探讨 [J]. 信息记录材料，2020，21（07）：32-33.

构建结构合理、科学的档案库藏结构。

档案的本质属性就是其记载、标明的历史记录，同时这也是有关档案定义的核心和实质。"原始的历史记录"是档案所以成为档案的质的规定性。"档案是原始的历史记录"这一本质属性，是科学界确定档案的范围的依据，是恰当区分档案和非档案的根本标准。

二、现代档案的基础构成与属性

（一）现代档案的种类划分

由于划分标准和认识角度不同，档案的分类也各不相同。

1. 从档案的载体划分

由于文字在书写的过程中，可以有不同的书写载体，因而档案也会有不同的记录载体，根据档案的载体进行分类，可将其划分为纸质档案和非纸质档案两大类别。纸质档案与非纸质档案有其各自的特点和作用。纸质档案是以纸张为书写媒介的档案，而非纸质档案则主要指非纸质载体所涵盖的档案。在现代社会中，纸质档案和非纸质档案并存。档案的非纸质形式可分为两类，一是以甲骨、金石、竹简等为载体的传统档案；二是最新型的现代载体档案，包括胶片、录音带、录像带、电子计算机及各种电子设备记录的档案。由于档案载体的多样性，其制作、管理、传递、耐久性和保护方法均呈现出多样化的特点。

2. 从档案形成领域的公私属性划分

档案可以是某个人经过实践形成的，也可以是某个组织团体经过实践形成的，因此档案是具有不同的公私属性的。就档案形成领域的公私属性而言，可将其归为公务档案和私人档案两大类别。公务档案是由机关、团体、企事业单位和其他组织在其职能活动中直接生成的文献资料，其具体形式主要为公务文书，例如法律、法规、行政公文等。私人档案是指个人在私人事务中直接形成的档案，它具有秘密性以及原始性特征，其具体文件形式包括个人文稿、书信、账单等。

3. 从档案形成的政权性质和阶段划分

从档案形成的政权性质和阶段，可把档案分为建国后档案、革命历史档案、旧政权档案。建国后档案指 1949 年 10 月 1 日中华人民共和国成立后，在我国形成的归国家所有的档案；革命历史档案指的是形成于 1949 年 10 月 1 日之前，由中国共产党领导的军队、政权以及个人在革命时期形成的，归国家收藏的档案；旧政权档案指 1949 年 10 月 1 日中华人民共和国成立前，除了革命历史档案之外的所有归国家所有的档案。这三部分档案又被称为国家档案全宗。这种划分的意义在于便于从行政管理的角度对全国范围内归国家所有的全部档案进行宏观管理和控制。

4. 按文书档案、科技档案和专门档案划分

文书档案常常被称为党政档案，是记录党政机关、团体、企事业单位在党务和行政管理活动中形成的相关记录材料，包括国家行政机关和其他单位组织所发出和收到的指示、请示、报告、批复、决议、决定、通知等。

科技档案又被称为科学技术档案，从名中便可以看出，它是科学技术研究过程中形成的各种形式载体材料，包括文字、图表、数据、声像等，构成了具有保存价值的科技档案。

专门档案指的是专业职能活动中形成的档案，是文书档案和科技档案之外的其他类型的档案。它包括人事档案、会计档案、诉讼档案、病历档案、婚姻档案等，为记录个人信息、财务状况、法律程序等方面的档案资料。它包含的门类众多，精细程度很高。

（二）现代档案的属性研究

属性指的是事物所固有的性质，是其固有的、基本的、不可分割的特性，同时也是其某一方面质的显现。它在人们认识客观现实过程中发挥着重要作用，并随着人类对客观世界认识的深化而发展变化。事物的本质属性和非本质属性之间存在着显著的差异，这种差异在一定质的事物中得到了充分体现。

1. 现代档案的一般属性

（1）信息性

档案是信息大家庭的一员，它是一种书面符号记录信息。档案是一种外

显信息，它有着与内部储存信息和自然信息截然不同的表达方式，在人类大脑储存有巨量的信息，内储信息指的是那些储存在人脑中还未被外显或记录下来的信息，这些信息经过人类大脑的加工和处理得以存储在信息库中，它包括人类历史活动过程中形成的原始凭证和历史记录。自然信息，是那些未曾被人类所记录或储存的珍贵信息。档案信息是一种外显信息，其信息的外显是通过符号记录的方式实现的。由于人对外界事物具有一定的感知力和记忆力，所以可以说人类社会的一切活动都离不开记忆，而档案信息就是人们利用档案文件等资料进行整理加工形成的各种形式的历史记录。因此，它与内储信息以及自然信息截然不同。

档案是记录着人类历史、文化、社会等多方面信息的一种载体。将信息按照其外显的结果进行分类，可将其划分为记录信息和未记录信息两类。记录信息是指那些已经被记录在书籍、纸张、磁带或石碑等以外形式中，并经过加工，具有延续性、继承性和共享性的信息。档案就是一类有记录信息的文件材料。未被记录的信息，指的是那些实际存在或存在过，但尚未以任何形式被记录或固化下来的信息。未被记录的信息，是一个庞大的信息库，是信息的主要呈现方式，其规模庞大、范围广泛，包括人类的言语、行为以及已灭绝的生物信息等。毫无疑问，档案是一种记录信息的原始形式，其包含的内容具有高度的可追溯性。

档案是通过使用书面符号来记录信息的。这些通过档案被记录下来的符号记录方式可以被归为书面符号记录和实物符号记录两类，它们都是记录信息的重要表达方式。书面符号可以被分为书写符号和机器记录符号两类，书写符号指的是被人们书写篆刻下的符号，包括文字、设计图纸等等，而机器记录符号指的是通过记录机器（照相机、摄影机等等）所记录下的信息，包括照片、视频等。在记录机器发明之前，信息只能以书写符号的形式被记录，而记录仪器发明之后，记录的对象就变成了能够独立存在于人的大脑中的各种形态的实体，使得那些原本无法被记录的体态语符号、实物符号和语音符号等，也可以被记录下来，成为了一种书面符号记录的形式。

档案是记录信息的最原始形式，它以书面符号的形式呈现。符号记录和实物记录均可根据其生成方式划分为原始记录和整合记录，这两种记录形式各自具有独有的特征和表现形式。原始记录是人类在实践活动中产生的初始记录，包括但不限于原稿、原创乐谱、草图等。这些原始记录在形成过程中经过了整理、分类、保管，并最后由载体转化成为档案。人类对原始记录进行整合再加工，从而创造出各种类型的记录，例如书籍、期刊等，这些记录被称为整合记录。

档案是归档后的原始性书面符号记录信息，原始性书面符号记录可以划分为：现行文件和档案。我们可以将文件理解为"现在进行时"的原始性书面符号记录，即它作为人类活动相关的组成部分处于正在执行现行职能的状态。而这种状态结束后，其价值较高的部分需另行保存，以便长久查考、利用，这就形成了档案。

（2）文化性

文化是一个广泛而又深奥的概念，文化一词在不同时期有着各不同的含义，许多思想家、哲学家和语言学家一直致力于从各自学科的视角来界定文化的概念，以期达到更高层次的认知和理解。有很多学者认为文化就是人类所特有的意识形态及实践活动，是一种社会现象，是人类漫长的创造过程中孕育而生的。文化反映着一定时代的物质生产水平、经济结构、社会制度及意识形态。文化还是一种历史现象，是社会历史的沉淀，是人类智慧和经验的结晶。文化可以说是一个国家或一个民族的历史、风土人情、生活方式、文学艺术、思维方式、价值观念等方面的综合体现。

根据以上的文化概念，显然，档案具有的文化性主要包括：档案本身就是文化发展的产物。人类不是从诞生开始就具有档案这种事物的，而是在产生了记录工具——书面符号后档案才产生的，书面符号本身就具有强烈的文化属性，因而档案在某些层面上与文化是相通的。档案也属于是一种历史现象，是对人们历史实践活动的记录，它记载了文化内容，记载了早期先人的实践活动，还记载了国家以及民族的历史、习俗、艺术作品、行为规范和思维方式等等。

国际档案理事会主席让·皮埃尔·瓦洛在第十三届国际档案大会开幕式的致辞中把档案称为"人类记忆、文化和文明的金子"。

2. 现代档案的本质属性

档案除了具有政治性、机密性、信息性的属性外，还具有利用价值性，但其本质属性是原始记录性。档案是历史的记录，是人们真实活动的记载，档案无论从形式或内容特征上都表现出原始记录性，不同于文学艺术作品，档案并非由人们有意识地编写或加工而成，而是在完成某项工作时自然形成的。因此，档案具有极强的凭证作用，不仅可以用来查考和研究历史上发生的事件和人物，而且也可以通过档案来了解当时社会经济发展状况以及人民群众的生活水平和精神面貌等方面的内容。因为这种原始记录的性能能够真实地反映历史的真实面貌，所以它具有高度的历史还原能力，从而使档案成为最真实、最可靠、最为宝贵的材料。原始记录性是档案最本质的属性，是档案区别于其他文字材料的根本特征。

"原始性"直接关系到档案的"证据价值"，是一个根本性的问题。同时，档案的"原始性"并非绝对的，仅仅是相对于当时、当事和特定主体而言的。还必须指出，电子档案虽存在易更改性，但从相对的角度看，仍然具有原始性；另一方面，随着电子文件及电子档案信息安全保障技术的日益完善，其典型意义上的原始性仍然是非常显著的。我们不能以技术保障措施的缺陷去否认电子档案本身客观存在的"原始性"。

档案的"记录性"，指档案是基于某种需要而有意识地通过特定方式与方法形成的。一方面，任何档案的形成都是有意识的而不是无意识的，是人类有意识地制作和使用文件，并有意识地将完结文件中具有保存价值的部分经规范集中和系统整理后转化而来的。另一方面，文件和档案都以文字、声音、图像、数字、图形、线条等符号记录了当时、当事和特定主体开展的工作、处理事务的具体思想和活动过程及其成果等情况。文献所蕴含的知识与信息是人们通过各种方式有意识地将其记录在载体上的，而不是天然荷载在物质实体上的。

三、对档案价值的梳理分析

（一）档案价值具体内涵

档案及其管理工作的生命力在于其蕴含的价值。因此，探讨如何实现档案的价值，对于促进档案事业健康有序地向前发展具有重要意义。档案的价值在于其对社会需求的满足程度，也就是档案在满足社会需求方面的实用性。它既包括人们通过档案获得信息的过程所产生的使用价值，也包括通过档案传递知识、经验等而创造出来的文化产品或精神财富所产生的潜在价值。档案的价值问题是事关档案"生死"、决定档案事业"存亡"的最根本的问题之一。需要指出的是，档案不是商品，因而"档案的价值"不是政治经济学上定义的"价值"，而是指档案的使用价值或者说是它的"有用性"。

（二）档案的两大基本价值

1. 凭证价值

档案作为最原始的一手资料，具备极强的真实性，这主要是由两方面的原因构成的：（1）档案是由原始的资料直接转变而来的。档案是由文件转换而成的，一份文件的产生出现就是源于人类在某时某刻开展的实践活动而形成的，因此这份文件具有很强的真实性。这些文件在转变为档案的过程中是不会经过修改的，因此档案也就成为了令人都能信服的材料；（2）档案记录着某一历史时期真迹，如手稿、照片、原声录音等。正因如此，档案能够有力地为历史提供真材实料的佐证，能很好的起到凭据的作用。

2. 参考价值

档案是对历史活动过程与事实进行的原始记载，也是人们在实践过程中认识世界并改造世界的重要记录，是对人类改造自然与社会的思想过程、创作成果、实践经验的重要反映，它为后人进行历史考查提供了关键凭证。因此，人类在对事物发展过程与规律进行研究、对既往发展历史进行考查、对历史遗产文化进行批判继承的实践过程中，档案都发挥着至关重要的参考价值与情报价值。因此人类能够借助档案吸取历史教训、学习历史经验，并在此基础上实现新的创造。档案是人类在历史实践过程中直接产生的历史资料，其参考价值或情报价值也具有原始性和可靠性的特点，这是其他文献资料所不及的。

四、档案的基本作用

档案的价值体现在其所承载的历史、文化、社会等多个方面，对人类智慧和文化传承作出了巨大的贡献。同时档案对机关和单位工作也起到很大的影响，它是开展工作查考所需的凭据，是这些单位在过去的经营过程中所形成的文件直接转换而来的，可以帮助公司随时了解过往的相关活动。查考档案在最初主要是为社会组织工作服务。社会组织要保证其工作的正常开展和延续，一般必须查考利用档案，因而档案工作成为社会组织行政管理工作的重要组成部分。各社会组织在工作中，为了解组织历史，为增强职工主人翁责任感而进行宣教，为塑造良好的组织形象而进行社会宣传，为科学决策和制定切实可行的管理规章，为掌握工作规律或寻求解决问题的办法等，通常都需要查考利用档案。无案可查或有案不查，都会给工作带来困难。

（一）档案作用归纳

1. 机关工作的查考凭据

档案是机关、公司、组织等在过去的生产及社会活动中所形成的文件，其初衷在于为机关的工作提供服务。档案记录和反映了机关和社会组织过去各方面活动的情况。要保证机关或组织工作的正常开展和延续性，就应该查考利用档案。无案可查或有案不查，会给机关正常工作的开展带来很大的不便。

2. 生产建设的参考依据

公司和组织的档案中往往记录了各种生产活动的情况、成果和经验教训，同时也记录了自然资源、生产条件、生产管理和生产技术等方面的信息，这些信息非常宝贵，可以为公司后续的经济管理和各项生产提供宝贵的数据和参考资料。

3. 政治斗争的必要手段

档案总是在一定的社会制度中产生，由一定的阶级和政治集团形成，它记录和反映了社会上各阶级、政治团体等各方面的情况，档案历来是阶级统治和政治斗争的必要手段。

4. 科学研究的可靠资料

任何一种研究都必须以广泛地使用资料为基础，并以资料的真实可靠性为前提。档案在科学研究中扮演着不可或缺的角色，它不仅提供了原始记录，方便后续实验的开展，还记载了大量实验、观察所得出的相关数据，为科学研究提供了必要的条件。

5. 宣传教育的生动素材

与其他不同类型的宣传资料相比，档案以其原始性、直观性、具体性和生动性等特点见长。利用档案著书立说、报告演讲、进行文艺创作、举办各种展览将具有强烈的说服力和感染力。

（二）档案的作用规律

合理地利用所储藏的档案，可以为相关活动实践带来极大的便利，充分发挥出档案的价值。在对档案的价值与其功能利用的过程中，我们可以总结出以下四种特点。

1. 档案价值时效律

档案的珍贵程度与其被保存的时间息息相关。有些档案的作用会受到时间限制，可能在一段时间内具有较高的查考价值和利用价值，一旦过了某些时间节点，其所蕴含的价值会大打折扣，甚至直接消失。如条约、合同、协议类的档案，其时效性与档案内容的有效期直接相关。而有的档案，由于社会要经常地、反复地查考利用这些档案，它的价值可以说是永久存在的，不会随着时间的推移而变化，如天文、水文、勘测、气象类档案，其时效性较长，因为这类档案历经的时间越长、积累的数量越多，就越能寻找其中的规律。

为了确保档案的价值最大化，我们必须准确评估不同档案的时效性，并在适当的时候将其充分利用，发挥它的内在价值，以避免错过其使用期限，从而丧失价值。

2. 档案价值扩展律

某些档案的作用范围呈现出逐渐扩大的趋势，这种现象就是人们所说的"档案增值"，并被称为档案价值扩展律。有的档案具有双重价值，即第一和第二价值，第一价值主要指的是对自己机关有用的价值，第二价值指的是对社会有用的价值。有的档案在经过一段时间之后，其第一价值就会向第二价值转变。一些档案在形成后的一段时间内，其第一价值被视为本单位工作和生产活动的必备条件，其主要服务对象一开始也只有本机关。随着时间的推移，一旦第一价值得到充分实现，本机关对这些档案的利用需求将逐渐减弱，且会导致第一价值向第二价值的转变，档案也将从机关档案室移交至档案馆，从而使得档案的价值和作用超越了原有的机构范畴，扩展到了社会的各个领域，形成了丰富多彩、多元化的社会价值形态。因此，研究和把握档案价值的拓展规律，可以帮助我们实现档案管理价值的最大化。

3. 档案机密程度递减规律

很多档案在保存之初，会按照其内容价值判断其是否涉密，并按照涉密程度进行保密、绝密、机密等程度的区分，并按照不同的涉密程度分别管理。但这些档案的保密程度并不是一成不变的，一般来说，随着时间的推移，很多档案的机密程度会不断地降低，很多档案会不再涉密，可以供人查阅。了解并掌握档案的机密变化规律，对开展档案管理的作用是十分巨大的，可以更好的发挥出档案的价值。

4. 档案发挥作用的条件和规律

若想充分地发挥出一份档案的作用，是会受到很多客观现实的影响的，因此了解这些影响制约的因素，对发挥档案价值会起着极大的作用，通过对档案价值的研究分析，可以大致地将影响因素总结为以下三点。

（1）受社会发展水平制约

社会发展水平，如社会制度以及政策、法律等，对档案利用程度有很大的制约作用。总的来说，政治、经济、科技、文化、教育提供的条件发展到什么程度，档案价值就实现到什么程度。

（2）受档案管理水平制约

档案发挥作用的先决条件之一就是要用科学的方法和工具把档案管好，收集齐全，整理科学，排列有序，查找利用方便，只有这样才能有效地促进并满足社会对档案的需求，才能更好、更充分地发挥出档案的价值。

（3）受人们认识水平制约

档案的作用具有客观实在性，但想要将其充分地利用又受到人们对档案的认识水平的限制和制约。几十年档案工作的实践证明，凡是社会档案意识较强，人们对档案作用有足够认识的地方或单位，一般都能够将档案的价值发挥出来。

这些规律是对档案进行深入研究后，作出的系统性的总结，只有认识到这些规律，人们才能对档案有一个客观公正的看法，才会有合理正确的评价，才能意识到档案的价值，才能更好的开展档案管理工作。同时，认识到这些规律还有助于档案管理工作人员发现工作中的不足之处。

五、档案业务工作

（一）档案的收集工作

在工作和生产活动中，机关、团体和个人所形成的文件常常是一种分散的态势，而要想发挥出档案的功能作用，就需要将档案进行集中化处理。因此，如何使这些零散的文件材料组成一个完整的体系，以满足人们对档案的需求，就是档案工作最主要的工作内容之一。

（二）档案的整理工作

由于各机关单位的性质不同，且每个人的业务内容各异，因此形成了大量分散的档案资料。因此，为了满足日常管理和社会实际利用的需要，必须将这些档案进行科学地分类和保管，并建立一个系统完备的档案体系。建立起完整的系统档案体系还可以协调档案管理和资源利用之间的矛盾，确保系统的高效运转。

（三）档案的鉴定工作

随着时间的推移，社会在不断进步的同时，也涌现出了很多新的档案，这使得档案管理部门所管理的档案数量不断攀升。由于历史条件的限制，档案中往往包含着一些不为人知、但又具有重要参考价值的信息资料，加之随着时间的推移，一些档案的价值会大打折扣，形成有用和无用档案混杂在一起情况，这样不仅会加剧档案管理工作的难度，还会使档案管理的意义受到质疑。因此，为了解决档案管理的复杂性和资源利用的精确性之间的矛盾，必须对档案仔细进行审查和鉴别，以达到取其精华去其糟粕的目的。

（四）档案的保管工作

受限于保存条件以及各种自然和社会因素，某些时刻甚至档案还可能遭受水、火等自然灾害和人为破坏，使得档案会逐渐的磨损恶化，并最终丧失价值。档案工作的具体要求就是需要我们长期保存档案。因此，为了维护档案的完整性和长期利用，必须实施多种保护措施，以确保档案的安全，从而形成了档案保管和保护的工作。

（五）档案的检索工作

档案作为一种信息资源，具有很强的社会性，因此档案管理工作是需要服务于社会的。档案的整理和存储通常遵循其自然形成规律，遵循基本体系，科学合理的规整存储，以满足社会对档案的需求。在繁多的档案中，人们需要寻找所需的档案材料，这就要求档案管理工作人员掌握一定有关档案资料科学组织管理的知识，了解并掌握档案的检索方法，只有这样才能更好的使这些档案资料发挥应有的作用，并供人们使用。

（六）档案的利用服务工作

开展档案管理就是为了供人们使用档案，发挥出档案的功能作用，到了现代，人们越来越意识到档案工作的重要性，并需要档案管理充分发挥出服务功能，以满足社会发展的需要。因此唯有开展好档案管理工作，才能更好地为人们提供档案的利用服务，才能够更充分地发挥出档案的价值。

（七）档案的编研工作

档案的编研工作主要指的是档案管理的工作人员通过对档案资料的整理分析，进而为相关档案的需求人员提供系统的服务，提供系统的档案资料以及档案参考资料。此举可以帮助对档案有需求的人们更高效、更快捷地筛选出所需的档案，从而提升档案室的工作效率。

（八）档案的统计监督工作

要实现档案的科学管理，还需要对现行的档案管理工作进行科学系统的分析，发现其存在的不足之处。为了解决数量不清的问题，就必须对档案工作的各个环节及有关情况进行定量观察统计和分析研究，这就形成了档案的统计监督工作。

上述对档案工作的内容的划分不是绝对的，有时我们从档案工作各环节的地位和作用，把其分为基础工作和利用服务工作两大项。

档案工作中的基础工作，主要是针对档案的，包括对档案进行收集、整理、鉴定、保管、统计、编目等工作内容，这些工作是档案工作者的基本职能，将会直接影响到档案利用服务工作的正常开展。利用服务工作则是在此基础上为社会需要服务的主要环节。基础工作为利用服务工作提供物质基础和创造工作条件，利用服务工作的开展离不开基础工作的支撑，倘若基础工作做的不好，利用服务工作也会难以展开。因此，做好基础工作是一项重要任务，也是提高档案馆工作效率的关键。如果档案的基础工作存在缺陷，那么它将会使档案的价值大打折扣，使用效率大大降低。因此，必须加强基础工作建设，但这并不意味着利用服务工作不重要，档案工作的成果会直接从服务工作中体现出来，如果没有利用服务工作，基础工作便失去存在的意义和工作的目标。因此，我们应正确处理好两者的关系，在具有一定基础的情况下，积极开展利用工作，不能长期关起门来"打基础"，而是要在利用服务过程中促进基础工作。

若从档案工作的系统来看，档案业务工作是由许多相互作用的环节组成的独立系统。按其系统结构和功能可分为档案实体管理、档案信息开发和档案工作信息反馈处理三个子系统。

一是档案实体管理系统。由于档案就是通过实体媒介对原始的信息进行记录的，因此，要通过做好档案管理的基础工作，进而使档案实体做好集中、有序、质量、安全四个管理，保证档案的合理利用，为充分开发档案资源创造条件。这是档案工作系统的基础。

二是档案信息开发系统。对档案实体承载的档案信息通过编目、编研等环节进行开发加工，转换成浓缩的文献信息，再通过利用服务，将档案信息传递给利用者。这样既便于利用，也有利于保护档案原件，使档案信息由静态变动态、由死档案变成活信息，可充分发挥档案的作用。

三是档案工作反馈信息处理系统。通过档案的统计监督和用户调研等工作，对用户的意见、评价、要求、档案信息输出后的经济效益和社会效果等外部信息以及档案馆（室）工作人员在工作中发现的问题和改进意见等内部信息进行分析研究，进而对档案工作进行改进，提高档案管理工作的水平，充分发挥出档案材料的价值，满足人们的需要。

全面、辩证地认识档案工作各项内容的特点和共性，正确地了解和掌握各项工作内容的功能和它们之间的相互关系，对科学地组织档案工作、充分发挥档案工作的作用有重要意义。

第二节　档案管理涉及层面

档案管理，是国家档案事业中最基本的组成部分，它涵盖了档案馆（室）直接管理档案实体和档案信息、提供利用服务等多项业务工作。档案作为最原始的信息载体之一，在人类社会活动中发挥着极其重要的作用，档案管理是整个社会管理系统的一个组成部分，与各项社会管理事业有着不可分割的关系。从机关档案管理来说，它是机关行政管理的组成部分；从企业档案管理来说，它是企业管理的组成部分；从国家宏观管理来看，国家管理机器的正常运转、民族文明的传承、经济和社会的进步都与档案工作紧密相连，国家档案管理是国家事务管理大系统不可缺少的组成部分。

一、档案管理的性质、特点与要求

档案管理与其他文献管理存在有很多的相似之处，档案管理也有着一整套信息传输过程，包括信息的输入、存储、加工和输出。这是一种高效的信息管理系统，在这个系统中，档案作为信息源发挥着重要作用。由于档案具有记录原始信息的特性，档案管理活动与其他文献信息工作还是有着显著的区别的。

（一）档案管理活动反映的特点

1. 档案管理过程的阶段性

就档案的流转程序而言，档案管理过程包含两个发展阶段，分别是档案室管理和档案馆管理。在不同时期，不同阶段的档案价值和服务对象也会有所不同，因此档案管理方式呈现多样性。档案室主要服务于机关单位，档案室的档案往往会被赋予凭证的价值，主要用于机关单位日常的使用，提供日常工作中所需的资料，具有过渡性质；档案馆所面向的对象是整个社会，其档案具有很高的利用价值，兼有参考或其他功能，为人们开展研究和查阅资料提供信息支持。在档案馆的发展历程中，档案已经完成了第一价值向第二价值的转变，档案对其形成单位的影响逐渐减弱，但其所蕴含的历史和科学文化价值却逐渐显现，并进入了永存的阶段。随着时代发展，社会进步，科学技术日新月异，新技术层出不穷，这也对档案部门提出了新的要求，要求其要有意识地挖掘和利用档案信息资源，积极主动地为整个社会的各项工作提供档案支持。

2. 档案管理活动对档案形成者的依附性

档案是组织或个人在实践活动过程中所形成的，它记录了当时阶段的历史，包含了与其息息相关的事实和数据，为后人研究提供了凭证。档案作为一种信息资源，其价值在于其形成者对其的支配和掌控。当前广泛采用保持档案来源的联系的档案整理方法，充分说明了档案对形成者的依赖，从这方面来看，这使得档案管理受到了一定程度的限制。

3. 档案管理工作对社会的相对封闭性

在很多情况下，档案与其形成者的个人利益息息相关，很多馆藏的档案还涉及到了保密等问题，一旦被泄露出去，不仅会给单位或个人带来损失，甚至还会影响到国家安全。因此，很多档案通常在形成之初就会被封闭相当长的一段时间，只有在这段保密时间结束后，才会被研究讨论是否让其脱密。这一点与图书情报工作有着很大的不同，图书的管理工作需要尽可能广泛地促进资源传递，而档案管理则具有封闭性，这在一定程度上与档案的利用之间存在着内在的矛盾，这种矛盾在另一方面也推动了档案管理工作的完善与发展。

（二）档案管理的主要性质

档案管理是一项集管理、服务和政治于一体的综合性工作，其基本性质和主要作用在于协调、整合和管理档案资源。档案管理工作并不涉及物质财富的生产，档案的产生和利用也并非由档案管理机构或档案工作人员负责，其职责仅限于管理这些档案，属于一项具有管理性质的工作。随着科学技术水平不断提高，各种管理理论层出不穷，档案管理工作者在认识上逐步深化，档案管理方式方法也发生了重大变化。在我国社会主义建设事业飞速发展的今天，加强对档案的管理，提高管理水平，对于促进经济发展有着重要意义。

尽管档案部门也从事档案研究和编著等活动，但其旨在更好地满足社会的档案利用需求，仍然具备服务性的特质，因此档案管理工作的发展受着客观经济基础和上层建筑的制约和影响。随着社会历史的演进，档案管理工作的存在和发展也将面临巨大的挑战。任何国家都对档案管理都有一定的保密要求，这是因为很多档案的内容牵涉国家的政治和经济利益，不能向公众开放。因此需要提升档案的保密性，加强保密制度的效力，这些档案一旦泄露出去，不仅会给国家造成损失，还会危及国家主权。

现代档案管理中最重要的性质是专业性、服务性和数字化，档案管理的性质也可以按多个层次进行划分。首先，档案实体管理及对档案信息开发的两个层面的管理，各个层面又可以分为若干层。其次，对于档案实体主要包括搜集、整理、鉴定等各个工作环节，而档案信息开发包括信息加工与信息输出。最后，除了能够有效提供给档案利用者查询、复制及外调，档案管理还可以提供更多服务。

（三）档案管理基本要求

不同的档案馆，不同类型的档案都有着不同的档案管理方式，但其管理的基本要求有着共通之处。

1. 完整性要求

档案管理的最基本原则在于维护其完整性。为此必须确保档案数量充足、成分多样，避免分散和遗漏的情况发生，避免档案内容发生重复或矛盾。在维护档案之间的历史联系时，必须避免人为的割裂和分散，以确保其完整性和准确性。

2. 安全性要求

历史的记录往往是非常珍贵的，很多时候此类档案可能就是孤本，随着时间的推移，这些档案的价值也随之不断攀升。在今天，这些历史记录成为人们研究历史文化不可缺少的一部分。然而，受限于保存条件等客观因素，档案会不可避免地发生磨损，因而，在档案工作中保护档案的安全，防止其被破坏也是重点工作内容之一。

3. 科学性要求

现代的档案管理工作已经不再是简单的出纳和保管档案，而是要在科学的理论和方法指导下，遵循档案工作的发展规律，将档案管理活动视为一个高度复杂的系统进行科学管理，从而推动档案管理工作向更高层次迈进。

4. 规范性要求

规范性要求，也就是档案管理的标准化要求。档案管理系统不是孤立的系统，各个档案管理系统之间，档案管理系统和其他文献管理系统之间有着千丝万缕的联系，并正在向网络化方向发展。这就要求档案管理统一规划、统一协调，实行档案管理工作的标准化、规范化，使得档案信息资源得以共享。要达到规范性要求，除了要制定各项档案管理业务标准和技术标准并贯彻实施，还可通过法规手段来实现。

5. 经济性要求

在档案管理过程中应尽可能用最少的投资达到最大的效益。无论采用哪种管理手段，都要考虑它是否经济实用，能否用较少的成本获得较大的经济效益。由于我国大多数档案机构经济条件有限，经济因素往往在档案管理系统运行中起决定作用。

6. 现代化要求

手工操作方式至今仍在档案管理活动中占据主要地位，但档案管理现代化已成为一种发展趋势。将各种现代化技术如计算机技术、缩微技术、复制技术、视听技术等应用于档案管理，可大大提高档案管理工作的效率，提高档案现代化管理水平。

二、档案管理研究的类型

根据研究性质、研究对象以及研究范围，可以将档案管理研究分为多种类型。

（一）根据研究性质分类

1. 档案特性研究

档案特性研究将档案视为一种流通的社会信息，重点关注档案的信息特征、档案的根本性质、档案工作的实践意义、档案的形成规律、档案信息效用的差异化特征、档案的累积和组织等。

2. 档案管理系统理论研究

要想分析档案管理系统的整体运行情况，不仅要对系统中的各个组成部分进行探索，还要对档案管理系统的内部因素和外界环境的联系进行识别与把握，从而使自己对档案管理系统运动规律的认识达到更高的水平。需要指出的是，档案管理系统理论研究不属于基础理论研究的范围，而是属于理论研究，其得出的结论能够为档案管理实践带来帮助。

3. 档案管理技术方法研究

档案管理是一项涉及信息汇聚、分发的工作，因此应当重视信息传输和回收的技术，以提高其为社会服务的效率。

4. 档案管理系统服务对象研究

档案管理系统的服务对象不仅包括档案管理系统本身，还包括档案用户。如果不清楚档案管理系统服务对象的类型和需要，就不能对档案管理系统的外界环境产生深刻的理解，还容易出现服务错位的现象。因此，有必要研究档案管理系统服务对象，从而提升档案管理水平，为服务对象提供更具针对性的服务。

（二）根据研究对象分类

1. 档案手工管理研究

在过去，手工管理是管理档案的唯一选择。虽然如今科学技术的飞速发展使管理档案的手段越来越多样，但是手工管理仍然占有很大的比重。手工管理是自动化管理的基础和前提，即便有再多的现代化管理手段被引入档案管理领域，手工管理仍不可被完全取代。

2. 档案自动化管理研究

档案自动化管理是档案管理未来的发展方向。随着科技领域的进步和人们对档案工作重视程度的加强，档案管理必然会将自动化管理作为发展目标。档案自动化管理研究的主要内容是开发人机结合的档案管理系统，其中包含的内容有档案信息的自动化收集和生成，在保障信息完整度的前提下压缩储存空间，提高检索速度和效率，实现版本还原和管理、查找等功能。这些研究的开展促进了现代化技术手段与传统档案管理工作的融合，使档案管理工作的效率大大提升。

（三）根据研究范围分类

1. 普通档案管理（宏观档案管理）研究

普通档案管理研究主要涉及各类档案管理的共性问题，并不以某种特定的档案管理为研究对象，而是将档案管理视为一种信息输入、处理、输出的一般规律。普通档案管理研究的目的是从各种档案管理工作的共性中总结出一套科学的规律，用于指导后续的档案管理工作，使任何一种档案管理工作都能将高度概括的理论与实际工作结合起来，使其遵循一定的规律与原则，形成属于自己的独特的管理方式。由此可见，普通档案管理研究是一种从宏观角度出发的研究，它并非是简单地将各种档案管理研究拼凑在一起，更不是各种管理方案的简单组合。

2. 专门档案管理（微观档案管理）研究

专门档案管理研究是在普通档案管理研究成果的基础上，对某些特定领域的档案管理的规律进行研究，它是一种具有特殊性质的档案管理，如针对城建档案的城建档案管理研究。任何档案管理工作都有相似之处，但是根据服务对象的不同，又存在着一定的差别，这些差别和不同之处就是专门档案管理研究的对象。由此可见，专门档案管理研究是一种从微观角度出发的研究，进行专门档案管理研究有利于更好地进行档案管理工作实践。

三、档案管理机构

（一）档案室

档案室是机关、团体、企业、事业单位中负责管理本单位档案的机构，是国家档案事业系统的基层组织。它是一个单位档案信息存储、加工和传输的服务部门，它与本单位的领导和各组织机构发生联系，为领导决策、处理工作、组织生产进行科研等活动提供依据和参考材料。档案室是集中统一管理本单位档案的部门，是单位内部具有信息服务与咨询性质的机构，一般情况下不对外开放。目前一般的大、中型单位内部都设有档案室，而在那些规模小、人员少、内部机构少或无内部机构的单位，则可以指定专职或兼职的人员负责档案管理工作。

1. 档案室的职能

根据国家档案局制定的《机关档案工作条例》和《机关档案工作业务建设规范》的规定，档案室的职能主要有以下几个方面：

（1）对本单位文书部门或业务部门文件材料的归档工作进行指导和监督；

（2）负责管理本单位的全部档案，积极提供利用，为单位各项工作服务；

（3）按规定向档案馆移交应进馆的档案；

（4）办理领导交办的其他有关的档案业务工作。

2. 档案室的类型

单位的性质、职能不同，其形成的档案的门类也有一定的差异，由此，档案室有如下类型：

（1）文书档案室

文书档案室也称为机关档案室，主要负责保管本单位党、政、工、团等组织的档案，中型及以上的单位均设有这类档案室。

（2）科技档案室

科技档案室是负责保管科研、设计、生产过程中形成的科技文件材料的档案机构，一般设在科研院所、设计院所、工矿企业等单位。

（3）音像档案室

音像档案室主要负责保管影片、照片、录音带和录像带等特殊载体和记录方式的档案，新闻、广播、电视、电影、摄影部门中设有这类档案室。

（4）人事档案室

人事档案室是集中保管单位员工档案的机构，一些大型单位在人事部门中设有这类档案室。

（5）综合档案室

综合档案室是集中保管本单位各门类档案的机构。近年来，各单位新型门类档案的数量不断增加，使档案室收藏的档案向多门类发展，许多保存单一档案门类的档案室逐渐发展成为综合档案室。

（6）联合档案室（档案管理中心）

联合档案室（档案管理中心）是一些性质相同或相近、规模较小的单位共同设立的档案管理机构，其主要职责是集中统一保管各共建单位形成的档案。联合档案室是一种精简的、集约化的档案管理模式，比较适用于规模较小的单位。

3. 档案室的体制

（1）文书档案室、综合档案室通常设在单位办公厅（室）的下面，由办公厅（室）主任负责；联合档案室可以由共建单位协商，责成其中的某一个单位负责管理；

（2）科技档案室及其他专门档案室设在相关的业务部门下面，由业务负责人管理。比如，在一些公司，科技档案室设在技术部门下面，由总工程师负责。而人事档案室一般由人事部门的领导负责。

（二）档案馆

档案馆是党和国家设置的科学文化事业机构，是永久保管档案和对外提供档案服务的单位，因此，它成为社会各方利用档案的中心。目前，我们国家各类档案馆的档案主要来源于单位的档案室，这样，档案室和档案馆之间就构成了交接档案的业务关系。由此，单位档案管理的质量将直接影响到档案的工作质量和效率。

1. 档案馆的职能

根据国家档案局制定的《档案馆工作通则》，档案馆的基本任务是：在维护党和国家历史真实面貌的前提下，集中统一地管理党和国家的档案及有关资料，维护档案的完整与安全，积极提供利用，为社会主义现代化建设服务。其具体职能如下：

（1）接收与征集档案；

（2）科学地管理档案；

（3）开展档案的利用工作；

（4）编辑出版档案史料；

（5）参与编修史、志的工作。

2. 档案馆的设置和类型

（1）综合性档案馆

综合性档案馆是国家按照历史时期或行政区划设立的，用来保管多种门类档案的档案馆。综合性档案馆是对社会开放的档案文化设施，因此又可称为"公共档案馆"。

我们国家的综合性档案馆分为中央级档案馆和地方级档案馆两种类型。中央级档案馆包括中央档案馆(设在北京)、中国第一历史档案馆(设在北京)、中国第二历史档案馆(设在南京)，它们保管着具有全国意义的各个时期的历史档案和现行单位的档案。地方级档案馆分为省（自治区、直辖市）级档案馆、地区级档案馆和县级档案馆，它们负责保管具有本地区意义的历史档案和现行单位的档案。

（2）专门档案馆

专门档案馆是收集和管理某一专门领域或某种特殊载体形态档案的档案馆，分为中央级和地方级两个层次。例如，中央级的中国照片档案馆，地方级的大、中城市设置的城市建设档案馆等。

（3）部门档案馆

部门档案馆是中央和地方某些专业主管部门所属的，收集管理本部门档案的事业机构。例如，外交部档案馆、北京市科学技术委员会档案馆等。

（4）企事业单位档案馆

企事业单位档案馆是一些大型企业集团或事业单位在内部设立的档案馆，主要负责集中保管集团或联合体所属各单位需要长远保存的档案。例如：北京的首都钢铁公司档案馆、南京的扬子石化公司档案馆、上海交通大学档案馆等。企事业单位档案馆都是综合性档案馆，既收藏文书档案，也收藏科技档案和专门档案等，兼有对内服务和对社会开放的双重性质。

此外，随着我国社会各界收藏、保管、利用档案需求的增加，近几年来，我国除了国家的档案馆之外，还产生了一些新型的档案机构，如"文件中心""档案寄存中心""档案事务所"等。其中，文件中心是为一个地区或系统中若干单位提供归档后档案保管服务的部门，它是介于文件形成部门和地方档案馆之间过渡性的档案管理机构。档案寄存是由国家档案馆设立，为各类单位及个人提供档案寄存有偿服务的机构。档案事务所则是为单位或个人提供档案整理、管理咨询等服务的一种商业性机构。

（三）档案局（处、科）

档案局（处、科）的性质是国家指导和管理档案工作的行政机关，也被称为档案事业管理机关或档案行政管理机关。它的主要任务是：制定档案管理的规章、办法、业务标准和规范；制订档案工作的发展规划；对档案室和档案馆的工作进行业务指导、监督和检查；组织档案工作人员的业务培训和档案科学研究，以及对外宣传工作和国际交流活动等。

目前，我国的档案局是按行政区划分级设置的，分为国家档案局和地方档案局。地方档案局又分为省（自治区、直辖市）级档案局、地区级档案局和县级档案局。

档案处（科）是设置在专业主管机关中的档案行政管理部门，负责指导、监督和检查本专业系统内各单位的档案事务。

四、档案管理内容认知

档案管理主要包括两个方面的内容：一是对档案资源的管理，也称档案实体管理；二是对档案中所包含的信息的管理，称为档案信息组织。档案实体管理包括档案的收集、整理、鉴定、保管等内容，通过档案资源建设建立科学合理的馆藏体系，为档案的现代化管理打下基础。档案信息组织方法有分类法、主题法、索引法、文摘法、综述法等，档案信息组织是对档案中包含的信息内容进行揭示、加工和存贮，形成二次文献，便于档案信息的开发利用。下面就档案实体管理内容进行分析。

（一）档案收集与整理

按照档案形成的规律，把分散的材料接收、征集、集中起来，并对收集来的档案分类组成有序体系，这就是档案的收集与整理，通过这两项工作，档案管理人员可以把分散在各机关、部门、个人手中和散失在社会上的档案，集中到机关档案室和国家档案馆进行科学管理，从而建立档案实体的管理秩序，为档案鉴定、保管、检索、利用、编研等工作奠定基础。

1. 档案收集

档案收集是接收、征集档案和有关文献的活动。具体讲，就是按照党和国家的规定，通过例行的接收制度和专门的征集办法，将分散在各机关、组织、个人手中和散存在社会其他地方的档案，有组织有计划地集中到各有关机关档案室和各级各类档案馆，实现档案的统一领导和分级管理。档案收集工作的内容主要包括以下三个方面：

（1）机关、企业、事业单位档案室对本单位需要档案的接收；

（2）档案馆对所辖区域内现行机关、企业、事业单位和撤销单位的具有永久、长期保存价值档案的接收；

（3）对中华人民共和国建立以前各个历史时期形成档案的接收和征集。

这里需要注意的是，档案收集工作并非是一项简单的事务性工作，而是一项受国家政策影响，并且具有很强业务性特征的工作。这主要体现在两方面：一方面，档案室和档案馆在收集档案时需要根据国家政策和规定，以及档案的特性进行选择；另一方面，档案收集工作受档案形成者的档案意识水平、价值观以及档案馆（室）保管条件等多种因素的制约，需要进行综合研究、统筹规划，提高档案收集工作的质量。

2. 档案整理

档案整理首先从区分全宗开始，这不仅因为档案信息的有机关联性首先是在全宗这一层次上体现出来的，而且因为全宗是档案馆对档案进行日常科学管理的基本单位。衡量文件的价值并决定是否选择它们进入档案馆，是以全宗为基础进行的。为档案编目，保管、交接档案，也都要按全宗进行。全宗在馆藏建设和对档案实体实行控制的过程中有举足轻重的地位。

全宗是一个国家机构、社会组织或个人在社会活动中形成的具有有机联系的档案整体。一个全宗，反映了一个单位或个人活动的全过程。同时，全宗也是档案馆（室）对档案进行科学管理的基本单位。

在我国，全宗的组织常常通过组建"全宗群"来体现和维系全宗之间的联系。各个立档单位的工作活动不是孤立的，而是互有联系的，因此，一定的全宗之间也就有了必然的历史联系，这种具有时间、地区、性质等共同特征的，有密切联系的若干全宗的组合体，称之为"全宗群"。具体说，全宗群是指同一时期或地区，在纵向或横向方面具有相同性质的立档单位形成的若干个全宗构成的一个有机群体。组织全宗群的目的在于维护同一类型或专业系统的若干个全宗的不可分散性和保持文件材料在更大范围内的历史联系，以便于对其管理和开发利用。

为了便于保管和利用，应该把互有联系的全宗组织到一起，维护一定类型全宗的不可分散性。全宗群首先按照档案形成的不同时期分为几大部分，如新中国成立前的档案（革命历史档案、旧政权档案）和新中国成立后现行机关的档案，然后每一部分再按立档单位的类型和特点，对全宗进行细分。比如，按照立档单位的性质，把档案分成工业交通系统，农林水利系统，财政、金融、商业贸易系统，科学文化、教育、卫生系统等；或者按区域分类，分别组成全宗群。全宗群分类一般应和档案的分库保管相一致，一个或几个性质相近的全宗群应当集中保存在相同的档案库房内。

全宗群不是具体对档案进行整理和统计的一个固定的实体单位，而是在档案管理中起指导和组织作用的一种形式和方法。

（二）档案鉴定与保管

在档案管理中，档案鉴定与保管是两项十分重要的内容。做好档案鉴定工作，可以优化档案质量，以便于档案的安全保管和有效利用；做好档案保管工作，可以有效地维护档案的完整与安全，尽量避免和减少自然因素和人为因素给档案带来的损害，延长档案的寿命，为档案工作奠定物质基础。

1. 档案鉴定

档案鉴定工作包括档案的价值鉴定和档案的真伪鉴定两个方面的内容，而目前档案界所称的档案鉴定主要是指档案的价值鉴定，即各个档案机构按照一定的原则、标准和方法来鉴别和判定档案的价值，确定档案的保管期限，并据此销毁失去保存价值的档案的工作。

所谓档案价值的鉴定工作，就是档案馆（室）按照一定的原则、标准和方法，甄别和判定档案真伪和价值，确定档案的保管期限，剔除失去保存价值的档案并销毁，使保存的档案，更加精练。简单地说，就是甄别档案真伪和判定档案的价值，决定档案存毁的工作。它是档案工作的业务内容之一，是档案馆（室）的一项专门业务。

从整体上讲，档案是党和国家活动的原始记录，是宝贵的文化财富。但具体到每一份文件、每个案卷，是否都是重要的，具有凭证和参考作用，它们之间就会有区别了。有的档案价值可能大一些，有的小一些，甚至有一些档案可能没有什么价值，有的过去有价值而现在已失去保存价值。在这种情况下，如果将档案都保存下来，反而不利于对档案的科学管理。

2. 档案保管

档案保管工作是指在档案入库后所进行的存放、日常维护和安全防护等管理工作。开展档案保管工作的目的是维护档案的完整，并尽可能地保护档案不受损害。

在档案管理中，开展档案保管工作有着十分重要的意义，具体表现在两个方面。一方面，档案保管工作有助于对真实的历史进行反映。档案中所记录的是真实的历史，只有将这些档案原件保管好，使这些档案的内容永久保存，才能对历史的原貌进行真实反映，才能够方便党和国家在未来开展工作时对这些档案进行有效利用。另一方面，档案的寿命与档案保管工作具有密切的关系，当保管工作适宜且得当时，档案的寿命会相对延长，反之则会缩短档案的寿命。因此，必须要有效地开展档案保管工作。

基于档案保管工作的任务，档案保管工作要包括以下几方面的内容。

（1）正确认识和全面把握档案的安全现状和破坏档案的各种因素

档案的安全现状和破坏档案的各种因素直接影响着档案保管工作的内容。首先，要正确认识档案的安全现状，包括了解馆（室）藏档案进馆（室）前后的保管措施、保管过程、有无损坏、损坏程度如何等，以便于确定今后的工作目标和工作内容；其次，破坏档案的因素多种多样，表现形式不一，对档案损坏的过程和损坏程度不同，只有全面把握威胁档案安全的各种因素的特点、表现形式，工作才能有的放矢，有针对性地将各种因素对档案的破坏降至最低。

可见，正确认识和全面把握档案的安全现状和破坏档案的各种因素，是对工作对象和工作先天影响因素的深入剖析，回答了"管什么""为什么管"的问题，是档案保管工作有效开展的前提。

（2）提供档案保管的基本物质条件

档案安全、妥善的保管，离不开基本的物质条件。基本物质条件的好坏，直接影响着档案的寿命。良好的物质条件保证，有利于档案的长久保存；反之，恶劣的物质条件，直接危害着档案的安全。

确保档案妥善保管的基本物质条件包括档案库房、档案装具、档案保管的设备、档案包装材料等，这些条件要满足有利于档案长久保存的原则、规范和标准。不同载体的档案，如纸质档案、胶片档案、磁性载体档案、光盘档案、电子文件等，其材料和形成原理不同，影响其耐久性的因素不同。因此，在保管中档案库房、装具、设备等基本保管条件也存在较大的差异，尤其对于电子文件，如何在保管过程中确保其长期可读、可用，已成为档案保管工作的新内容。

（3）制定和完善档案保管的各项制度和标准

制定关于档案保管工作的制度，有利于档案工作者和档案利用者规范自己的行为，明确在档案保管和利用过程中应该做什么、如何做，有何责任和义务，避免人为原因造成对档案的损害，最大限度地保护档案。

档案保管工作标准有利于工作的规范化，有助于降低工作成本，减少工作中因人不同导致的对档案保管的变化，有利于为档案保管创造最佳的条件和环境。在档案保管工作中，从国家到地方各级各类档案馆（室）应形成完整的档案保管工作制度和标准体系，以实现档案保管工作的标准化和规范化，来维护档案的完整与安全。

（4）做好日常的档案保管工作

日常档案保管工作从内容方面看，包括防盗、防水、防火、防尘、防虫、防高温、防泄密等；从工作地点来看，包括档案库房中的保管和档案库房外的保管，在库房外的保管又可分为在流通传递中的保管和在利用中的保管。在库房中的保管，主要由档案工作人员来完成，而在库房外的保管，则需要档案工作人员和档案利用者共同完成，因此，使利用者同样以"爱惜"的态度，科学合理地利用档案也是日常档案保管工作的重要内容。日常档案保管工作繁杂琐碎，但又是档案保管的基础性工作，因此，需要档案工作人员精益求精、细心、耐心地来实现。

（5）开展有针对性的档案保护工作

采用专门的技术和方法对受损程度较大、有重要价值的或其他急需修复的档案进行保护，延长档案的寿命，是档案保管工作的一项重要内容。

对档案造成破坏的种种因素中，虽然有些因素我们是难以控制的，但我们可以采取相应的保护措施，利用先进的技术，将损失降到最低。比如，通过纸质档案修裱技术能帮助一定程度破损的档案恢复原貌，此项技术已成为抢救档案的一项不可缺少的且具有中国特色的专门技术。这些专门的保护措施专业性较强、技术性较强，且细微细致，需要专门的人才，需要大量的财力、物力的保障，但它在延长档案寿命、保护人类文化历史遗产等方面发挥着重要的作用。因此，每个档案馆（室）在做好日常保管工作的同时，应根据馆藏状况，将有针对性地开展档案保护工作纳入档案保管工作的整体规划。

第三节 现代档案管理工作的发展

档案工作的实质是档案管理工作，它有自己的管理对象、管理理论与方法。档案工作的管理对象是档案；管理的目的是维护历史真实面貌，开发档案信息资源为社会服务。

一、认识档案工作的性质

档案工作是什么性质的工作，这对档案工作者来说是一个重要的问题，为了做好档案工作，必须了解档案工作的性质。因此，我们应该从档案工作自身的特点和档案工作同其他工作的关系中认识档案工作的性质和规律。

（一）档案工作是一项管理性的工作

什么叫管理？就是人们根据事物的客观规律、劳动对象和工作特点，运用计划、组织、指挥、协调、控制等基本活动，有效地利用人力和物力，并促进其相互配合，达到最佳的结合，发挥最高的效率，以顺利地达到人们预期的任务和目标。管理也就是"管辖""处理"的意思。凡是许多人在一起的共同劳动，都必须有管理。档案工作的管理性表现为：

1. 档案工作是专门负责管理档案的一项专门业务

国务院《关于加强国家档案工作的决定》中指出："档案工作的任务就是在统一管理国家档案的原则下建立国家档案制度，科学地管理这些档案，以便于国家机关工作和科学研究工作的利用。"这里讲的档案工作的任务，实际上就是管理任务。从宏观上讲，档案的管理任务就是科学地管理好全国的档案，把档案信息资源开发出来，服务于社会主义现代化建设。从微观上讲，档案的管理任务就是管理好一个单位的档案，为本单位各项工作服务。所以，档案工作确切地说是档案管理工作。

这种管理工作，有其特定的工作对象和整套管理档案的原则和方法，不同于一般的人、财、物的管理工作。它是通过对档案的科学管理，发挥档案的作用，来为党和国家各项工作服务的专业工作。

2. 档案工作在一定的机关单位，是机关工作的组成部分

机关的档案工作，具有双重性质。一方面，它是国家档案事业的组成部分；另一方面，又是某种管理工作的组成部分。比如：会计档案，它是整个财会活动的记录和反映，是进行财务工作的工具和手段，是财务工作中不可分割的组成部分，没有账簿、凭证、财务报表，财务机关是无法进行管理工作的。在科研和生产部门，科技档案则是生产管理、技术管理、科研管理的组成部分。一个科研机关没有各种科学实验的记录和各种科研文件材料、一个设计单位没有各种设计图纸，将寸步难行，无法开展工作。所以，任何机关和部门，档案工作就是某种工作管理的组成部分。

3. 档案工作是专门管理档案的科学性工作

档案工作就是要按照科学方法进行管理，采取一套科学的原则和技术方法，组织档案的集中，进行系统化和鉴别挑选，采取科学的保护措施，遵循档案和档案工作的客观规律进行科学管理。做到管理方法科学化、管理机构高效化、管理工作计划化、管理手段现代化，使档案充分发挥作用，满足社会利用档案的需要。因此，档案工作是一项科学性的管理工作。

档案工作的管理性，要求档案工作人员必须掌握档案学的知识，特别是档案管理的理论、原则和方法，积极地学习档案管理现代化的知识与技能，以适应档案工作的开展。

（二）档案工作是一项服务性的工作

从档案工作同其他工作的关系来说，它属于一项服务性的工作。社会上的服务工作很多，其中文献资料服务工作也不止一种，而通过提供档案这种文献资料来为各项工作服务，是档案工作区别于其他工作的特点之一。

档案部门管理档案是为了满足社会主义事业对档案利用的社会需要，为人们了解情况、总结经验、研究问题、制定方针政策提供档案材料。它是通过收藏和提供档案材料这种特定的方式，为党和国家各项工作服务，为社会主义各项事业服务，它属于资料后勤性的服务工作。档案工作同整个革命和建设的关系，是齿轮、螺丝钉同机器的关系。它既是党和国家所领导的革命

和建设事业中不可缺少的组成部分，又是从属于并服务于革命和建设事业的，只有这样认识档案工作，才能摆正档案工作同整个革命和建设的关系。社会主义档案事业的产生、建立是由社会主义革命和建设事业的需要所决定的，档案事业的发展规模和速度是受社会主义建设事业的规模和速度制约的，档案事业的开展，要服从革命和建设事业的需要。总之，从档案工作和其他各项工作的关系来说，档案工作是一项服务性的工作。

二、档案管理工作的重要性

档案管理工作是一项非常重要的工作，它对于一个组织或机构的发展和稳定起着至关重要的作用。档案管理工作可以确保组织的各项业务活动和管理制度符合法律法规的规定，避免组织因违法违规受到处罚或损失。档案管理工作还可以为组织提供证据，以维护组织的合法权益，保障组织的声誉和利益。档案是组织和企业的历史记载，它们记录了组织和企业的成长历程、发展历程、经验和教训等，不仅可以为人们提供有用的信息，还可以帮助人们了解组织和企业的文化、价值观和发展方向等，可以方便查找和利用这些信息，从而帮助组织和企业更好地开展工作。档案中记录了大量的机密信息和个人信息，例如，企业的财务报表、员工的薪资信息、客户的隐私等，这些信息一旦泄露将会对组织和企业造成巨大的损失，因此，档案管理需要做好信息保密工作，并制定相应的保密制度和安全措施，防止档案被非法获取或利用。档案中还记录了组织和企业的重要知识和经验，这些知识和经验对组织和企业的发展至关重要，企业或组织可以将这些知识和经验集中起来，形成有机的知识库，为组织和企业的决策和创新提供有力的支持。档案记录了组织和企业的文化传统和历史文化，例如，企业的品牌形象、企业的精神文化等，这些文化元素是组织和企业的核心竞争力，可以将这些文化元素传承下去，让员工和社会了解并认同组织和企业的文化，从而增强组织和企业的凝聚力和影响力。因此，我们应该高度重视档案管理工作，不断完善档案管理制度和方法，为组织和企业的发展提供有力的支持。

三、现代档案管理工作的原则

（一）注意保持档案之间的有机联系

可以说，档案整理的任务就是要"自然地"按照档案文件"固有的次序"去排列组合档案文件实体并固定它们相互间的位置，使之保持内在的、客观的有机联系，形成具有合理有序结构的整体。

档案之所以会对各种类型的、有着不同需求的用户有用，就是因为它记录了一定的人类活动过程。这种活动过程是与各种事物相联系的，因此日后的利用者才会从这一活动过程与自己查考的事物的关系的角度，需要利用这种档案。也就是说，从各种角度、各方面对档案的利用要求，实际上是档案所反映的活动过程本身所诱发的，是由这种活动本身的存在而派生出来的。因此，档案分类必须依据形成档案的活动过程本身所具有的运动规律和科学程序来进行，即应以保持文件中与这种过程、规律或程序相吻合的本质有机联系为原则。

在这里需要注意的是，档案之间的有机联系并不是绝对的，而是相对的。在同样类型的活动过程中，事物之间的各种矛盾和联系也是多种多样的，哪种主要，哪种次要，这是随客观条件的变化而变化的，对待文件间的有机联系必须具体问题具体分析，绝不能强求一律，机械地认为保持某种联系最重要，僵硬地坚持非采用某种分类方法不可。相反从实际出发变换我们的方法，力求保持文件间最紧密的联系，才是唯一正确的做法。

（二）充分利用原有的整理基础

档案是历史的产物，在入藏以前，有的档案可能存有文件作者或经办人员保管、利用它们的痕迹，有的则可能经过历代档案工作人员的整理。因而在档案整理过程中注意发现上述痕迹并加以利用，既是充分利用原基础，又是科学组织档案分类工作的一条原则。

档案中存在的经初步保管、整理的状况或成果，在某些情况下，可能会具有一定的合理成分。如文书处理人员为便于承办和利用，常把同一事件的请示与批复放在一起，造成档案文件间一种自然的排列次序；而过去的档案人员整理文件时，也有可能出于当时的某种需要或某种考虑，把具有某种共同特征（问题、作者、时间或形式等）的文件组合在一起。正因如此，管理人员应该从实际出发，充分认识并利用原有的基础，确定档案整理的任务与方式，不轻易打乱重整。就是说，在整理档案之前，应对档案的现状作调查研究。

首先，如果发现档案已初步经过整理，原基础较好，一般不必打乱重整。这种原有的基础，按现时的标准衡量，可能在保持有机联系的问题上有这样那样的缺陷。但是整理档案作为实体控制的手段，其目标无非是要使档案按一定的规则或规律排列起来，确定其存放的位置，以便于检索。只要这些档案尚有规可循，有目可查，一般就应尽量保持其原有的整理体系。

其次，即使原基础很不理想，根本未经整理或必须重整，也应仔细研究存在于档案中的每一丝线索，不轻易打乱破坏文件产生处理过程中形成的自然顺序，或前人的整理成果。也就是说，要注意吸取原基础中的合理成分，即使对某些极简单的保存与清理工作的痕迹，也应注意分析是否有参考价值。只有在全面掌握原基础情况以后，才拟订确实可行的计划，动手整理或仅仅作局部调整。

（三）便于保管和利用

整理档案时，应充分利用档案原有的基础，积极保持档案之间的有机联系，但在具体的整理实践中，有些文件联系的保持又容易与档案保管的便利性产生冲突。例如，某次会议产生的文件，有纸质的，也有视频的、音频的，还有可公开的、必须保密的，如果单纯强调文件之间的有机联系，将它们混合起来进行整理，显然会对保管的便利性产生不利影响。因此，在整理档案时，如果档案之间的有机联系与档案保管的便利性产生冲突时，不能只重视文件联系，还要充分考虑档案保管与利用的便利性。对于不同种类、不同载体、不同机密程度、不同保管价值的档案应根据具体情况具体处理，恰当组合，以便在一定范围内保持档案的最优化联系。

在这里需要注意的是，档案整理的目的是便于保管和利用，并非通过它就能完全满足从多角度检索档案文件的全部需求。便于保管和利用既是档案整理的出发点，又是整个档案管理工作的出发点。然而，我们不能期望在实体控制阶段就"毕其功于一役"，这些问题应由整个档案管理的各阶段共同解决。应该看到，档案整理工作仅仅是按照一种规则排列档案实体，使之形成有序的结构，从而为档案的保管和进一步利用打下基础。至于能否从多角度检索档案信息，满足各种查询要求，那是智能控制的任务，不应强求由档案的实体整理去完成。否则，我们就只能今天按这一种方法整理，明天又按另一种方法不断重新整理档案，反而增加了损毁风险且不利于档案的有效利用。

四、现代档案管理工作的发展趋势

随着社会的发展以及科学技术的进步，档案的来源渠道日益增加，内容也愈加繁杂，因此档案的种类也越来越多。不仅如此，档案的载体也发生了更迭，不再局限于纸质；各行各业对信息愈发重视，对档案的要求也逐渐增加。以上种种变化推动了档案管理工作的发展，使其呈现新的发展趋势。

（一）档案管理模式趋向一体化

1. 文档管理的一体化

所谓文档管理的一体化，是建立在文书和档案工作基础上的全局观，对文件从制发到归档的整个过程进行管理，以求文件和档案管理合二为一。也就是说，将现行文件的产生、归档及档案管理纳入一个管理系统，用统一的工作方法、制度、程序对其进行管理，而不再将文件和档案置于两套不一样的管理系统，这样可以避免不必要的劳动，大大提高管理工作的效率。

上述内容的实现得益于办公自动化的普及、计算机技术的发展以及档案管理网络化的发展，这些为文档管理一体化的实现提供了技术支持。因为办公自动化的普及，人们起草文件可以不在纸张上了，通过计算机就能快速、简洁地完成传输和办理这些活动，在这些都进行完以后，再考虑对文件进行何种处置——是销毁还是保存。可见，这时的文件与档案之间已经不是那么泾渭分明了。

在文档管理一体化的条件下，人们可以利用系统随时对处理完毕的文档进行归档，而不是像传统的管理模式，需要耗费较长的时间、较多的人力进行归档整理，这时的文件管理和档案管理处于一个管理系统之下，对不必要的、重复的劳动进行了删减，工作效率自然而然随之提高。

文档一体化系统是实现电子文件全过程管理和前端控制的重要平台。在文档一体化系统中，电子文件的产生、运转、归档管理等都被纳入了控制和管理的范围之内。不仅如此，在整个系统刚刚开始设计的时候，档案人员就已经参与其中，因此整个系统更能够体现文件的档案化管理思想，也更能保证电子文件的真实性和完整性。

2. 图书、情报、档案的一体化管理

一般情况下，我们将图书、情报以及档案视为三个不同的个体，它们有各自的特点：图书具有比较系统的知识体系，情报是用来消除不确定性的特定信息，档案是记录人们社会活动的原始信息，虽然特点不同，但是三者可以在功能上实现互相弥补。尤其是在信息技术飞速发展的今天，三者之间的联系更加紧密，正在逐渐走向一体化管理。

图书、情报、档案一体化的管理模式具有突出的优势。

首先，一体化管理模式可以提高信息的综合度，充分组织和开发利用各类信息资源，满足生产、生活、领导决策和文化传播综合、集成的信息需要。

其次，可以优化单位的资源配置，实现资源共享。近年来，许多大型企业在以前图书室、资料室和档案室的基础上进行了资源重组，建立了企业信息中心，对图书、情报和档案实施一体化管理，将它们纳入统一的信息管理系统，这样能够充分利用各类信息资源，实现资源共享。

再次，图书、情报、档案的一体化管理适应了社会信息化和数字网络环境对各类信息综合集成的管理需要和利用需要。在信息网络环境下，图书、情报、档案等各类信息资源将不再是界线分明的孤岛，而是相互渗透、相互连接的信息集成。

如今，科学技术飞速发展，网络技术、计算机技术、通信技术都呈现猛烈的发展势头，因此两个"一体化"管理的趋势也越来越明显，这就对档案工作者提出了新的要求，即实现纵向和横向的立体发展。所谓纵向，具体是指加深对文件管理理论、方法等的熟悉。所谓横向，是指档案工作者要加强对图书、情报工作相关知识的了解，因为档案与图书、情报之间有着非常紧密的联系，所以对图书、情报有一定的了解，才能使三者处于一体化的有序管理之中。

（二）档案管理手段趋向数字化和网络化

进入 20 世纪以来，科学技术飞速发展，计算机技术也是突飞猛进，开始渗透于社会的方方面面，档案管理的手段也因此发生了变化，逐渐摆脱了过去的手工管理，开始趋向数字化和网络化。

所谓档案管理的数字化，是指借助计算机技术等现代信息技术，直接生成数字档案信息，或通过数字化技术，将存贮在传统介质上的模拟档案信息转换成数字信息，便于档案信息的网络传输和共享。

数字化档案的产生主要有两个渠道，一是在数字网络环境下（尤其是在办公自动化环境下）直接产生大量的电子文件，通过在线或离线方式归档以后转化成电子档案。二是通过馆藏数字化，将原来存贮在纸张、缩微胶片、唱片、录音带、录像带等载体上的档案信息通过数字化处理后转换成数字信息，形成电子档案。

数字化档案是实施档案网络化的必要前提。近年来，互联网覆盖的范围越来越广，档案管理网络化已经成为了不可逆的趋势。所谓档案管理网络化，是指借助网络这一平台完成对档案信息的接收、传递、整理等工作。随着档案管理的数字化和网络化趋势，档案管理工作减少了很多重复的劳动，大大提高了工作效率，也使得人们对档案信息的利用更加方便、高效。

（三）纸质档案与电子文件将长期并存

在过去的很长一段时间里，档案管理工作主要针对的是纸质的档案，整理、总结出的档案的管理方法、管理经验、理论依据等也都是通过针对纸质档案形成的，毫无疑问，过去一直是将纸质档案视为档案工作的管理对象。但是，随着社会的进步与科学技术的发展，承载信息的载体发生了变化，电子文件开始在档案的载体中占据越来越大的一片天地，并且大有将纸质档案取而代之的趋势。这一切似乎都在显示，终有一天，办公无纸化会变成现实。

可是，从很多现实情况来看，这并不一定会变成真的。电子文件虽然便捷且利于传输，但是因为它是近年来才发展起来的，所以对于过去的很多信息它并不能完整收录，而且电子文件容易被篡改、毁坏，在真实性方面也逊于纸质档案。再加上长期以来，人们已经习惯了阅读和使用纸张，这一习惯很难彻底改变。

上述种种内容都显示，纸质档案和电子文件会在今后长期共存。对于纸质档案，长期经验之下已经有了较为完备的理论、管理方法等，而关于电子文件的管理还需要档案人员进一步摸索、整理、归纳，同时还要协调好纸质档案和电子文件的关系，使二者协调统一。

（四）档案馆的公共性和社会化服务将越来越突出

档案馆是我国档案工作机构的重要组成部分，是法定的保管国家档案资源的机构。作为一个科学文化事业机关，档案馆肩负着社会化服务的功能，可是在过去的很长一段时间内，档案馆的这一功能没有得到充分发挥，更多的还是充当着党和政府机要部门的角色。随着我国社会主义事业的建设和发展，政府职能逐渐转型，公共管理这一职能越来越受到重视。在这一变化的推动下，档案馆的社会化服务功能也得到了拓展，更多的公共档案馆开始走入人们的生活，人们对于档案馆不再陌生，不但对其认识加深，而且也普遍认可档案馆的意义。

公共档案馆由国家设立，其宗旨是面向社会和为所有公民提供全方位的服务，其馆藏主要是国家机构和相关组织在公务活动中形成的公共档案以及其他反映社会各阶层活动的档案材料。档案馆的服务对象是全体公民，档案馆还需要为利用者提供良好的阅档环境。

长期以来，我国各级国家综合性档案馆在馆藏结构和服务对象等方面的定位是以党和政府的机关部门为主，馆藏档案以各级党和政府部门的文书档案居多，而科技档案以及记载当地社会团体和公民的档案较少，加上档案馆封闭的服务方式，使档案馆与社会公众之间有一定的疏离。因此，只有在改善馆藏结构，丰富馆藏内容，加强档案馆社会化服务功能的基础上，才有可能使我国的各级国家综合性档案馆真正发挥公共档案馆的职能。

第二章　我国高校档案管理分析

　　高校档案是高等学校档案的简称，对高校档案进行整体化、统一化的安排与归纳就是高校档案管理。本章节内容为我国高校档案管理分析，主要围绕我国高校档案管理类型、我国高校现行档案管理体制、我国高校档案的收集、整理与保管现状展开论述[①]。

第一节　我国高校档案管理类型

　　在《高等学校档案管理办法》中对高校档案的定义是："指高等学校从事招生、教学、科研、管理等活动直接形成的对学生、学校和社会有保存价值的各种文字、图表、声像等不同形式、载体的历史记录"。

一、对高校档案内容及其特点的分析

（一）高校档案涵盖内容

　　高校档案区别于一般的文件资料，在于高等档案是按照符合高校规定的具有保存价值的内容进行整理与保存的，需要经过立卷的程序并最后归档。高校档案主要包含三个方面的内容：

　　首先，在形成范围上，高校档案涵盖学校的一切活动，包括招生工作、教学活动、科研活动、管理工作等，这些活动中形成的档案都包含在高校档案之中。高校档案虽然是高校文件的基础与来源，但它区别于高校的文件材料，具有保存的价值。

---

　　① 教育部办公厅.《高等学校档案管理办法》解读［M］. 北京：高等教育出版社，2010.

其次，高校档案是"直接形成的"。这些记录的形成具有原始性，是直接的、第一手的资料。经过加工、整理的资料只能称为文献或资料，不能构成档案。

最后，在形态特征上，高校档案与其他档案一样，具有纸质与非纸质的形态，通常会通过文字、图表、声像等方式来呈现，包括日常档案中的纸质材料、影像、录音带、光盘等，这些内容经过立卷归档之后，档案又进一步分成卷、册、袋、盒等形式，使档案管理更加科学化，提高了档案管理工作的效率。

具体地说，高校在从事招生、教学、科研、管理等活动过程中，为了与学校各部门、其他学校乃至其他国家之间进行交流与联系，一般要收集或收到不属于本校直接形成也不反映本校工作活动的文件材料，这类文件材料不属于本校归档范围，也就不能转化为本校档案。

《高等学校档案管理办法》第十五条规定了文件材料归档范围、高校档案的基本内容包括党群类档案、行政类档案、学生类档案、教学类档案、科研类档案、基本建设类档案、仪器设备类档案、产品生产类档案、出版物类档案、外事类档案、财会类档案十一个类别。

该《办法》中有规定的档案内容，是以全国范围包括文、理、工和艺、农、商、军等各种不同类型学校的整个高校系统中形成的档案管理形式为依据的，因此，具体到各个高校，一些高校有可能没有某些类别的档案。如有些纯文科类高校就可能没有产品生产类档案，有些规模不大的专业院校就有可能没有出版物和外事类档案，而每个院校都有数量不同的如党群、行政、学生、教学、科研、基本建设、仪器设备、财会等类型的档案。故该《办法》第十五条规定："高等学校可以根据学校实际情况确定归档范围。"

（二）高校档案基本特点

高校档案所具有的特点主要有：综合性、专业性、交叉性、原始性、信息性、延伸性、机要性等。

1. 综合性

每一个不同的高校无论规模如何不同，文理工专业设置又如何差异化，综合性都是在机构设置和形成档案情况方面共同具有的特点,通过约定俗成的形式划分,形成文书档案、科技档案和专门档案各类档案等。

2. 专业性

高校存在的主要意义是教书育人(即培养高层次人才)和进行科学研究活动。只有创造各种条件才能够加强人才的培养和推进科研活动的开展,而在这一过程中,在师资队伍建设和教学设施、校园建设、教学、科研及人事与财会管理等各方面建立各种专业性档案也是必然要求。《高等学校档案管理办法》增设"学生类"档案类目,进一步体现了高校档案的专业性特点。因为高校的主要工作对象是学生,围绕学生形成的档案应当作为高校档案的重要组成部分。将学生类档案与其他各类档案并列,在体现高校档案专业性的同时,体现了它自身的专业性特点。

3. 交叉性

高校档案不论是按内设机构分类,还是按职能性质分类,有关管理性文书档案和专门性或专业性档案,如学生、教学、科研、基建、仪器设备、产品生产、外事、出版物、财会等各类档案以及各种不同载体的档案,都存在一种交叉的关系。为了便于档案保管和提供利用,在分类整理时必须充分考虑这种交叉性的特点,注意相互衔接并尽可能避免重复归类。

4. 原始性

高校档案是直接记录生源招生、教学、科研、管理等活动形成的原始资料,具有原始性的特点。原始性特点是档案区别于图书和一般资料的分界线。从广义上说,尽管档案也属于资料的范畴,但一般图书、资料不具备原始性或原始记录性特点。高校从各项工作参考需要出发,收集起来的一切公开或内部交流的书报、期刊、简报、汇编、图纸、图表、照片、影片、唱片、录音带等资料,除本校的出版物档案外,一般都属第二次或第三次文献,不具备原始记录的特点,不能起凭证作用,因而也就不属档案的范畴,只能作资料处理。

5. 信息性

高校档案具有信息属性,是社会信息系统中的组成部分。高校档案信息的特点是用文字、图表、声像等特定的信息符号和一定的方式将各种信息记录在一定的载体上，使高校进行招生、教学、科研、管理等活动的历史面貌得以保留、得以再现。随着高等教育事业的不断发展，高校档案的信息量与日俱增，档案信息资源越来越丰富。因此，创造各种条件，充分开发和利用高校档案信息资源就成了高校档案机构的一项重要任务。

6. 延伸性

随着高校招生、教学、科研和管理工作的不断发展，高校档案的数量也年复一年地不断增加、不断延伸。根据高校档案的延伸性特点，高校档案机构必须按照有关规定，通过严格区分档案的保管价值，及时组织鉴定和销毁超过保管期限的档案，重点保管好需要永久和长期保管的档案。

7. 机要性

部分高校档案内容，在一定的历史期限内具有机要性。需要利用涉密档案时，必须经学校保密部门批准。

二、我国高校档案管理类型划分

近年来，高校在规模与教学、管理水平上都有了很大的提升，表现在高校档案上则是出现了大量的档案信息，使档案管理需要进一步梳理，进行细化分类，实现高校档案管理的标准化与规范化。高校档案之所以要进行分类，是因为通过科学管理高校档案，能使高校中的档案资源利用更加充分。

（一）高校档案分类的特征

高校档案的分类具有思想性、科学性、适用性三大特征。

1. 思想性

高校档案的分类标准要以辩证唯物主义为指导思想，参照国家的相关档案工作规定进行分类。

2. 科学性

应运用科学发展观来指导档案管理工作，通过结合高校实际情况，按照档案发展的基本规律，加强理论与实践的紧密结合，因此高校档案分类具有科学性。

3. 适用性

因为高校在规模、类型、层次上存在着不同，所以在设置高校分类原则的时候要坚持适用性原则，根据高校的实际发展情况来分类，给学校在档案类别上的划分以更大的自由度。

（二）各类高校档案涵盖内容

高校的档案按一级类目可以划分为十类，分别为党群类、行政类、教学类、科学研究类、产品生产与科技开发类、基本建设类、仪器设备类、出版类、外事类、财会类。

党群类：主要包括学校党群部门在工作中形成的文件材料。

行政类：主要包括高校的行政职能部门（教务、科研、开发、基建、设备、外事、财务等部门除外）工作中形成的文件材料。

教学类：主要包括教学管理和教学实践活动中形成的文件材料。

科学研究类：主要包括科学研究管理和科研实践活动过程中形成的文件材料。

产品生产与科技开发类：主要包括产品生产、科技开发管理及活动过程中形成的材料。

基本建设类：主要包括基本建设管理项目建设中形成的文件材料。

仪器设备类：主要包括仪器设备工作管理和仪器设备申请购置、开箱验收、安装调试、管理使用、维修改造、申请报废等各个环节中形成的文件材料。

出版类：出版工作管理和出版活动过程汇总形成的文件材料。

外事类：主要包括外事工作中管理和外事活动中形成的各种文件材料。

财会类：财务工作管理和会计核算活动中形成的文件材料。

上述十大类属于一级类目，如果档案资料过多，还可以设置二级，甚至三级类目，具体如何设置要根据学校的具体情况来确定。

三、高校行政类档案——人事档案管理研究

人事档案是在组织人事管理活动中形成，需要得到组织审查或认可，用

来记录、反映个人经历以及德能勤绩，通过文字、音像等方式以个人为单位立卷归档保存的档案。简单来说，人事档案是经组织认可能够归档保存的记录和反映个人德能勤绩等综合情况的档案。

（一）人事档案的概念

人事档案作为组织管理内部人员的重要凭证，其概念没有一个统一的界定。它是组织对内部人员进行全面广泛了解的重要资料，是国家机构和社会组织在人事管理过程中直接产生的，并且它能反映出成员个体的工作表现、个人经历以及德能勤绩，是对组织成员的一个全方位的记录。同时，人事档案也是组织发现人才、使用人才和管理人才的重要依据，对人力资源开发、人才引进和人才政策制定具有十分重要的作用。对于人事档案有三方面的理解。

1. 人事档案是在组织人事管理活动中形成的

人事管理是组织日常管理活动的重要项目，人事部门是每一个政府或者社会组织重要的职能部门，它的主要职能是负责组织人员的流动与管理。而为了更加便利和有效地管理组织人员，建立组织成员的个人人事档案就显得极为重要。人事档案建立之后，必须交由人事部门保存和管理，以便对组织人员活动进行良好的管理。所以说，人事档案是在人事管理活动中形成并发展的。

2. 人事档案的内容涵盖全面

人事档案涵盖个人的私人经历与社会经历，并且准确详细地记录个人的思想德行、学历水平，某些重要机构还可能记录个人的家庭关系等方面。随着时代的发展，其内容也不断充实，包括声音、图片和影像资料等新型资料也被收录到人事档案内，个人在原单位的培训经历、是否有出国考察等重要的信息也会被添加到人事档案内。档案的全面性既完善了档案的信息，又可以使档案更加准确地反映一个人的综合情况，有利于组织人力资源管理部门更加全面地考察组织成员。

3. 人事档案对每个人来讲都是唯一的

每一个组织人员都有与其身份信息相对应的人事档案，它对于个体来讲是唯一的，这既表明在数量上的独一无二性，也表明每一份档案对应一位组织成员。如果组织成员拥有多份人事档案，则有可能是档案作假。如果人事档案丢失或损坏，就意味着要进行补档，而补档需要个人到曾经学习过的小学、初中、高中以及大学和原来的工作单位补齐相关的人事资料，程序繁琐。在这一过程之中很多重要的事情都有可能受到影响。

（二）现代人事档案呈现的特点

随着我国政治体制和人事制度的较大改革，与其相关的人事档案在相应变化中产生了一些特点。只有认真总结分析这些变化并结合其特点展开档案管理工作，才能够有事半功倍的效果。可以将现代人事档案的主要特点总结概括为如下几点。

1. 人事档案内容更加丰富全面

当前，市场经济发展迅速，对人才的要求也越来越高，主要表现为对人才的政治素质、业绩、专长、现实表现等各方面都要优秀。这一要求反映在人事档案中，不仅包括政治表现、工作经历、个人学习，也包括能力素质、技能优势、工作业绩、发明创造、职称考核、他人评价等。所以，为了更好地为社会用人提供参考，人事档案的管理工作一定要与市场经济要求以及现代人事制度相结合，扩大归档范围，使人事档案内容更加丰富全面，更贴合实际需要。

2. 干部档案是人事档案的主体

这里所说的"干部"是指工作在党政机关的国家公务员。公务员是我国干部队伍的主体，他们的档案是构成我国人事档案的主要部分，因此，对其档案进行管理，是我国人事档案管理的重中之重。只有公务员档案的管理工作做好了，才能为其他企业干部、事业单位干部的人事档案管理提供参考标准。所以，要以相关政策和用人制度等为管理依据做好对国家公务员档案的管理工作。

3. 流动人员人事档案规模逐渐增大

社会的飞速发展使得人才流动速度加快，尤其是国家在人事、户籍等方面进行了相应制度的改革之后，人才流动更加频繁，这就形成了大规模的人事档案。这类人事档案是企事业单位招聘时了解人才、考察人才、选拔人才的重要依据，非常重要。

4. 人事档案的作用范围更广

在市场经济环境下，人事档案与每个人的生活和自身利益密切相关，因为它可以综合反映每个人各方面的信息，也可以作为自身价值的依据，对于离开原单位寻求新的发展机遇的人们，人事档案更是必不可少的参考依据。

（三）高校人事档案管理存在的问题

1. 管理意识方面

新时代以来，虽然各类高校都在很大程度上提高了人事档案的管理水平，但管理人员对于档案管理的意识却还存在一些不足。人事档案的重要性主要体现在：完整记录了教职工的学习和工作简历；通过人事档案能够对教职工工作能力和业务水平进行较客观的评价；可以作为教职工调动、提拔等考察的凭证。即便如此，对这样重要的资料进行管理时，仍存在管理意识淡薄、低估人事档案重要价值的现象，高校的档案保管多数的情况是机械的保管，对档案材料真实性和有效性方面存在的风险缺乏管控，主动提供归档资料利用档案的意识不足，使服务水平的提高受到了限制。

2. 管理环境方面

高校人事档案管理环境与档案管理条例中实际需求相比，还有很多需要进一步完善的地方，在实际的档案管理环境，很少能在库房面积、库房环境、"八防"措施等方面都满足档案管理条例的要求。库房面积不足、库房潮湿、环境较差、自动灭火设备缺失等档案管理环境问题仍然存在，这给人事档案管理工作造成了很大的影响，特别是对有些早期档案资料的影响十分严重，因其纸张原本就很脆弱，在外部环境影响下，会出现不断脆化和字迹模糊不清等现象。长远来看，档案正常查阅、学校名人档案记录、校史编纂均会受到不小影响。

3. 管理方式方面

随着国家及各省市对人事档案越来越重视，高校已在很大程度上改进了人事档案的管理方式，但管理方式与教职工需求仍存在不统一的地方。高校人事档案管理主要是对纸质档案的管理，因此如有需要查或借阅档案的教职工、部门或学院，需要花费一定时间等待。处在具有许多新需求的信息化时代中，高校各项事业处在不断发展中，因此对于人事档案的查阅也提出了更高的要求，传统的纸质管理方式已不能满足需求，无法确保查阅的时效性，已经与新时代的发展脱节，因此，应立刻改进优化传统档案管理方式。

4. 管理人员方面

高校人事档案管理人员对于专业性、政策性都很强的档案管理工作至关重要。高校档案管理工作应由专业人才来担任，然而实际情况却并非如此，不同类型的高校中从事档案管理的人员，大部分没有相关专业背景，或同时兼任多个岗位，造成管理人员专业素质和业务水平差、工作不专注、管理水平欠缺等现象，影响了学校档案事业的发展。

5. 管理安全方面

作为原始资料的档案，相关资料如果丢失是一种巨大的损失，一定要对档案的安全性高度重视，尤其是对作为记录教职工个人信息的原始凭证的高校人事档案，要更加重视。然而目前还存在很多因素的制约，使档案的管理还做不到全面的保障，如专业人才缺失；管理环境较差；管理方式过于传统；人事档案的收集、整理、保管等环节的风险控制难以把握等。

（四）高校人事档案管理的新形势

1. 人才流动性加大

高校的发展也可以说就是人才的发展，一支素质优良、德才兼备的教师队伍是进行人才培养工作或科学研究工作的基础。因此，人才引进工作也成为高校发展进程中的重点工作之一。高校的人事部门也都在通过不断优化人才引进政策，来吸引优秀人才，随着高校对优秀人才的争抢，人才的流动和流失也越来越普遍。

人才流动过程中，无论人才到哪里，人事档案都要形影不离的一起流转，并不断记录人才成长与变化过程。由于人才的频繁流动，使得档案管理工作难度不断增加，因此，人事档案的完整性、安全性、保密性都存在一定程度的风险，档案流转过程稍有偏差，就会造成严重后果。

2. 档案利用率提高

在时代的不断发展过程中，用到人事档案的频率会越来越高，用到人事档案的地方越来越多，需要查阅人事档案的内容与事项也越来越多，因此，在人事档案的管理过程中既要做到便于查询，又要做到严格保密。在档案查询过程中一定程度的复印、查阅、扫描等工作是不可避免的，这也会导致档案的破损率增加，从而一定程度上为档案管理工作增加了难度。

3. 信息化管理要求更高

传统档案的管理中接触的都是纸质材料，管理过程中需要的额外设备不多，对管理人员专业素质也没有很高要求。但随着科技不断发展，当今，高校已对多种不同的新技术与设备进行了应用。在科技创新的趋势下，已经步入了信息化时代，将各种信息化数据管理系统引入到人事档案的管理工作中，对档案管理工作具有重要意义。随着信息化时代的不断发展，人事档案的管理不仅要实现数字化，也要引入更加专业的管理人员。通过数据管理系统，可以实现档案的分类、聚类以及相关分析，研究数据间的关系，从而为人力资源的管理和人才引进以及绩效考核等工作提供数据支撑，以此监督促进高校发展。因此，档案使用效率不断增加的同时，对档案管理人员专业素质的要求也越来越高。

（五）优化高校人事档案管理措施

1. 建立起严格的档案管理工作制度

在我国高校人事档案管理工作现代化的进程中，高校如果想使人事档案管理工作的质量和效率有实质性的提升，就只能不断优化和完善档案管理工作的制度。可以将国家相关的法律法规与学校本身的发展规划相结合，建立具有针对性的人事档案管理工作制度，对当前高校人事档案管理工作流程进行有实效的优化。

高校人事档案管理工作是一个长期、系统性的工程，所以必须要清楚的认识到，它与其他工作一样不能够一蹴而就。因此必须与先进的互联网技术相结合，尽全力整合优质的档案管理工作资源，加强信息化资源在高校人事档案相关工作中的应用，建立具有集成性的高校人事档案管理信息系统，以此使档案管理质量和效率得到实质性提升。

高校领导层必须着眼全局发展，要转变以前传统的档案管理工作思路，搭建适用于各高校的信息资源互享平台，增加高校信息档案整合效率，为高校的可持续发展打下坚实基础。

2. 转变高校人事档案管理工作的模式

高校只有清楚的知道目前人事档案管理工作中的不足和困难，才能够制定出具有可实施性的人事档案管理工作措施。

首先，在人事档案管理工作方式层面，为了降低高校档案管理工作人员工作压力和负担且真实有效地保证其真实性和可靠性，需要以我国先进的档案管理信息技术手段为基础，大力整合信息化资源，要对人事档案信息资源管理模式不断补充和优化。

其次，高校必然会采用集中式的档案管理工作模式，以对高校档案管理相关各部门的分工为重点，贯彻落实本职工作与责任。综合型档案管理工作方法是提升高校人事档案管理工作效率的有效方法。

最后，新时代社会发展对档案管理工作人员也提出了更高的要求，因此，高校档案管理工作人员要始终保持对先进档案管理工作知识学习的意识，不断刷新和完善自己的档案管理工作理念。档案管理工作人员在对档案管理过程中，要将高校实际工作情况与发展趋势结合，探寻出一种适用于高校人事档案管理工作推进的最佳方法。以此协助高校做到科学化、合理化管理人事档案的目标。

3. 提升对人事档案管理工作重要性的认知

人事档案是学习历程和工作历程的重要原始证明资料，因此，在高校可持续发展过程中，人事档案管理工作具有至关重要的作用。当前社会上学术造假的现象时有发生，因此高校有必要通过人事档案的应用，增强对人事的管理。

高校内教职工的工资待遇及福利待遇与其人事档案有着密不可分的关联，所以高校不但有必要完善内部人事档案，而且有必要保证人事档案信息的真实性和可靠性，从而满足及时调取人事档案信息的需要，同时还要做到增强档案信息在高校内部的共享。

高校既要加强档案管理工作部门对其工作的认识和了解，同时，也要在全校范围内针对其工作开展相关宣传活动，使校内全体职工与同学对其工作重要性有所认知，从而在日常档案管理工作中，各人员与档案管理部门相互配合促进工作的更好开展。只有全校人员一起参与到高校人事档案管理工作中，才能充分体现出这项工作的意义与作用，从而推进高校持续不断的发展。

4. 提高档案管理工作人员的专业素质

人才已成为时代进步和发展的原动力。所以高校要有人才意识，通过对专业人才的培育和训练，使他们的综合能力显著增强、业务水平达到熟练，来促进人事档案管理工作质量和效率实质性的提升。这首先就要求高校档案管理工作人员要专注自己的本职工作，始终保持敬岗爱岗的工作态度完成好岗位职责，不断积累相关工作经验和先进工作技术，使专业水平不断提高。

另外，高校急需建立一支高素质、专业化、综合型的人事档案管理人才队伍，人事档案管理工作人员的数量和相应的工作量要严格把控，尽全力达到配置最优化，助力高校对人力资源的最优配置和整合，使资源配置合理。高校还应增加对工作人员的培训和指导力度，高校领导层急需把人事档案管理工作当作重点工作之一来开展，为此档案管理工作人员应遵守严格而规范的工作流程，以考核活动的形式对档案管理工作效果进行评估，从而使相关工作人员工作热情和工作业务能力的提升和增强。

5. 实现信息化建设

随着高校人事档案管理工作的信息化构建和应用，工作琐碎复杂等相关问题将会消失，相关工作的质量和效率显著增加。因此，信息化建设应引起高校领导层的高度重视，通过对人事档案管理工作进行信息化技术更新，对相关工作提供充足资金保障和相关管理部门的支持，来实现高校在人事档案管理方面的信息化建设。例如，在信息化建设过程中，高校应以本校切实发展水平和真实的人事档案资料为基础，完成存储系统、服务系统的建立，仅通过数据化信息就可实现对相关档案资料的管理，为提高管理材料向电子化材料转换的效率，要加强信息化工具如计算器、扫描仪的使用。除此之外，在高校信息化建设中,同时使用纸质版人事档案资料与电子版人事档案资料,这也是高校信息化建设必然会经过的阶段。

第二节 我国高校现行档案管理体制

我们可以把高校档案管理工作职能、机构和制度统称为高校档案管理体制,具体由高校档案工作机构的设置、权限划分、运行机制、有关档案管理的规章制度等组成,这是保证高校档案工作不断健康发展的基础。属于上层建筑范围的高校档案管理制度,由于与社会生产力发展水平有关,因此不可能始终不变,也就是高校的管理体制要与经济和社会不同的发展阶段相适应。我国高校档案管理体制在经济飞速发展和计算机网络技术持续进步中也在不断进行相应的发展。

一、《高等学校档案管理办法》中的规定

《高等学校档案管理办法》(以下简称《办法》)第一章总则第四条规定:"国务院教育行政部门主管全国高校档案工作。省自治区、直辖市人民政府教育行政部门主管本行政区域内高校档案工作。""国家档案行政部门和省、自治区、直辖市人民政府档案行政部门在职责范围内负责对高校档案工作的业务指导、监督和检查。"[①]

这一规定有两层含义:一是高校档案工作由国务院教育行政部门和各省、自治区、直辖市人民政府教育行政部门主管;二是高校档案工作由国家档案行政部门和各省、自治区、直辖市人民政府档案行政部门按职责范围进行业务指导、监督和检查。

正如有的学者所说,以往的有关规定,只提出"高校档案工作由各级教育行政管理部门和有关业务主管部门领导"的要求,比较模糊,比较松散,《办法》的这条规定对完善和健全高校档案管理体制则提出了更加明确和更加具体的要求。

---

① 教育部办公厅.《高等学校档案管理办法》解读 [M]. 北京:高等教育出版社,2010.

《办法》第一章总则第五条规定："高校档案工作由高等学校校长领导，其主要职责是：（一）贯彻执行国家关于档案管理的法律法规和方针政策，批准学校档案工作规章制度；（二）将档案工作纳入学校整体发展规划，促进档案信息化建设与学校其他工作同步发展；（三）建立健全与办学规模相适应的高校档案机构，落实人员编制、档案库房、发展档案事业所需设备以及经费；（四）研究决定高校档案工作中的重要奖惩和其他重大问题。分管档案工作的校领导协助校长负责档案工作。"

实践反复证明、无论哪所高校，档案管理是否能沿着规范化和标准化的方向发展，是否能满足学校各项工作和社会开发利用高校档案信息资源的需要，高校校长起着决定性的作用。

高校也同其他国家机关、团体、企业、事业等单位一样，如果领导没有将档案管理纳入自己的工作议程，如果不按档案法律法规建立健全管理机制，配备与档案管理相适应的档案工作人员，或者说即使有机构有人员，如果得不到单位领导的支持，档案工作人员的积极性再高、素质再高，工作也很难开展。

就高校而言，只有校长和其他学校领导具有强烈的档案意识和管好档案的责任感，将档案工作列入自己的管辖范围，按规定满足档案工作在人、财、物等方面的要求，充分调动档案管理人员的积极性和创造性、才能促使档案信息化建设与学校其他工作同步发展，真正实现高校档案的规范化管理。

由于高校档案管理涉及面广，具体事务烦琐，《办法》在规定校长作为第一责任人负责领导高校档案工作的同时，还明确规定由"分管档案工作的校领导协助校长负责档案工作"。即在校长的统一领导下，分管档案工作的校领导（副校长）协助校长进行档案工作，这样就能克服因校长工作繁忙而出现顾此失彼的现象，保证了高校档案管理工作的正常运转。

这种由国务院教育行政部门和省、自治区、直辖市人民政府教育行政部门主管高校档案工作，由国家档案行政部门和省、自治区、直辖市人民政府档案行政部门在职责范围内负责对高校档案工作的业务指导、监督和检查，高校校长具体负责领导的高校档案管理体制，是新时期高校档案管理与时俱进、健康持续发展的重要保证。

二、我国高校档案管理体制实施现状

（一）高校档案管理体制的总体情况

从整体来看，不同类型高校具有不同的档案管理制度，将一些教育部直属高校与一些地方院校比较可知，这些教育部直属高校建校时间久，综合排名高，具有充足的资金和实力建立级别较高的档案管理机构，因此档案管理工作开展的效果较好；而地方院校尽管会参照那些教育部直属高校来设置档案管理部门，但受资金和资源条件的限制，在设置档案管理机构级别和范围时仍然存在许多问题。

从机构设置情况来看，单独设置的档案馆，在学校党政办挂靠而设置的档案馆，属于党政办的档案综合管理室是高校档案管理机构的主要形式。还有些高校过于忽略档案管理工作的重要意义，没有设置专门的机构，仅通过党政办下专门人员负责档案的管理工作。

目前大部分高校都有独立的档案机构，但有些高校因资金不足和资源有限等原因，档案机构设置的很不正规，如果是档案部门在党政部门下设置的情况，就会存在档案管理部门既要完成本职工作，又要承担其他工作，从而对档案管理业务造成影响。因此，要始终重视高校档案在高校中的重要作用，创新高校的档案管理制度，从而提升优化高校档案管理机构级别和职能。

（二）高校教学档案管理体制

高校教学档案管理体制中最主要的组成部分就是对高校教学档案管理，它作为高校向前进的重要基础资料主要有与学科搭建、职业发展和专业进步有重要联系，对高校教学发展及学科建设发展有直接影响，是教师在实践中总结出的经验结晶等特征。

目前一些高校在管理教学档案时不会进行系统的规划，教师档案存档和备份也没有相关管理规范。有些高校的教学档案管理制度存在很大缺陷，教学档案管理只是保存一定时间后就不管了，严重忽略了教学档案的重要意义，这会使高校在学科建设和专业课程设置方面缺少基础资料的支撑，使高校教学水平发展受到限制。并且，从档案中查找以往的教学资料和学生成绩也会受到一定限制。档案管理制度的欠缺影响了高校教学工作的开展。

（三）高校干部职工档案管理体制

高校档案管理体制中一个重要部分就是高校干部档案管理体制，它虽然满足相关的工作条例，但因不具有相应的组织关系，在开展业务工作和宏观管理方面还有一定的欠缺。尽管这种管理体制受人民政府档案行政机关的监督和指导，但因高校干部职工档案管理体制没有对应的实施部门，高校干部职工与本校档案工作和国家档案工作是独立开展的，使两项工作缺乏互相促进补充的联系。

高校职工干部档案工作同时也是学校档案工作中的重要组成部分，但在实际中，因学校档案整体规划里缺失了高校干部职工档案，使得高校干部档案管理效果受到了很大影响。因此高校应从实际情况出发，完善相应档案管理体制，根据学校相关规定确定负责档案管理业务的部门，增加相应工作的专业人员，进一步补充优化高校档案管理制度。

（四）高校学生档案管理体制

高校档案管理工作中最主要的一部分就是对高校学生档案的管理，高校学生档案在学生未毕业前在学校中保存，学生毕业后就会根据学生具体情况转移到相应的档案管理单位，构成学生职工档案或干部档案的一部分，也是学生个人档案的基本材料。从学生角度来说，高校学生档案在毕业后的个人发展中有至关重要的作用。高校应加强对学生档案的管理工作，但目前和没有关于高校学生档案的国家法规，只能参照干部档案的管理规定来管理。这种方法在实施中仍存在一些矛盾和问题，因高校学生档案与干部档案在管理范围和方式上有所不同。因此，国家修订了《高等学校档案实体分类法》，自此学生个人档案管理工作也成为了一个单独的管理类别，这完善了学生档案管理机制，提高了学生档案管理的科学规范水平。

三、我国高校二级学院档案管理模式

高校二级学院档案管理有两种情况。第一种情况是，几所不同专业的院校合并到某大学综合办学时，形成的一种档案管理机制。原学院设置的档案馆或综合档案室随即撤销或仍保持不变，成为合并后的高校档案馆（室）的分支机构，由合并后的高校档案机构统一领导、分级管理；第二种情况是，随着高等教育事业的发展，部分高校新组建的二级学院，其档案仍由所属高校集中管理，但这种管理方式逐渐暴露出权责不清晰、不便管理和影响利用等问题。

针对二级学院存在的问题，学者们认为，二级学院的档案管理工作可参照高校档案管理规范，但应根据二级学院的职能和特点做好档案的收集、整理与保管、检索与利用工作。

（一）合理分权、充分授权是分级管理的基本原则

在档案管理形式上，高校档案与其他单位档案的管理形式并没有什么不同，但在档案的组成等方面确实存在不同之处，高校档案相对的不同点是由学科和事业单位构成，它同时具有学术性和行政性，主要偏向于对知识和学术的管理。

随着高校发展规模越来越大，以校级单位为主的传统机构已不能满足相应的要求，因此高校结构逐步朝二级管理转移。在高校教学和行政职能朝二级学院转移的过程中，高校师生对校级依赖显著降低，对相应的二级学院依赖显著提升。

高校档案资料主要来源于下属各部门和二级学院，二级学院在基层党组织建设、学生工作建设、教学与科研队伍建设、教学改革与发展建设、基础设施建设等工作方面形成的各种档案资料包括了高校发展的方方面面。高校在档案管理中，应将相应权力分给二级学院，使二级学院成为职责分明、方便利用的档案分支机构，其职能包括归档收集、整理、保管、鉴定、统计、开发利用等。

（二）更新理念、创新机制是分级管理的基础保障

首先，应将以"一切有利于提高办学效益，有利于提高教学质量，有利于提高管理效能出发"为目的，作为新的思想观念，为使学校与二级学院各自尽到各自的职责，应对学院和学校权力和职责范围进行明确划分。学校档案馆的工作主要包括收集和管理各职能部门的档案和学院中具有永久保存价值的档案，监督和指导学院的档案管理工作。学校档案馆的工作重心应集中在档案信息的开发利用和提升业务现代化水平上，在二级学院的指导过程中，要帮助学院实现规范管理和持续良性运转，也要将学校的办学思路和管理理念融入到学院的管理中。无论是档案管理人员还是中层领导都应该转变"档案工作是'看庙守摊'的工作"或"档案与我无关"的观念，要充分了解档案工作的作用和价值。以思想的提升和价值观的调整为抓手，切实提升所有教职工的档案意识，为档案工作的开展打下坚实基础。

其次，高校还应该从创新的角度对二级学院档案进行分级管理，将学院相关工作融入到高校发展规划与计划和教学管理水平评价中，不断完善档案队伍建设和档案管理制度，为学院档案队伍整体素质的提升提供组织和制度上的保障，同时为学院档案管理不断地健康发展创造条件。

（三）目标管理是分级管理的重要措施

二级学院对档案进行分级管理的主要举措是开展目标管理。目标管理把量化、管理、责任和效益观念等有机融合到学院的管理工作中，以此调动人的积极性。目标管理要求在档案管理的过程中所有与档案质量相关的人都要参与，构成一个任务和责任范围明确，也可以相互促进、相互配合的有机整体。

档案目标管理的关键点是：（1）从形成档案部门源头开始，调查研究学院档案工作情况，根据实际情况与现存问题制定档案管理计划与对策；（2）有计划地下达工作任务，通过学校向学院提出具体要求，预期完成预制目标，实现责任到人，各尽其职；（3）学校要监督、检查学院目标管理执行的情况，将加强定性分析后的考核结果反馈到学院的管理工作中，并不断优

化考核方法，实行激励机制。利用学院档案工作目标管理，使高校档案标准化和规范化达到一个新的高度。

四、我国高校档案管理体制面临的挑战

（一）档案资源的变化给档案管理体制带来的挑战

近几年，伴随智慧校园的建设速度不断加快及计算机关于网络方面的技术逐渐成为常用的通用技术，应用无纸化办公的地方越来越多，相应的也产生了大量的电子文件和数据资源，电子档案正在逐渐取代传统纸质档案成为档案工作的主要内容，数字和数据化档案资料将会成为档案工作的主要客体。以上变化首先会对档案工作场所形式产生很大影响。具体来说包括下面几方面：（1）电子档案仅需要在电子网络设备上管理就行，这使得档案整理、建工等工作基本不需要专门设置用房；（2）电子档案仅需要在光盘、硬盘、计算机平台等存储设备上储存就行，除了必要的用来存放存量档案和实物档案的空间外，也不用专门设置存放档案的库房；三、与档案相关的管理调阅工作仅需要利用网络便可以实现线上办理。其次，关于档案资源所属权问题也会发生变化。因为计算机网络信息部负责高校所有信息化的建设、推广、升级，该部门负责支配和管理所有电子数据的流向，因此电子档案的最终归属权已不再属于档案部门了。档案部门如果仍有档案分类、鉴定及保存归档方面的任务，就只能通过学校层面协调相关部门统一解决。再次，异构数据资源整合方面的问题发生变化。高校在业务和数据管理系统处在阶段性发展阶段、技术性有限和其他经济与人为等因素影响下，会不断产生数量很多的异构档案数据，为完成对异构数据资源的有效管理，急需将升级和更新管理系统等新技术应用到对异构数据的管理中。

（二）技术和思维观念的变化对档案管理体制的影响

在最新计算机网络技术推广和应用过程中，人们的工作形式和思维观念都发生了很大程度的改变。首先，电子材料的归档和纸质材料的归档方式不同，系统连通后完全能够在线上完成归档，省去了纸质档案需要现场指导、

整理和收集的流程。其次，除非有必要，人们通常不会去线下档案馆处理档案相关问题，通过网络实现远程或异地处理档案的利用、咨询、交流等事项已成为人们习以为常的习惯。同时，随着社会总体工作节奏不断加快，人们对档案服务工作的质量和效率也提出了更高的要求。这些都会倒推档案工作模式的转变，使档案服务质量和效率及信息化和智慧化水平不断提升。可见，档案资源的改变、新技术的使用和人们思维方式的改变等都迫切希望新的档案管理模式出现，通过新方式使档案工作超越时空的限制，紧随时代脚步，变得越来越方便和高效。

五、我国高校档案管理体制发展的支持和保障措施

（一）按照事业单位改革的整体要求进一步全面推进

中国共产党第十九届中央委员会第三次全体会议通过了《中共中央关于深化党和国家机构改革的决定》。高校档案管理体制变革应按事业单位变革的总体标准进一步全面推进。

从社会功能角度进行分类，高校档案部门属于事业单位中的公益部门，在推进体制改革的进程中，高校校长负责档案相关工作的优势应该得到充分体现，依靠高校的全额资金保障，在人员配置方面，应对照事业单位完善人员结构和职能，满足与机关统筹管理的要求，促进管办相互独立，增强公益属性，以建立"大档案"的高校管理体系为目标，实现高校档案管理制度的改革。

建立档案管理委员会，启动"大档案"管理体系在高校中的进程。需要建立与高校相适应的档案管理模式的领导和管理机制。为此，学校档案部门应成立工作委员会，由校长或档案工作相关领导担任主任一职，对与档案相关的重要事项进行统一协调处理。在档案工作委员会中的校史馆和档案馆平日的管理职能主要是促进馆办分离，增加工作的公益属性。"坚持统一领导的组织原则，坚持'系统整合'的管理原则"，使档案资源组成模式朝集中简约化方向推进。

在电子化档案管理平台上放置"大档案数据"，实现对高校档案资源的整合和对全校档案的统一管理及利用。为使档案馆囊括所有档案信息资源的归

档管理并具有相应的查询利用功能，高校档案机构的管理范围应包括未集中管理的各类档案。在高校电子化档案管理平台上，已输入的电子档案目录是与相应内容链接的，通过这种电子目录的形式统领各种不同档案装订入库的管理，并在与高校图书、校史等信息共享的过程中，共同组成了"大档案"数据，同时为高校管理部门提供了大档案数据参考，高校档案服务体系得到了加强，档案服务公共化数据基础则更加充足和全面。

打造专业化的档案人才队伍，对档案管理人事制度进行深入改革。根据《高校档案管理办法》，做到分类整合档案类别、明确责任、分类设岗、坚持档案专业人才聘用、强化岗位培训、提高档案管理水平等。

（二）完善档案管理的组织机制

我们应该从目前档案管理的实际情况出发，健全档案管理组织机制，根据大档案管理有关要求，统一规划管理所有档案资源，把人事档案，学生档案及相应实物资料等均列入高校档案管理类别。

为了档案领导体制的建设与健全，学校主要领导应高度重视档案工作，学校主要领导应担任学校档案工作委员会主任并领导与协调全校档案工作，档案工作委员会应设有办公室以进一步提高日常档案管理能力。

提高档案管理机构的规格，把档案管理机构列为学校管理部门序列，理顺档案管理机构和其他部门的组织关系，进一步提高档案管理部门的职能。

目前有些高校档案行政部门与业务部门之间仍各自独立地开展工作，在具体工作的衔接中仍存在着一定问题，需要从全校一级的角度设立档案工作处，作为学校档案行政管理部门与工作委员会办公室联合办公的场所，要推行"两大品牌，一套人马"。

具备条件的院校也应建立学校档案馆，将其当作档案管理部门中的一个业务部门。高校应根据管理与业务工作的需要对档案馆建设进行一些政策与经费上的扶持，使高校档案馆体现其育人作用。

（三）完善档案管理的人员保障

为了进一步提高高校档案工作的水平，需要推动高校档案体制的发展和高校档案服务能力的进一步提高。目前高校档案的管理工作过程中还存在着专门人才不足的情况，这极大地影响着高校档案工作的正常运行。所以，我们要严格把握档案管理者的筛选，从社会上、从广大应届生中挑选一批档案管理水平高、技术能力强的专业人员，以保证档案管理人员有精湛的档案管理技能与较高的专业素养，从而保证档案工作能够真正发挥其应有的作用。

在新的形势下，高校的发展要求档案部门扮演好自己的角色，角色的实现又要求每一个档案工作人员都参与到相关工作中来。所以，要站在档案工作管理的现实角度上，再度提高档案管理者工作能力与水平，为此可通过增加他们学习与培训机会的方式实现。与此同时，高校的档案体制也要不断创新与改进。高校档案的各项规章制度仍有许多漏洞与缺陷，应加以调整与完善，对已不适合高校发展需要的各项档案制度应将其取消，并健全相关档案机制与体系。

第三节　我国高校档案的收集、整理与保管现状

在档案管理系统中，收集、整理、编目、检索、鉴定与开发利用等工作环节，构成了各种不同的分项工作系统，各项工作又相互依赖、相互依存、相互作用，共同发挥档案管理的系统功能。

一、我国高校档案收集现状

收集工作是档案形成过程中的基础的环节，如果没有收集工作，就如同"巧妇难为无米之炊"，档案工作也就失去了根基，只有通过收集工作形成完备系统的档案资料，才能便于以后对档案进行利用、开发其价值。所以高校档案的收集和归档是高校档案产生的基础。

（一）我国高校档案收集范围

通常情况下，所有直接记录和反映学校主要职能活动并具有调查和使用价值的文件和资料都应当包含在档案收集的范围内。根据国家档案局和教育部的相关规定，高等教育机构应归档的文件和资料包括以下四个方面。

1. 上级的文件和资料

上级的文件和资料主要包括上级党政机关会议的主要文件和材料；由上级党政机关颁发的需要学校具体实施的文件，和普发非学校主管业务而又需具体执行的法规性文件；上一级党政机关批转或转发学校的文件；代上级党政机关起草和通过的文件的最终稿和印刷版；党和国家领导人、人民代表以及上级党政领导等检查工作时做出的重要指示、题词、讲话、照片，以及具有一定保存价值的录像和录音等资料。

2. 本学校的文件和资料

本学校的文件和资料主要包括学校党委和行政代表召开的大会、工作会议、专业会议、党政联席会议的记录材料和各种视听资料；学校党委和行政部门颁发的各种官方文件的签发稿件、印刷稿件以及重要文件的修订稿件；学校党委或行政部门的请示文件和上级党政机关的批准文件；学校各单位的指示和学校的批准文件；学校党委和行政管理及其内部职能部门形成的工作计划、报告、总结、统计分析材料、统计报告、财会文件、审计文件以及反映学校经营活动和科技管理的专业文件和资料；学校检查各下属单位的工作以及调查研究形成的重要文件和资料；学校的党政领导公务活动形成的重要信件、电报和电话记录以及从外部单位带回的与学校工作有关的文件和材料；学校的各种规章制度及反映建立、合并、撤销、更改名称、启用印信，以及学校组织规则和人员编制等文件；学校的历史、年鉴、纪念品、荣誉证书，以及反映学校重要活动的报纸、剪报和视听材料，有纪念性和凭证性的实物以及展览照片、音频和视频材料；学校不动产、债权、物资、档案、捐赠、签订的合同和协议等方面的凭证，各种证明文件的存根及相关文件和账册等资料；学校党委或行政干部的任用、解雇、审批、培训，专业技术职务评定和任用、干部录用、转正、评级、工资调整、退休、养老等审批表以及党政干部名册；来自人民的重要信件、访问和处理材料以及按要求归档的死亡人员档案和其他需要归档的材料。

3. 同级机关和非隶属单位的文件和资料

同级机关和非隶属单位的文件和资料主要包括不属于学校业务范围但需要实施的同级机关和非隶属单位发布的规范性文件或者与学校有关的重要文

件；相关业务单位对学校的工作进行检查形成的重要文件。

4. 下属单位的文件和资料

下属单位的文件和资料主要包括下属单位提交的重要工作计划、典型材料、报告、总结、财务预（决）算、统计报告、科学和技术文件，以及法律法规备案的文件资料。

（二）我国高校档案收集的内容

高校档案收集工作主要包括以下三个方面的内容。

1. 文件的归档交接

高校文件材料的归档交接工作，就是指校属各部门按照归档制度的要求，将属于学校归档范围的、分散保存的文件材料收集整理立卷后，向学校档案馆（室）归档。也就是学校档案馆（室）根据《高等学校档案管理办法》的规定，结合学校的实际工作情况，定期或不定期地接收经学校各部门系统整理立卷的属于应当归档的文件材料。文件的归档交接工作是高校档案馆（室）丰富馆藏的基本手段，也是馆藏档案的主要来源。

2. 撤销机构档案的接收

高等学校在合并办学、院系重组、机构调整等过程中，会出现一些撤销机构的档案材料。为了防止撤销单位档案分散、任意销毁或丢失，撤销机关或者机构，一定要适时组织力量，对所有的档案材料进行认真的搜集，整理和鉴定并向高校档案馆（室）进行移交。而高校档案馆（室）为了全面、完整地再现高校的历史面貌，也必须要切实做好撤销机构档案的接收工作。如果撤销机构的档案材料不能及时整理与移交接收，将可能造成大量档案得不到较好的保管，甚至造成损坏、丢失，档案的价值也将得不到有效的发挥。在进行撤销机构档案交接的过程中，档案交接双方应当按照高校文件材料归档制度的要求，认真核查移交目录与接收的案卷是否相符，并认真填写档案移交清单（表）。档案移交清单（表）是撤销机构档案交接双方交接的凭证，其具体内容包括交接单位双方名称、交接时间，案卷或文件材料数量、形成日期、保管期限等项目。此表应一式两份，档案交接双方各执一份。

3. 历史档案的征集

历史档案征集工作，既是高校档案馆（室）丰富馆藏资源的重要途径，也是当前高校档案馆（室）档案收集工作的一项重要内容。历史档案绝大部分距今已较为久远，它们流散在社会的各个角落，有的可能至今还埋藏在地下或放置在夹壁之中，也有的散落在各种各样的人手中。由于保管条件不善，这些历史档案每时每刻都可能遭受着自然的和人为的损坏，尤其是有不少保存和熟知历史档案情况的人年事已高，如不尽早收集，会使一些珍贵的档案受到难以弥补的损失。

为此，历史档案的征集就成为了高校档案馆（室）档案收集工作的一项重要内容。根据国家档案局 2006 年 12 月 18 日颁布的 8 号令提出的"以人为本"理念和注重保存反映本单位职能活动和历史面貌的文件材料的精神，高校档案馆（室）应当采取各种有效措施，对分散在个人、社会组织或机构单位中与本校（院）教学、科研、管理等活动有关的各种档案史料进行广泛征集，史料包括学校在发展过程中的各种历史照片，以及党和国家重要领导人、社会知名人士、专家学者等从事与学校有关公务活动的具有历史研究价值的各种载体形式的档案材料等，通过征集以满足学校和社会各个方面对档案利用的需要。

由于历史档案征集工作是一项政策性与技术性都很强的工作，同时，它又存在一定的偶然性和不确定性，因此，对于各种历史档案史料的征集，高校应当制定专门的制度和办法。根据《高等学校档案管理办法》的规定，高校历史档案征集的专门制度和办法主要包括档案征集的报批手续、政策、形式、归档管理等方面的内容。其具体内容如下：

（1）档案征集报批管理规定

高校档案馆（室）在进行档案征集工作过程中，应当按照档案征集的相关法规，根据自身的管理权限，制定档案征集报批管理办法，包括档案征集范围、档案征集申请审批流程、档案征集负责人、需要准备的文件资料等内容。

（2）历史档案评估鉴定与收购定价规定

按照《中华人民共和国档案法》《高等学校档案管理办法》等有关法律法

规的精神，对于流散在社会上其他组织机构及校内外人士手中对教学、科研、基建、生产、管理等活动具有保存利用价值的档案材料，高校可以采取接受捐赠、寄存或购买的方式进行征集。若以购买的方式进行征集，高校档案机构应当会同相关部门，制订征购档案鉴定标准，成立档案鉴定工作小组或鉴定工作委员会，对征购的档案经过鉴定、评估后予以定价，以完成征集工作。

（3）档案征集工作归档管理规定

高校档案馆（室）应当根据《高等学校档案管理办法》的相关规定，结合高校实际情况制定本校（院）档案征集工作规定。在实际操作过程中，应首先采用代管的形式进行管理，如果档案所有者不同意以代管形式进行管理，则应考虑采用其他方式对其进行征集，以确保档案材料的完整与安全。

（4）捐赠奖励办法

高校档案馆（室）应当按照《高等学校档案管理办法》的相关规定，结合学校具体情况，制定切实可行的档案捐赠奖励办法，保证捐赠者有优先利用档案的权利，维护其合法权益，并视情况予以奖励，以调动个人、社会组织或机关单位对档案捐赠的积极性，推动档案捐赠行为，进一步丰富和优化高校档案馆（室）藏资源。

（三）我国高校档案收集的意义

档案收集是搞好档案管理工作的基础条件，也是档案建设工作的方法和依据。档案收集工作在档案管理工作中占有重要地位，它是搞好档案管理和服务的保障。离开了档案收集这一基础工作档案工作就如无源之水，无米之炊，也就不可能建立起一个完整有序的档案管理系统。所以，高校档案管理部门一定要认真做好档案收集工作，提高档案管理的整体水平，充分发挥档案信息资源功能，让档案资源能够更好地为高校教育教学与改革发展服务。

1. 档案管理工作的起点

档案收集是档案管理各工作环节中的出发点，也是落实档案集中统一管理的首要内容与重要环节。档案离不开收集，档案收集工作是以归档，接收，收取为主要形式，对大量零散文件材料进行集中处理的工作。档案收集工作实现了零散文件材料由个体到整体、由分散无序到集中有序、由文件到档案的转化。只有具备了丰富、全面的档案信息资源，才有可能向用户提供高质量、高效率的信息服务并满足用户日益增长的要求。所以，档案收集是高校整体档案管理工作全面、协调、可持续进行的基石。

2. 积累档案资源的重要途径

档案收集工作的好坏直接关系到档案信息资源能否得到良好开发和用户能否高效地使用。搞好档案收集工作，有助于档案馆藏结构的优化和档案信息资源的开发与利用，对于整个档案管理工作都有现实的指导意义。所以，对档案进行全面收集、统一管理、科学合理地归档，是档案管理工作能够向使用者提供高质量、高效率服务的保障。为更好地服务于用户的档案信息资源，需要对各种档案资源进行按质量、数量和时间的采集与保管。

3. 促进档案管理标准化的基础

实现档案工作标准化，是推进档案管理现代化的一项重要举措，也是提升档案服务质量和效益的有效手段。高校档案作为高校办学历史，教学和科研成果的积累，体量庞大，内容丰富。搞好档案管理，首先要从源头上收集档案入手，这对于推进档案管理标准化至关重要。档案工作的标准化管理涵盖了收集、整理、鉴定和保管利用的各个方面，而档案的收集则是其本源。

（四）我国高校档案收集工作存在的问题

近年来，各院校在搜集与整理各类档案资料方面的工作发展越来越进步，但在社会与教育新形势下，信息技术在快速的更新迭代，各院校在档案收集与管理工作上会不可避免地出现一些问题。

档案管理工作不被重视使得档案收集工作的开展步履艰难。作为培养高端人才的教育机构，高校以提升考研和科研率为目标，从而把大部分人力，物力和其他资源投入其中，造成档案工作方方面面资源缺乏，例如设备不齐、系统落后以及电子化程度低等问题，极大地影响档案工作实施效果。

档案收集工作监管举措不力，造成档案收集工作不够规范。高校的档案除来源于人事、基建、宣传、审计等职能部门外，还会来自各个二级学院的档案。相关的合作部门众多，但各部门在档案管理工作中存在着认识不一、思想上重视不够、缺少恰当监督与领导、职责分工不明确、档案集中管理与保存等问题。比如有的部门为了便于查找和利用将重要的或经常使用的档案私存于单位，会造成档案室归档资料不全不完整。

档案收集工作监管措施不力，造成档案收集工作不够规范。大部分院校档案收集工作除专门负责档案的人员外，还配备了不少同时担任其他工作的档案管理员。有的部门因同时担任其他工作的人员经常变动，或缺乏训练，造成工作人员责任心不强，专业管理知识欠缺，档案的处理能力较差，对收集档案的重大意义认识不够的问题，致使档案收集工作做得不够充足，档案不完整，无签发单，缺草稿的现象。加之学校各院系档案量随上级各类检查及校内多样活动增多呈逐年递增趋势，归档工作已成为一年来业绩考核中的一块"短板"。一方面，相关工作人员的时间、精力没有保障，兼职档案员主动归档意识不强，对于归档工作应担负的任务存在依赖心理；另一方面，为保证各科室档案工作的圆满完成，档案室专职工作人员必须过多地帮助各科室档案管理工作，甚至代替其办理归档工作，这往往造成档案收集工作被动挨打、管理人员疲于奔命、兼职档案管理人员迟延懈怠等问题，给档案收集工作升级带来了直接的冲击，延缓了档案数字化进程。

档案收集工作中的信息不对称问题导致档案利用难度较大。档案所搜集的资料必须原始、完整、真实、可读，并以最终参考为目的存放。由于档案管理部门和各个职能部门，各个高校的信息交流不够畅通，系统落后，使得档案管理人员对各个部门的文档储存不能全面地把握，存在着信息不对称的问题。如一些部门未按规定要求进行存档；征集到的档案有的内容不完整；有的系统录入资料杂乱，有的缺乏标准，有的不够详细，有的采用了错误的文种等；对于说明，汇报，要求等未作清楚的区别；公文附件记载，未在指定地点或附件上注明，文章名称前所标具体编号混乱；标注主题词不准确或不具体，检索不便。

档案收集牵涉的档案种类繁多，实物收集缺乏标准。当前，高校档案收集工作多数只注重纸质类材料，忽视荣誉证书、奖杯、教学教具、书画作品、声像资料及其他实物，移交信息常常不够全面，甚至没有登记在案，造成一手材料遗失或者无法调阅。

收集档案所需要的周期长是数字化档案建设延后的主要原因。数字档案馆就是借助于多媒体应用，数字化摄影，数据存储和计算机扫描，把多种载体的档案信息转化为数字化档案信息并以数字化方式保存档案。通过互联网系统对档案资料进行管理并形成档案信息库，可以将档案信息及时、准确地提供出来，从而达到资源的有效共享。在高校现代化水平不断提高的今天，档案数字化工作是高校档案管理工作的一种全新发展形式，是构建"数字校园"的重要组成部分。它在提高档案管理工作效率与利用水平，保护原有档案，节省档案库空间等方面都起着举足轻重的作用。数字化档案不仅要实现数字化目录还要对档案原始文件进行数字化处理。使用档案查询软件后，可直接在计算机中对档案的原始文件进行查询，输入对应的关键词，使用正文中某个题目或某个词语，即可迅速地检索出有关信息，达到即时查询的效果，以适应网络化、自动化、实时化要求。档案数字化不但能让查阅工作变得简单，就连关于学校历史、教学改革和科研成果的档案特色数据库也能建立起来，同时集中地进行搜集，特别是搜集准确完善的原始材料能在较短的时间内得到大量信息来源来完成这项工作。很明显，档案收集工作存在的各种问题造成了数字化建设步伐迟缓。

二、我国高校档案整理现状

档案管理需要解决的中心问题是无序状态下档案文件的有序化处理。归档文件材料整理工作是指对零乱而又需进一步系统化处理的文件材料，按科学的方法、规律整理成为一个有秩序的单元，并使其得到有效提供使用的一个环节与过程。

（一）我国高校档案整理工作特征

1. 内容较为庞杂

高校不同于其他企业和组织运营形式，高校组织结构较为复杂，档案内容较为繁杂。主要原因是高校档案中不仅有纸质档案和电子文件，而且网上学校和校园网这类平台的启用还直接加大了各类信息数据的复杂程度，使高校档案资料的搜集和整理等方面均面临新的考验。同时因电子文件对文件载体有较高依赖性，文件主题描述比较宽泛，将对来源原则的应用构成直接障碍，这些都不利于高校档案整理。

2. 渠道相对较广

高校档案信息的来源比较广泛，除了高校本身在日常经营和教学过程中产生的材料外，学生社区和学校合作企业也都产生了相应的信息材料，这就使高校档案资料的来源比较复杂。这不仅直接提高了档案信息的采集难度，而且还增加了整理工作的总体负担，将会让员工长时间处在一个高压工作的环境当中，在这样的工作环境中，其整理工作的实施成效自然是可想而知的。

3. 门类较为丰富

一般高校档案分为业务性和文书档案两个模块，文书档案又可细分为行政类和党群类；业务性档案又包括会计类、教学类和科研类，总体类别更加丰富，具有更加多样化的信息资料特点。与此同时，高校档案在形式，内容及企业及机关档案等方面有许多相同之处，均具有载体形式多样及内容表现形式多样等特征，这将对档案内容鉴定及整理工作的进行形成较明显的不利影响。

（二）我国高校档案整理工作的意义

档案整理是高校档案管理基础工作中的主要环节，对于高校档案管理工作的其他各个环节都具有直接的影响。因此，档案整理工作的重要意义主要表现在如下几个方面。

1. 高校档案信息化建设的基础

高校的档案整理，基本上包括两个方面：一方面是对纸质档案实体进行系统的分类、划分保管期限、组卷、排列、编号、编目等工作，这就为通过手工录入、直接扫描、缩微胶片转换等手段实现案卷级或文件级目录的数字化和档案全文数字化打下了基础；另一方面是将收集积累的电子文件进行分类、排序、组合直至建立数据库，这也为建立目录数据库、全文数据库以及文档数据库创造了前提条件。未经整理的档案，每份文件没有固定的位置与编号，也没有系统的目录，在这样的情况下要想建立学校统一的文档数据库、实现案卷级或文件级目录数字化和档案全文数字化是完全不可能的。

2. 档案提供利用的前提

无论学校教职工还是广大学生利用档案，都要求及时准确地调出档案文件，而未经系统整理与编目的档案，查找起来好比大海捞针一样困难。档案经过系统整理、编目、排列、上架后，有人需要利用什么档案，档案管理人员就能得心应手地及时提供档案。所以说，档案整理是档案提供利用的前提。

3. 便于档案的鉴定、保管、统计、检索和编研

档案经过系统整理后，便于档案的鉴定、保管、统计、检索和编研等环节工作的开展。在档案整理过程中，按文件的不同保存价值进行组合，这就为档案的鉴定工作打下了良好的基础，而且还去掉了文件上的金属物，也为档案的保管提供了有利的条件。档案经过分类、组合、排列、编号、编目等系统的整理，就有了统一的基本单位和系统的卷数、件数，这不仅便于档案统计工作的顺利进行，而且在编制档案参考资料时，也可以通过目录系统检索和利用档案材料。

（三）我国高校档案整理存在的问题

1. 实体档案整理问题

在高校档案整理的实践过程中，整理实体档案是其中的一个重要部分。目前伴随着高校档案管理模式和档案工作环境不断改变，高校实体档案整理中存在着如下问题。（1）老档案整理工作方面存在的问题，不少高校老档案保管凌乱、没有次序，有的甚至已经丧失了效用；（2）部分高校合并后也对档案管理工作产生了全新的改变，同时因合并前档案管理方式存在差异性，使后续档案整理工作又面临着全新的课题。

2. 数字化档案整理问题

首先来说，高校档案名目繁多，在数字化档案整理中由于整理标准欠缺，易产生问题。与此同时，数字化档案还存在着分类方式不够完善等问题，数字化档案的分类不同于实体档案，它的分类是体系内部的划分，不仅需要对不同的档案分类形式进行整合，还需要对同一实体档案进行均衡。另外，对于电子文件整理缺乏一个系统的模式，越来越多的电子文件出现在高校中，怎样归档和整理这些档案都是当前电子文件整理工作中急需改进的地方。

3. 整理方法问题

自《高等学校档案实体分类法》施行以来，采用组卷整理档案的院校日益增多；《归档文件整理规则》颁布后，按件整理逐步成为高校档案整理工作的一种手段。但是以上两种整理模式各有优缺点，在档案工作实践过程中究竟采用哪种档案整理方法，也已成为部分高校需要解决的课题。

4. 档案整理人员问题

档案信息化使传统的档案整理工作在一定程度上受到冲击，档案工作人员思想技术落后、信息化硬件设施欠缺等问题，影响着档案整理工作效率。当前很多高校的档案管理人员的专业水平比较欠缺，一些档案人员普遍存在着专业知识不过硬、档案整理意识淡薄和主动性欠缺的现象。随着高校档案范围的不断延伸，以及对现代化管理的要求的提高，档案管理人员综合素质问题更趋凸显。

三、我国高校档案保管现状

档案载体总以某种物质形式呈现出来，组成档案的各类物质材料能保存的期限是有限的，保存的期限决定档案寿命的长短。而要想使高校在教学，科研及管理各方面工作中对档案进行长期利用，就必须对档案进行长期的保管。档案保管工作质量的高低，对于档案管理水平有着很大的影响，高校档案的妥善保管，为高校开展全部档案工作提供物质对象和起码的基本前提。相反，若档案保管工作没有做好，或者没有有效延长档案寿命甚至毁损，那么将使高校整体档案工作失去根本的物质条件。

（一）我国高校档案保管工作任务与要求

1. 档案保管工作的任务

（1）建立并维护档案的存放秩序

档案室（馆）为做到档案入库、移出、保管有序、快速找到档案、随时了解档案实体情况，应根据其来源、载体及其他特点制定出一整套档案入库保管规则及管理办法，以便档案无论在保管地点或调阅移动时均能处于可控状态。

（2）保持和维护档案实体良好的理化状态

档案实体以材料的形式存在并运动着，同时各种环境因素如温湿度、光线、有害气体、灰尘、生物和微生物都能对其载体——字迹材料产生不利影响，不利于其长久保存。为此，我们在保管档案时，必须了解并掌握不利于档案长期保存的环境因素与规律，并采取有效措施将环境对档案造成的破坏降到最低程度，保持档案实体理化状态良好，从而延长其使用寿命。

2. 档案保管工作的要求

（1）注重日常管理工作

为维护档案库房管理平稳有序，要重视建立健全管理规则与制度，强化日常管理。在库房管理中要做到：存档，收卷要按时入库；调阅结束后，案卷适时复位；定期清点、核对案卷，及时发现问题。只要我们坚持不懈，坚持日常严格管理，库房里的档案是可以得到良好的保障的。

（2）预防为主，防治结合

就档案保管工作而言，档案实体安全保护的途径归纳为两大类：一种是怎样防止档案实体被破坏；另一种是在环境不适用于档案保管的要求下，或者在档案实体遭到破坏之后，怎样进行处理的一种办法。在存档或收到的文件中，以实体"健康"的文件居多。所以，在保管档案时，主动"预防"种种不良因素损坏档案，才是主动治本之道。要多措并举保障此类档案的长期安全。同时还要通过加强日常管理与检查，发现档案实体"病变"现象，从而快速采取多种治理措施，防止或消除损害档案的有害因素并对受损档案进行修复，做到"恢复健康"，预防为主、防治结合，全面保障档案实体安全。

（3）重点与一般兼顾

档案因其价值高低会导致保管期限有长有短，因此在对其进行管理时，要把握好突出重点和照顾一般这两个原则。对本单位核心档案和重要立档单位档案以及需长期保存档案要进行重点保护，努力延长其使用寿命。对一般性的，短期保管的文件还应提供合乎要求的保管条件以保证在保管期限内安全方便地使用这些文件。

（二）我国高校档案管理与利用面临的问题

（1）档案管理的作用比较少。档案管理工作能起到一定的功能和价值，当整理和归纳结束之后，能在必要的时候及时地进行抽调，并且它的价值也比较稳定。但是目前一些高校管理人员并没有意识到这一点，造成档案管理工作管理水平比较低下，甚至会有被忽视的情况发生，并且档案管理经费不足，档案管理效率很难得到提高，造成数据比较分散，在以后的应用过程中要耗费一定的时间和精力。

（2）档案管理人员的能力不足。由于一些院校不重视档案管理工作，所以没有聘用专业档案管理人员进行管理，使得现有档案管理人员不能够适应自身工作方式，并且在面对海量资料时也不能进行有效地归纳和整理。在此基础上，还会受到档案管理人员本身影响，他们对于档案管理工作，理论知识和实践知识把握不到位，未主动参与到各类培训中，导致很难提升工作效率，制约了档案管理工作平稳发展。

（3）档案管理结构偏于单一化，各方面的制度需要健全。一些高校档案管理沿袭了传统的档案管理模式，在许多方面都比较单一，未能按照新时代对档案管理的要求进行管理，不能真正起到档案管理的效果，制约了档案的使用效率。加之一些高校档案未能沿用和利用新时期的产物，导致在传统档案管理模式影响下，未能在高校档案管理中主动运用电子档案。在此基础上，档案管理制度不健全，未对各个环节的档案管理进行要求，致使在档案管理工作开展期间极有可能发生信息丢失和泄露等问题，极大地影响了高校平稳发展。

（4）服务意识不强。由于高校档案管理多样化的问题，使得高校师生很难在查找相关信息的过程中第一时间找到档案，也就无法提高档案查询效率，这不仅影响了高校教学和信息的融合，甚至受到不完整档案的冲击，档案利用效率也很难得到提高。

第三章 信息时代下高校档案的安全管理

尽管高校档案信息管理运用了网络安全技术，然而依旧会发生泄露信息的情况，追根溯源，主要是由于现代网络环境中存有诸多漏洞与缺陷，这亦是影响高校档案信息网络安全的主要因素。本章节内容为信息时代下高校档案的安全管理，依次介绍了基于档案安全体系的研究、高校档案信息管理现状、信息时代下的档案管理技术、高校档案信息安全管理总体对策共四个方面的内容。

第一节 基于档案安全体系的研究

档案的安全与完整是决策、实施安全工作目标考核的重要依据。加强档案安全体系建设，已成为档案管理工作中面临的一个重要课题。

一、档案安全与文化内涵

档案安全是对档案实体和信息采取防范措施，避免受到自然灾害、人为事故和突发事件的破坏，使档案处于安全状态，确保不发生档案丢失和损毁以及信息泄密事件。确保档案安全是档案部门的基本任务和第一要求，也是档案工作者的基本职责。确保档案的绝对安全是档案安全的根本目的。

（一）档案安全的主要内容

档案安全管理的对象是档案实体和档案信息。要想确保档案的绝对安全，就需要明确档案安全管理职责，确保档案实体和档案信息的安全，维护档案保管和使用中的安全稳定。

1. 加强档案实体安全

加强实体安全的方法有：确保将工作活动中形成的具有保存价值的档案资料收集齐全、完整、真实、准确，并及时归档。分类存放和规范保存不同载体材质的档案。定期进行收藏档案清点核对，做到登记台账与档案实体相符。建立健全档案调归卷制度、档案与人员出入库登记制度。用复制件代替原件提供利用。

2. 强化档案信息安全

加强信息安全的方法有：认真执行档案工作保密制度，制定档案信息安全管理制度。做好档案的鉴定工作，划定档案开放与控制使用范围。严格制定涉密档案和控制使用档案的审批和执行规定。涉及保密档案的电子设备、通信和办公自动化系统均应符合保密要求。打印及输出涉密档案信息，应当按相应密级的文件进行管理。档案信息采用异质化处理时必须进行病毒预检，防止病毒破坏系统和数据。

3. 明确档案安全职责

建立健全档案安全责任制和档案安全管理制度，制定切实有效的突发性灾害、事故应急处置预案。定期实施档案安全检查，及时发现安全隐患，及时报告发生的档案安全事故，第一时间进行抢救恢复，不断完善应急措施。

4. 做好灾害防范工作

档案库区内应安装安全防护监控系统或防盗报警装置，加装防盗门、防盗窗等可靠的安全防护设施。还需配备火灾自动报警系统和灭火设备，确保库房密闭性、门窗防火性以及库房消防通道的畅通性。

加强档案工作活动中的安全管理，注重整理、利用和提供服务等活动中档案载体的安全和环境安全，消除档案损毁、丢失等安全隐患。

加强档案安全教育，强化安全技术培训，确保档案管理员经过档案安全知识和消防安全技术培训。做好档案自然灾害和人为事故、档案工作突发事件、档案信息灾难的安全防范工作。

（二）档案安全文化内涵

档案安全文化是在档案安全保护实践工作中积累形成的，是档案安全保护经验的总结，是保护档案安全、抵抗外来一切风险的重要手段。我国从古至今，档案保护技术源远流长，从商代殷墟甲骨在地窖中分类保管到现今档案在恒温恒湿的现代化库房保存，从杀青、染纸避蠹到大规模熏蒸杀虫灭菌，从古代手工装裱技术到当今的机械化修裱技术，尽管在档案保护技术历史上没有形成"档案安全文化"的称谓，但这些随着人类科学技术发展而不断创新的档案保护技术与保护理念就是为了保护档案安全产生的，实际上已经在无形中形成了灿烂的档案安全文化。档案安全文化是档案文化的重要组成部分，也是档案文化得以发展的有力保障。

由于档案安全文化隶属于组织文化，因而可以参照组织文化来架构档案安全文化的内容。档案安全文化可划分为五个层次。

1. 档案安全物质文化层

档案安全物质文化层是指组织内实现档案安全保护的安全保障产品、工具、装具、设备、环境的总称，是实现档案安全保障的条件和基础，是档案安全保障的"硬件"。档案安全物质文化是档案安全文化的表层，是外显层，其内容一目了然，它们可以折射出组织的档案安全管理意识，反映档案的安全水平。

档案安全的物质文化层可以分为以下几类：首先，档案库房的设计与构造类，如库房围护结构、库房的门窗设计等。其次，档案装具、修复工具类，如保管档案的柜架、档案卷盒等；破损档案抢救所需工具，如绷子、排笔、耀糊等。再次，电子档案保护硬件、软件类，如电子文件生成与管理系统，数据迁移、备份、恢复软件等。最后，档案安全保护所用化学药品类，如去霉防虫、去污去酸、字迹恢复的系列化学制剂。这些均构成了档案安全物质文化。档案安全物质文化能够比较客观、明显、真实地反映档案安全保护发展阶段的特点，也反映不同历史时期档案保护意识、技术水平的高低。

2. 档案安全制度文化层

档案安全制度文化是指对档案机构、组织及其档案管理人员的行为产生规范性、约束性影响的系列管理制度体系。一方面，从档案安全保护业务角度来看，档案安全制度文化包括科学制定、颁布档案安全保障的法律法规、条例、管理办法，档案安全管理体系，档案保护指南、标准、规章制度，以及安全宣教与培训制度等；另一方面，从档案安全保护的行政管理角度来看，档案安全制度文化包括不同等级档案安全保障的组织机构、关系网络、职权分布、安全管理责任分担等。

3. 档案安全行为文化层

档案安全行为文化是在实际档案管理过程中采取的安全保护行为的表现。比如，在档案馆对档案的日常维护工作中，对破损纸质、声像档案的抢救保护工作；对机构电子文件的前端与全程控制；在突发性灾害来临时的应急处理与抢救等，它们都是档案安全保障行动的具体表现。档案安全行为文化是档案安全价值观念的直接体现。

4. 档案安全价值规范文化层

档案安全价值规范文化层是档案安全文化最核心、最重要的组成部分，是组织领导者在工作过程中对档案安全保护行为、方法、环境、原则等的基本态度和价值观念、行为规范的总和。比如，档案安全意识、安全理念、安全价值标准等均属于该层次。档案安全价值观念尽管无法看到，却可以外在表现为一个组织公认的安全价值标准，内化在组织成员的内心深处并指导其安全行为，从而形成安全行为规范。档案安全行为规范则表现为安全道德伦理、组织的档案安全管理的风俗习惯。

档案安全价值规范文化影响着档案组织成员如何理解组织内档案安全制度文化，如何采取安全行为。档案安全价值规范文化决定着组织内档案安全文化的方向。而这种价值规范文化不是一朝一夕就能形成的，因此，组织机构应该重点关注组织成员的档案安全价值规范文化的形成。这也是我国当前档案安全保障的主要问题所在，我们需要把安全价值观念内化并自觉地遵守，与组织文化相融合。

5. 档案安全知识层

档案安全知识层是组织机构档案安全文化的基础与智力支持。如果没有档案安全保护的知识技能，档案安全就无法保证。因此，档案安全知识层是实现档案安全的先决条件。档案安全知识既包括传统环境下的档案安全保护理论，如各种档案载体内在结构、损毁规律知识，不适宜温湿度、光、空气污染等不良环境对档案制成材料的破坏机理，有害生物对档案的物理与化学的破坏等知识，也包括数字环境下与电子文件保护相关的元数据、数据备份、迁移，以及网络环境、云环境下的数据安全等知识。档案安全保障的知识技能随着社会科学技术的发展而发展，因此也需要组织成员不断进行知识学习与创新。

二、档案安全风险基本类型

随着我国经济社会的高速发展，档案工作也面临着国内外复杂的外部环境，危及档案安全的风险不仅局限于传统风险，相反非传统风险的危害更大，甚至会影响国家的安全和民族复兴。因此，新形势下档案安全风险可划分为传统档案安全风险与非传统档案安全风险两类。

（一）传统档案安全风险

所谓传统档案安全风险，是由于自然灾害或突发事件对档案载体自身造成的安全风险，或因管理不当导致的档案生虫、霉变、丢失、被盗、意外丢失、人为损毁等危及档案载体自身安全的传统安全风险。

自然灾害或突发事件对不可再生的档案资源会造成重大损害，严重危及档案的安全。地震是我国常见的自然灾害之一，地震不仅给人民的生命财产带来巨大的损失，也严重危害了传统的实体档案安全。1976年唐山大地震是新中国成立以来损失最严重的自然灾害之一，对唐山档案工作造成的损失难以估计；2008年汶川大地震，对当地及周围地区的档案馆造成了巨大的损毁，大量实体档案被泥水掩埋、浸泡，导致实体档案发霉生菌，甚至有些纸质档案结成"档案砖"。

（二）非传统档案安全风险

由于传统档案具有不可再生的特性，以及自然灾害或突发事件的不可预防性，传统档案的管理模式已无法适应新形势下档案事业发展的需求。随着信息技术的突飞猛进，档案信息化工作也取得了实质性发展，档案信息化不仅能更好地保护原始档案，还能为群众查档提供便利。因此，档案信息安全问题也是影响档案安全的非传统档案安全风险。

相比传统档案的安全风险而言，非传统档案安全风险对档案安全影响更大，隐患更多。近年来，国内外反动势力利用电子档案信息易复制、传输和存储等特点，通过各种非正常途径，采用各种非法手段获取我国档案机密信息，严重危害了国家的安全。档案信息化是现代档案发展的必由之路，现阶段要做好档案管理工作，不仅要继续扎实做好传统载体档案的接收、保管和利用，而且要加强档案信息化衍生的电子档案的接收与保管、存储与备份、开发与利用。电子档案易存储与传输是非传统档案安全隐患与风险存在的根本原因，一是互联网本身存在安全漏洞，容易被黑客攻击，或者存储电子档案的计算机未采取物理隔绝，导致电子档案资源被复制、窃取和篡改；二是由于档案管理人员缺乏安全保密意识，将储存未解密电子档案的电子设备随意连接或上传互联网，导致档案信息泄露；三是电子存储介质的使用寿命有限，无法永久保存，会因存储介质损坏而导致存储的档案信息丢失；四是因操作系统升级、电子文件管理系统升级、技术设备升级等原因，导致电子档案存储介质的数据不可读，档案信息遗失。

三、档案安全体系建设

无论是纸质文件还是电子文件都不是绝对安全的，自然灾害、存储环境、人为因素都可能给档案资源造成永久性的损害。档案工作无小事，档案安全体系建设是档案工作的重要组成部分。

（一）档案安全体系建设的重要性

1. 理论方面

有关档案安全体系建设重要性的论述，包括以下几方面的内容：一是落实中央领导关于档案安全保护工作的系列重要指示的需要；二是防止国内外敌对势力窃取国家核心档案信息资源的需要；三是预防和减轻自然灾害、人为灾害对档案管理工作造成的负面影响的需要；四是解决公共档案服务和信息安全冲突的需要；五是在信息技术背景下科学应对信息风险的需要；六是识别和排除档案工作安全隐患的需要。

2. 实际方面

虽然各行业在档案安全管理工作上已经积累了丰富的实践经验，同时国家层面对此项工作的高度重视，推动了档案安全管理工作的不断发展和完善。但是需要注意的是，随着现代信息技术等高新科技的出现和广泛应用，档案工作所面临的内外部环境已经出现了较大的改变。外部环境，互联网技术等已经在很多行业中得到了广泛的应用，这就给信息化时代的档案管理工作提出了更高的标准。内部环境，国家对于档案管理部门的资金投入不断增加，对档案管理工作改革和创新的要求更高。因此，档案管理工作逐渐发生了重大的转变，已经不再是仅对传统纸质档案的管理。同时，档案部门硬件设施也得到了很大程度上的改善，开始引进和使用更多的自动化设备，档案室不再是传统的功能单一的档案保管场所。随着新型设备和现代科技的应用，档案管理工作的效率和质量都得到了显著的提升，但是同时也带来了巨大的挑战。

（二）档案安全体系建设任务与内容

1. 档案安全体系建设的主要任务

确保档案安全，建立科学、实用、针对性强的档案安全体系，这在当前和今后一段时期内非常重要。档案安全体系建设的主要任务：一是提高思想认识，为档案安全构筑坚固的思想防线；二是加强安全管理，为档案安全提供健全的制度保障；三是加强基础设施建设，为档案安全提供更好的条件；四是大力保护档案原件，确保档案原件的安全；五是认真管好电子文件，确保电子文件的安全；六是切实搞好安全备份，确保突发情况下的档案安全；七是建立档案开放利用审核机制，确保档案信息的安全。

2. 档案安全体系建设的主要内容

档案安全体系是一个确保不发生丢失、损毁等危及档案安全的事件或事故所采取的一切保障策略、制度或措施的完整工作体系。建设档案安全体系需要做好以下工作。

遵循整体设计、分步实施，综合防范、整体安全，分级保护、务求实效，动态发展、常抓不懈的原则。实施同步规划，同步建设，根据地区、行业特点和档案实体的安全需求，综合衡量各业务系统的重要性和面临风险的大小，从实体、环境与设备等方面建立安全防范机制，实施安全等级建设和管理。

针对档案安全范畴、行政管理部门级别、利用服务方式、安全管理方法等内容，综合分析档案风险及安全隐患，实现确保档案绝对安全的目标。

针对档案的安全需求、管理现状和存在问题，进行安全风险分析，提出解决方案和预期目标，明确等级保护实施办法，制定安全保护策略。

遵循国家相关政策、法规和标准，强调管理与技术并重、预防与应对机制共存，使预防、安全检查、抢救修复一体化，按照机构层次、工作环节和档案类型进行整体安全设计，实现多层次的纵深安全防范。

（三）我国档案安全体系建设的现状

1. 取得的成绩

早在 20 世纪 90 年代，政府部门就开始进行档案安全工作的研究。随着相关研究工作的推进，我国取得了一定的理论成果，同时也丰富了实践经验，并开始实施档案安全体系建设工作。随着国家对档案安全体系建设重视程度的不断提升，越来越多的研究学者和团队也开始投入到以档案安全为主题的研究工作中。这些研究不仅涉及对档案安全体系的宏观分析，同时也涉及到对档案安全管理理论的研究。在研究对象上，也从传统的实体档案的研究逐渐转移到对电子档案的研究，而且也开始关注档案法规方面的研究。除此之外，各级档案馆也开始重点关注新时代背景下的档案安全管理课题，基于对相关理论和经验的运用，构建出有针对性的档案安全管理机制，实现对传统档案管理工作的创新和改革。

2. 存在的问题

从目前多数区域多领域档案管理安全体系建设现状中能得出，在档案安全体系建设中仍旧存有以下问题。

（1）档案安全体系建设缺乏系统性

档案安全体系建设中包括为档案管理提供完备的基础设施，但是档案装具品种类型较多，在配备过程中分属不同部门，每个部门对于基础设施的要求性都有所差异，因此基础设施配备的质量难以得到有效的控制。

比如，较多档案库管理中尚未建立防盗防火系统，部分档案管理部门认为没有必要为档案库配备防盗防火系统，但是，档案管理不仅需要网络技术的支撑进行电子记录，还需要进行纸质记录。纸质档案管理与电子档案管理，两者相辅相成，缺一不可，所以在档案安全体系建设过程中为档案库配备防盗防火系统是有其必要性的。

再比如，在档案库中未能装配监控系统，档案管理的安全级别较低，导致档案管理安全性难以提升。有部分区域自然雷电事故频发，档案库未能结合区域自然条件装配高质量避雷设备，受到雷击袭击之后将会产生严重火灾。

（2）档案安全体系建设技术支撑薄弱

近年来，我国社会多领域信息化发展速度加快，各行各业都将信息化数据处理方式纳入工作方式中，档案安全体系建设也不例外，在体系建设过程中利用了新兴的科学技术，但是这个过程中存在的问题包括以下几个方面：首先，在档案信息安全数字化建设方面，由于拟定的信息安全措施执行较为简单，信息系统运行中存有较多漏洞，比如，电子档案极容易被盗取或者被损毁。其次，信息传输中未能选取相应的加密技术，致使信息在传输过程中出现错漏，或者说也面临被盗取的风险。最后，数据备份机制设定不够完善，缺乏完善的安全防护体系，导致信息系统建设脆弱性突出，容易受到多领域攻击。尤其需要注意的是，在档案电子安全化过程中，黑客攻击等较多人为破坏要素突出，这对档案管理工作的高效化开展会产生较大限制性困难。

（3）档案安全体系建设中工作人员的问题

在目前档案信息安全管理中，工作人员的问题也是我们需要注意的，体系内针对安全管理缺乏有效定位，各项安全职责划分不明确，安全管理权限不够明晰，致使档案安全体系内的工作人员出现职责不清，互相推卸责任的情况，各项管理活动难以有效落实。许多档案泄密以及安全时间均是由于管理人员重视度不足、思想麻痹、安全管理体制设定不规范导致。有较多管理人员自身存有侥幸心理，档案安全管理意识淡薄，未能注重信息安全重要性，对档案管理系统未能进行设防，重点数据不及时备份，导致档案信息安全处于被动局面。

（4）缺乏行之有效的管理机制

在我国现行的档案法律中，涉及档案安全的法律较少，而在《档案法》中，有关档案安全的内容比较分散，缺乏完整的理论体系。因此，在工作实践中就无法依据相关法律和制度来实施档案安全管理，造成档案安全管理工作长期处于无法可依的状态，也造成相关监管工作的缺失，无法确保档案安全管理工作的质量。

现阶段，我国很多地区的档案馆尚未构建科学有效的应急预案，因此一旦出现了档案安全问题，难以进行有效应对。虽然有些档案馆设置了应急预案，但是其实际运用的效果较差，通常也只能适用于一些自然灾害造成的突发情况，对于人为因素造成的危害事件往往无法进行科学的应对和处理。基于对应急预案内容的分析，可以发现其中大部分都属于原则性规定，缺乏具体的操作措施，因此在实践中往往缺乏可操作性，一旦发生突发事件，操作人员的处理方式也往往存在弊端，无法高效有序地开展应急行动，确保档案的安全。

（四）加强档案安全体系建设工作

1. 建立完善的数字化档案监管制度

不考虑外部因素，仅从档案管理机构内部而言，要确保档案资料的安全必须要建立完善的数字化档案监管机制。首先要明确内部各级管理人员和档案管理人员的管理权限以及调阅权限，可以利用身份认证、生物识别等技术将工作人员在系统中的权限与真实身份相对应，从源头上防止档案信息泄露。此外，还要完善数字化档案管理系统的监测功能与预警功能，确保档案的转出、转入以及调阅都有据可查，尤其是要加强对保密档案的监测，当保密档案出现异常转出、转入或者被调阅时，系统要及时发出预警，这样可以从源头切断信息泄露的渠道。

2. 加大资金投入拓宽资金来源渠道

无论更新传统的硬件设施，还是引进先进的硬件和软件，都需要充足的资金支持。在构建档案安全体系的过程中，更需要长期稳定的资金来源做支撑，这就要求各级主管部门明确档案工作的特殊性，适当提高档案安全体系建设工作资金投入的比例，为档案安全体系建设工作提供有力的资金支持，推动各级档案馆的创新和升级。同时，还需要适当提升档案管理部门档案人员的工资待遇，为他们提供比较优厚的待遇和福利，促进其工作积极性的发挥，为档案安全体系建设创造有力的人力资源支持。

3. 建立健全档案安全法规与标准

首先要从国家层面出发，实现对全国档案安全工作的整体统筹和规划。其次需要从法律层面出发，构建更加完善的档案安全体系建设策略，为相关工作的实施提供法律依据。此外，还需要构建更加科学的档案安全体系标准规范，形成一套标准规范体系，为档案部门的日常管理工作提供指导，为档案安全体系建设目标的达成提供合理的发展路径。另外，还需要基于实践经验，对相关规范和标准进行完善和补充，不断提升档案安全体系建设工作的规范性。

4. 制定应急预案

各级档案馆要以《档案工作突发事件应急处置管理办法》（档函〔2008〕207号）等法规为依据，同时定期总结和分析实际工作情况，总结积累经验，制定出符合档案馆自身实际的应急预案。与此同时，档案馆也要制定人员培训方案，督促档案管理人员定期接受学习和培训，使档案管理人员不断提升自身的专业知识和业务水平。此外还要定期进行应急演练，对应急预案的可操作性和效果进行评价；同时对于应急预案进行完善和优化，做到有备无患，为保证档案安全体系建设提供坚实基础。

5. 提高档案管理人员的综合素质

档案管理人员是开展档案安全体系建设工作的主体，他们的综合素质直接影响到档案安全体系建设和档案安全管理的效果。因此，需要通过有效的措施来提升他们的综合素质。首先，从国家层面应加强档案专业教育，扩大档案专业在高校的覆盖面。其次，各级档案馆也要根据自身的实际情况，制定出人员培训方案，持续促进档案管理人员各项业务能力的提升，建设一支爱岗敬业、专业素质高的档案人才队伍。

第二节 高校档案信息管理现状

如今，随着社会的发展与科技的进步，互联网在人们的日常生活中得到了广泛的应用。就档案管理工作而言，借助先进的互联网技术使得档案存储、收发与整理等工作效率明显提升，大大减轻了工作人员的工作压力。当前阶段，档案电子化的发展趋势不断加快，档案存放空间得到了更大的拓展，档案存放空间冲破了时间与空间的限制，使用户可以在短时间内迅速获得所需信息，为用户带来了良好的使用体验。但是，互联网给档案管理工作带来便捷性的同时，也为不法分子的违规操作行为带来机会。就现代网络环境而言，开放性与虚拟性特征显著，黑客或恶意软件利用网络漏洞对档案信息进行非法篡改、读取、攻击，给档案信息安全带来严重威胁。因此，在高校档案管理工作中，应将档案信息安全管理纳入工作重点。

一、信息时代高校档案安全管理问题

档案信息安全管理是一个集评估、控制于一体的消除安全风险的活动。它通过风险识别判断档案信息存在何种风险，利用风险评估来确定风险大小，通过评估出来的风险程度，确定档案信息安全方法，消除、降低或转移档案信息存在的安全风险。

在信息时代背景下，实现档案信息化管理与建设是档案事业的一大发展趋势，信息化在为档案事业发展带来重要推动力的同时，也带来了巨大的挑战。档案部门的工作实践在互联网技术的支持下，其服务水平与工作效率均得以明显提升。但因网络共享性、虚拟性与开放性的特点，导致档案内部网络容易受到安全攻击，影响档案信息网络的安全运行。

（一）影响档案信息网络安全的因素

安全保密问题是影响档案信息网络安全管理的重要因素。计算机网络是一个虚拟的、开放的系统，即使用户在使用过程中采用了信息安全保密技术，如采用防火墙技术、运用物理方法隔离内外部网络、安装防毒杀毒软件等，

但在黑客面前，以上这些技术显然无法阻挡其网络攻击。这一系列问题对网络安全产生着直接的威胁。下面进行具体分析：

1. 档案信息网络设备的物理安全

要想保证计算机网络系统的安全运行，首先就需要保障档案信息网络设备的物理安全，包括灾难保护与区域保护的档案信息网络环境安全、媒体自身与媒体数据的网络媒体安全以及网络设备安全（例如网络设备防毁防盗、防线路截获、防电磁信息辐射泄露、防电磁干扰等）。

2. 网络内部或外部的非法访问

来自网络内部或者外部的非法访问是导致网络遭受安全攻击的主要途径。在日常工作中，用户设置的安全密码欠严谨、网络管理员在用户权限的分配中操作不规范、外部黑客的入侵等均是导致网络安全遭受威胁的重要因素。

3. 计算机病毒带来安全威胁

与单机病毒不同，通过网络途径传播的计算机病毒无论是在传播范围与传播速度上，还是在破坏性方面，都更为强大，且所有网络通道、网络终端等均可成为计算机病毒的攻击对象。

4. 备份系统相对缺乏

在信息时代背景下，档案信息化建设速度不断加快，为了减少资金的支出，很多档案管理部门忽略了对备份系统的同步建设，这就导致在网络安全事故发生时，档案信息很难再恢复，造成严重的损失。

5. 缺乏网络安全意识

在长期的传统档案管理工作实践中，档案人员已经习惯于传统的档案原件保管模式，对馆库安全工作尤为重视，对于信息时代下的档案信息化管理工作却缺乏正确的安全意识，往往忽略信息化管理中的网络安全防护。

（二）高校档案管理信息化建设相对滞后

高校档案信息化建设是高校信息资源现代化中不可或缺的一部分，档案信息化建设的好坏直接关系到高校信息资源现代化能否实现。

目前，高校档案已基本实现由信息化管理代替传统的人工操作模式，但

"互联网+"环境下对数据的整合与处理提出了更高的要求。为满足高校师生对档案信息资源多样化的使用需求，档案管理部门就如何将海量档案信息进行高效的数据挖掘、资料分析与资源整合进行了探索。具体而言，现阶段高校档案管理的信息化建设程度还有待提高。首先，由于档案资源信息化建设缺少统筹规划，导致一些高校的档案信息资源仅局限于本馆的馆藏资源，区域性或全国性的馆藏信息无法实现联网检索，这直接影响高校师生对档案信息的有效利用。其次，"互联网+"环境下对跨专业的档案信息整合管理提出了更严格的要求。我国高校档案实行分级、分学科的管理体制，因此，不同专业的档案信息通常分散于各二级学院，面对"互联网+"时代高校师生对档案信息多样化的使用需求，如何实现跨专业档案信息的资源整合与管理，已成为高校档案管理部门急需解决的难题。

（三）高校档案信息共享共建的标准化程度偏低

信息时代，实现档案信息间的共享共建是充分发挥高校档案价值的前提。档案管理部门通过信息化建设完成档案信息资源跨专业、跨地区的整合之后，如何实现高校间档案信息的共享共建便成为首先要解决的问题。但在当前"互联网+"的环境下，高校档案信息共享共建的标准化程度普遍偏低。具体表现为，全国各大高校不仅在档案信息的编写标准、分类标记，乃至存档立卷、数据使用方面存在一定差异，甚至对于数据库的类型与结构也缺乏统一的规范，导致高校档案信息管理难以在设计方面既做到横向对各种通行技术标准的兼容性，又做到纵向为未来信息技术发展留下余地并能兼容以往的标准规范，致使"互联网+"环境下高校档案信息管理工作"各自为政"，难以充分发挥高校档案的价值，实现信息资源的共享共建。

二、高校教学档案信息安全管理现状

高校教学档案信息安全管理，关系到全校师生的根本利益和学校的长远发展，其重要性应该引起高度重视。作为高校档案管理的关键组成部分，教学档案信息安全管理肩负重大的责任，它是高校教育教学活动的真实记录，它为高校的重大决策和发展提供有效的数据信息，为学生和老师进行教学改革创新提供有效的数据对比，为高校的教育教学工作提供保障和支持。高校教学档案信息安全管理并不是存在于电脑和档案室的无用之物，而是在学校不断发展中逐渐建立起来的信息数据库，其内容和形式多样。做好教学档案信息的安全管理工作，可以使高校对自身的发展历程、教育成果有更为清晰的认识。这有利于管理层总结以往的经验，逐步完善现有的教学方案，合理规划出学校未来的发展方向，有利于提高高校的管理水平。

（一）高校教学档案信息安全管理特点

高校教学档案的信息安全管理，具有一定的周期性、专业性、保密性和隐私性。在高校的校园中，每年都有新生报到和学生毕业，学生处于一个周期性的动态平衡中，高校教学档案信息管理就是学生生活和教学实践的真实记录，虽然每届学生不相同，但其档案信息管理皆有规律可循，相关工作人员应及时发现其中蕴含的规律，积累经验，制定出更为合理的学生学业规划。

高校的教学是传道授业解惑的过程，旨在培养学生的专业知识和技能，因此，高校教学档案信息安全管理具有一定的专业性和严谨性，各专业都有着它独特的专业特点，应充分结合学科特征，尊重各学科之间的差异，制定出符合学科特色的档案信息安全管理制度。

此外，由于高校规模的不断扩大、办学历史越来越悠久，历届的教学数据越来越多，学生的信息、家长的信息、教师的个人信息和教学教研信息以及历年考试的试题信息都存在隐私性和保密性。工作人员在具体的档案信息安全管理实践中，要充分考虑到这些特点，结合学校实际，制定出有效的管理措施。

（二）高校教学档案信息安全管理中存在的问题

1. 信息技术应用不够完善

随着我国高校扩招工作不断地深入，高校的人数不断提升，当下许多高校已经充分认识到了将信息技术应用至教学档案管理工作中的重要性，然而在具体的管理工作中依旧没有取得应有的教学效果，究其原因是管理模式相当滞后。一些高校虽然已经将信息技术纳入教学档案管理工作中，但是其技术应用较为粗浅，仅仅将信息技术作为检索与查询的工具，并没有实现无纸化档案信息管理的目标，这并不能从根本上去解决现今高校教学档案管理工作效率低下的问题。

2. 档案信息缺失严重

当下许多高校教学管理部门对于一些早期教学档案的重视程度并不高，这就导致这些档案在某种程度上遭受了破坏，一些档案在损毁之后难以重新获取，这为当前的信息技术管理工作增加了一定的困难，因此高校教学管理部门应当要重视早期高校教学档案的修复工作。

此外，目前许多高校教学虽然引入了信息技术在高校的档案管理工作中，但是在档案信息收集工作中并没有使用信息技术，依旧采取传统的档案信息收集方式进行档案信息的扩充，这种收集方式以人工为主，自然无法让档案信息全面化，许多高校学生和教师的信息是缺失的，这并不利于高校的发展。

3. 没有形成系统的管理机制

想要让信息技术充分应用到高校教学档案管理工作中，现今高校教学管理部门应当要认识到系统的档案信息管理机制建立工作的重要性。然而，目前许多高校教学管理部门并没有意识到这一点，他们建立的信息档案管理机制依旧以传统的档案信息管理机制为主，这种管理机制下的档案信息管理工作存在诸多的问题，如在档案信息使用环节。当实现信息化无纸档案管理之后，就不需要在档案信息使用环节配备专门的人员，教师们完全可以利用网络去使用档案信息。此外，档案维护制度、档案馆计算机管理制度方面存在的问题影响着教学档案的管理工作。

三、高校学生档案信息安全管理现状

高校学生档案中真实记载着学生在校学习期间的所有学习成绩，属于人才培养工作实施的依据与参照，也是储备人才相关信息的核心。当学生完成学习任务走向社会后，档案信息将伴随学生的一生。档案是学生走向社会的"通行证"与"身份证"，是高校管理工作中的核心内容，也是学生学习的历史证明，具备人才市场内其他档案的所有属性，可作为国家选拔人才或企业招聘人才的依据。因此，规范学生档案管理工作，可以为高校树立较高的威信，也是高校在教育市场中可持续发展的必然性工作。良好且规范地管理学生的档案信息，是学校管理部门应尽的义务，因此高校应重视并关注与此方面相关的工作，制定切实可行的档案管理工作计划，梳理档案管理的标准流程，避免学生档案在校内出现丢失或损坏的问题。

（一）高校学生档案信息的功能

1. 鉴定功能

一个学生从参加高考到录取到入校学习再到毕业，所有的档案信息构成了这个学生作为一个社会人的社会属性中非常重要的信息基质，这个基质的信息量越大、信息类型越丰富，其社会属性就越立体、越充实；这个信息基质具有独立性、唯一性、权威性的特点。独立性，一是指信息不必依赖于档案主体及档案载体，以符号、数据形式独立存在，二是指信息单元最小化，以每一个学生为基本信息单元。唯一性，是指每一个学生的信息基质是独一无二的、排他的，即使不同学生的某些信息相同、难以区分，但只要把其所有信息合起来，这个信息基质对应的学生是唯一的。权威性，是指这些信息经过相关机构、部门的确认，比如录取、毕业信息等是经教育厅、教育部确认的，都具有合法性。高校学生档案信息基于这三个特点及其在学生社会属性中的重要地位，就具有了合法地、有效地鉴定这些社会属性的功能。

2. 资源储备功能

高校学生档案信息具有资源储备功能，这是基于其可组合性、周延性的特点形成的。可组合性，是指相对于每一个学生来说，其信息基质中的每一个信息可以作为信息元素，与其他学生的同类信息元素构成信息集合体。周延性，是指由各种信息元素构成的信息集合体可以与其他信息，包括学生档案之外的信息进行搭配、联结，以产生新的信息成果，这个信息成果是在档案信息里无法直接提取的。高校学生档案信息实际就是高校教育事业发展的大数据，储备着各种信息资源，小到具体某年的招生方案，大到整个学校的定位、发展等战略、策略，都可以通过对学生档案信息的组合、联结等寻找到相关数据作为支撑、参考。

3. 教育功能

高校学生档案信息中的价值信息，如各种奖励、表彰、惩戒、处分等，体现的是高校在教书育人的价值观方面的导向性、激励性、规范性、约束性，因此具有教育功能。能够发挥教育功能的不仅是学生在校期间的档案信息，毕业后的校友通过创业、发展事业等提升自我价值、创造社会价值，这对在校生来说是巨大的正能量。高校的教书育人的方式不只是通过课堂教学、师生互动，通过文化育人意义更深远；把高校学生档案中的价值信息融入档案文化建设、学校文化建设中，有利于更大限度发挥其教育功能。其鉴定功能、资源储备功能主要依靠事实信息，教育功能则主要依靠价值信息。这些功能或者关系到学生的过去、学校事业的阶段性发展，或者关系到学生的未来、学校事业的战略性发展。随着高校事业的发展，高校学生档案增量迅速，内容多样，有效地发挥这些功能的基础是档案信息的完整、丰富、真实。因此，档案收集范围要涵盖学生档案信息形成的三个阶段，要做到事实信息和价值信息并重，遵循"应收尽收""应归尽归"的原则，促进学生档案资源多样化；充分利用先进技术提高学生档案的信息化、信息的独立性；健全制度保障信息的真实、安全。只有科学地、规范地把学生档案管理好，才能对其有效地开发利用。

（二）高校学生档案信息管理的难点

根据校方学生档案信息管理中的实际情况，发现以下三个方面的问题。

1. 核心管理人员档案意识淡薄

高校为了保障教育教学质量，吸引更多的人才就读，通常将核心管理工作置于教学层面。高校一味对教育教学工作进行投资，却在一定程度上忽视了档案信息管理人员也属于教学中的核心管理人员。校方高层并不重视学生档案管理，将其当作学校教学管理中的附属项目，导致档案管理不规范、档案信息不够准确。例如，书写随意、档案记录格式不规范、档案错别字随意修改、档案转接工作的落实不到位等。管理意识的淡薄直接影响管理工作执行的情况，从而影响了档案管理的质量，由此出现了档案信息不全面、档案丢失等问题出现。

2. 管理手段与执行技术落后

在对高校的档案管理工作调查后发现，目前许多高校仍在延续使用传统的人工记录档案的方式，对资料信息进行管理。随着高校扩招政策的不断实施，校内学生人数逐年递增，学生档案信息随之增多，以人工记录的方式管理档案极容易出现档案错乱的问题，因此档案信息管理手段急需革新。传统管理方式不仅无法满足档案信息的高效率管理要求，也极易出现对档案信息管理的遗漏。近年来，信息化技术在学校内普及，档案逐步呈现一种无纸化趋势，但与之对应的高校档案管理室却没有配备相应的计算机管理设备。此种现象是高校档案管理工作与高校发展呈现背离的现象之一。

3. 校内"死档弃档"问题突出

学生入学后，其个人档案便被寄存在学校的档案室中，无论是院系对应的辅导员，还是职业教师，都很少翻阅学生的个人档案，也不会通过档案来了解学生的过往履历。在学生完成学业参与社会工作后，高校需要将学生档案转接，即将学生的个人档案邮寄到学生就职的工作单位。但在实际执行此方面工作时，校方因工作的疏漏，经常出现学生档案丢失，或学生档案查找困难等问题，都是由于没有专人对学生个人档案进行转接处理造成的。也有部分高校，为了减轻档案管理压力，将学生档案返回到学生手中，让其自行保管，最终导致高校档案室内学生个人档案出现大量的"死档弃档"问题。此外，在对此种现象进行市场调查时，发现此类现象属于大部分高校档案管理工作的共性问题，因此针对此类问题提出解决方法，执行规范化的档案管理工作迫在眉睫。

四、高校人事档案信息安全管理现状

随着社会经济的不断发展，知识型社会的到来，我国的信息化水平日益提高，高校人事档案管理建设也进入了新的时代，互联网技术的应用推动了高职院校人事档案管理的变革，学校需要合理应用信息化技术，为教师、职工以及学生提供更好的档案服务。一方面，档案管理可以帮助高校了解到学校人员的各项数据，有助于管理层更合理、科学地配置资源，制定人才引进以及人才培养计划，实现稳定有效的人事档案管理；另一方面，档案数据的管理可以提高员工的工作效率，调动教职员工的工作积极性，从而更好的创造教学价值。除此之外，高校能够通过人事档案管理对在校学生的数据进行分析，更好地规划学生的教学计划，提供合理的建议，实行人才导向教学，实现资源的合理配置。

（一）高校人事档案信息具备的价值

1. 了解人员具体信息

高校人事档案汇聚在一起，可以形成一个规范化的"人事信息库"。对于高校决策者来说，只需要登录该信息库，就可以快速了解每位人员基本情况，为其安排合适的工作岗位，使其资质、能力、经验与工作岗位相匹配，实现高校内部人力资源优化配置。而且，通过人事档案信息库，高校决策者可以详细了解每位人员的过往，包括：受教育经历、从业经历、研究和发明经历、获奖经历等。对这些经历的了解，可以形成比较系统化的观点，可将其纳入工作人员考核、评价范畴，作为一项重要依据。

2. 便于高校统一管理

优化人事档案管理，有助于高校统一管理各方面事务，提升内部管理水平。一方面，对教职工生活管理。根据人事档案上的信息，高校可以合理安排教职工生活，为他们解决一些基本的生活问题，比如说，距离学校太远的教师，如何方便出行？外地特邀教师，如何安排住宿？家庭比较贫困的教师，如何申请补贴？解决好这些问题，有利于消除教职工的后顾之忧，坚定教职工的职业信念；另一方面，对校内工作管理。通过人事档案上的信息，哪些教师擅长策划活动？哪些教师乐于创新教学？哪些教师实践能力强？高校决策者可以对这些问题准确获悉。在后续的大型活动策划、创新竞赛、社会实践中，这些教师可以担当重任，这对教师来说，是自我展示，对学校来说，是管理升级。

3. 调动人员工作积极性

高校人事档案具有严谨性、权威性，是一种个人展示，也是一种对外介绍。高校人事档案上的信息会一直跟随教职工，对教职工的长远发展起到多方面影响。为了在人事档案中增添更多有价值的内容，教职工需要认真工作、突破自我，不断充实档案内容，让档案更具竞争力。从这个角度来说，高校人事档案的存在，可以起到一定的激励作用，激励广大教职工终身学习。除此之外，结合人事档案上的具体信息，还可以横向分析教职工的成长阶段，理性判断教职工目前处于什么阶段，接下来可以迈向什么阶段，为教职工提供机会和平台，鼓励其朝着更高阶段奋斗。教职工在日复一日的校园工作中，要有危机意识、竞争意识，不能安于现状，需要有阶段性跨越、成长，这是教职工认真工作的动力。

（二）高校人事档案信息安全管理面临的挑战

1. 人事档案管理理念的挑战

首先，高校的人事档案包括大量的个人资料，这些资料是不对外公开的，而且还包括了很多不适合公开的学术业务信息，需要进行保密。然而在网络时代，人们没有绝对的隐私信息，利用互联网技术进行高校工作人员档案管理，如何保证工作人员的档案内容保密是一个巨大的挑战，因此管理人员必须具备网络技术，更新管理概念，才能够适应网络环境下的人事档案管理工作。

另外，高校的人事档案管理涉及的范围也比较广，除了上课的任课教师之外，还有涉及如后勤部门、财会部门等部门人员的档案，加上院校内部、之间存在人员调动的情况，导致高校人事档案管理工作变得非常复杂。对于管理部门而言，大都是采用传统档案管理模式进行管理，这些文件大多是纸质档案，网络环境下，需要将这些数据转变为电子版本，无疑提高了工作难度，也增加了工作量。

2. 人事档案管理信息资源搜集新挑战

高校的招生数量和规模逐年递增，给管理部门的收集管理信息资源带来了难度，不同部门内部之间的资料信息数量庞大，而且牵涉到的项目、手续流程多，很多高校档案管理工作人员没有意识到该项工作的重要性，在进行文件管理的过程中，传统的人事资料管理方式容易造成文件丢失、遗漏或混乱等问题，加上学校的在校生和毕业的学生的个人信息流动性大，设计到新生和毕业生的信息保存和转出等方面，在整个人事档案管理的文件编排、分类和维护方面存在严重的不足。从目前的文件管理现状来看，高校仍采用纸面档案进行管理，信息化技术使用率低，加上很多工作人员的计算机管理的应用水平差，无法很好地利用信息化平台进行管理。而且人事档案管理缺少基础设备的支持，面临着工作载体平台转型问题，需要更新档案室的计算机设备，但是受到资金限制，导致档案室的信息化管理水平低，这样就无法快速实现无纸化管理工作。

3. 人事档案管理服务新挑战

高校人事档案由于前期都采用的纸质管理方式，大数据时代的到来，对传统的管理方式造成了冲击，加上人事文件管理部门和其他档案管理部门之间的工作业务存在界限模糊现象，使管理工作开展不够顺利，纸质档案管理对于档案室的保存条件也有一定的要求，如要保证档案室的干燥，纸质档案数量多，管理起来很不方便，而且有一定重量，给管理带来了麻烦。利用互联网计算机技术，就能够构建电子信息数据库，利用计算机对档案信息进行整理与分类，这也给人事档案管理服务带来了新的挑战。

（三）高校人事档案信息安全管理改革现状

1. 信息化环境中的人为失误

在高校人事档案管理改革工作中，信息化条件的介入，并不能完全规避人为失误。举例来说，在人事档案管理工作中，由于人为失误或从现有的档案资源中难以准确提取相关数据，导致将不准确的文字、数据录入人事档案库。在后续的使用中，教职工很可能因为不准确的档案信息，错过重要的评比、晋升机会，影响自己的职业生涯。再比如，处理人事档案的过程中，由于工作人员效率意识不够，对于档案信息变更，做不到"及时""高效"，可能会造成高校人事档案信息滞后。滞后的人事档案，难以成为一项可靠依据，不利于高校落实相关管理工作。

2. 信息化环境中的泄露风险

高校要重视人事档案信息泄露风险，尤其在信息化环境之中，要充分考虑各种可能性。目前，高校人事档案信息泄露风险的形成，主要表现在：一是工作机制不健全。有些高校尚未建立"人事档案管理机制"，对工作人员的工作流程、职业道德等没有明确的约束，也没有严格的奖惩条例。在这种情况下，有些工作人员的警惕意识不足，在与他人交流的过程中，不经意地谈及档案信息，会给相关主体带来干扰。二是加密措施不到位。有些高校并未强调加密措施，比较典型的现象是：工作人员整理档案信息之后，转身处理其他事情，没有及时加密。在档案信息"不设防"的情况下，任何人都可以查看，包括有竞争关系的人。

3. 信息化环境中的办公风险

在信息化环境中，不少高校尝试引入智能的信息化设备和技术。不可否认，信息化元素带来了深刻的变革，但与此同时，也导致一些新的办公风险。目前，利用信息化设备储存人事档案时，有些工作人员不注意备份。将所有人事档案只放在一个位置，没有进行多空间储存。一旦人事档案意外遗失，工作可能会进入僵局，难以通过其他渠道找回。除此之外，进行信息化办公时，有些工作人员只能接受正常的信息化环境，缺乏基本的应急处理能力。比如说，工作人员编辑人事档案时，突然遭遇病毒攻击，应该如何应对？应该向谁反馈？应该怎么求助？这些问题，都没有清晰的答案。如果病毒侵入高校人事档案库，可能会在很短的时间内，窃取人事档案，摧毁大量重要的档案信息，造成不可估量的损失。

第三节　信息时代下的档案管理技术

在信息时代背景下，科学技术创新升级频率变得越来越快，呈现出的价值和作用也越来越大。在当前的档案管理过程中，信息技术起到的作用越来越重要，并不断地推动着档案管理质量的发展。在信息技术的支撑下，档案管理的模式与之前的传统管理模式相比，产生了较大的变化。

一、大数据技术与档案管理的结合

随着大数据时代的来临，社会许多行业都出现了新的发展与变化，档案管理工作也因此发生了较大的变化。尤其在一些国家和政府机关中，档案管理工作发挥的作用是非常重要的，档案管理工作不仅能够留存单位过去的原始信息，而且还能够为单位未来的发展和规划作出一定的参考。在初始数据的管理、收集、整合方面，过去的档案管理方式不仅会浪费一定的档案管理的资源，还会为数据的查找、分析、提取等带来不便。在大数据时代，管理者不仅节约了许多档案的储存空间，而且为数据的管理提供了一定的便利。各单位应及时重视档案管理工作的日常工作安排，使用相应的信息技术提升档案工作的实际效率，推进信息技术在档案管理工作中的应用成效，不断完善档案管理工作的水平，从而适应时代发展的需要。

（一）传统档案管理存在问题

保存起来颇具挑战性。传统的纸质档案存储方式存在着难以长时间保存的问题，特别是在潮湿或通风条件较差的环境下，易导致纸质资料中水分含量过高或者是纸张变脆的问题，从而增加纸质档案损坏的风险，最终对纸质档案的后续使用造成影响。

有效地整合档案数据存在困难。在档案管理过程中，对档案数据进行价值提取是至关重要的，然而，若一直依赖人工分析的方法，将会导致档案数据整合的过程受到较大的影响，造成数据合理使用存在困难的问题。由于档案资料的种类和内容繁多，传统的人工工作模式已无法满足大量档案资料的处理需要，从而对档案管理工作的开展和实际成效造成了影响。因此，必须采用智能化的方法对档案资料信息进行处理和整合，这样可以提升档案资源整合结果的合理性与科学性。

传统档案的使用难度相当高。在当今社会，由于纸质档案查找所需的周期相对而言较长，无法满足社会高速运转的需要。在纸质档案的接收和传递过程中，存在着档案丢失或遗漏的可能性，这也为档案的后续使用带来了隐患。传统档案管理工作面临的问题已经成为制约档案管理效率提升的瓶颈，无法满足国家和社会进步的实际需要，因此必须高度重视对档案管理工作的管理，加速档案管理信息化体系的建设进程。

（二）大数据技术的特点

在信息时代的浪潮下，大数据作为一个全新的定义，引领着时代的潮流。

它主要是指有价值的数据以及信息资源，这些都属于我们所说的"大"范畴之内。大数据属于一种新型、多元化的信息资产。通过运用大数据技术，我们能够对海量数据进行快速地处理，包括但不限于信息分析、信息存储、信息分类、信息整合、信息归纳等，从而在短时间内实现对数据的全面优化。大数据之所以备受瞩目，是因为它拥有几点独有的特征：真实性、价值性、多样性、高速性、大量性。

（三）档案管理应用大数据技术的优势

在多个领域中，大数据技术都得到了广泛的应用，提高了人们之间的信息交流和互动能力。档案管理作为社会管理与公共服务体系建设过程当中十分重要的内容，能够有效地提高管理效率以及服务质量，特别是在档案管理领域，其重要性不可低估。

1. 提高信息存储能力

在过去的档案管理工作中，档案的存储容量受到较大的限制，因此需要定期清理档案的存储空间，确保新的档案具备存储的条件。利用大数据平台，我们可以构建一个全新的线上平台，利用电子化档案管理系统，从而大幅提升信息存储的容量。云计算平台具有强大的计算能力，将不同种类的信息集成到一起之后，就可以形成一个庞大而复杂的体系。在云端电子数据库的帮助下，档案管理人员不仅可以快速吸收海量的数据，还可以按照数据的属性完成信息的挖掘，从而提升信息存储的实用性。它除了能够提升存储的容量外，还可以扩展信息存储类型，以实现对不同数据类型的存储和处理。随着人们在生产和生活中不断产生各种类型的数据，如视频、音频和文字等，不同类型的数据实际需要的存储空间是不同的，为了满足不同数据的存储需求，必须高效利用大数据，以便在存储空间中存储更多的数据。

2. 推进信息化管理模式形成

当前，档案管理工作亟需进行改革，传统的管理手段已经不能满足时代发展的需求，出现了管理质量低下等问题，管理者们也不够重视管理的理念创新，这导致档案管理工作中经常出现问题。但是，通过结合大数据技术，我们可以在档案管理过程中使用效率更高的信息化模式，从而减少资源的投入和浪费，着力提升管理的质量，推动管理工作进入一个全新的阶段。目前，我国很多企业、单位都已经开始应用大数据技术对档案管理工作进行创新与完善，并获得了较好的效果。在传统的档案管理模式中，数据处理会出现各种问题，比如处理时间长、检索速度慢、分类难度大、存储空间受限等，在大数据技术的帮助下，我们可以建立一个信息化的管理系统，在一个稳定的系统环境中开展数据评估、数据处理、数据分析的工作。在当今现代社会的发展过程中，信息化管理已成为未来的发展趋势。在对管理工作进行系统化、集成化管理的背景下，我们可以快速构建一体化的信息管理平台，优化人们原有的工作模式，提高信息传播的速度。

（四）大数据技术在档案管理中的应用问题

1. 顶层设计工作不足

为了实现企业或事业单位档案管理工作的重大突破和发展，必须进行全面的顶层设计，制定明确的发展计划并做好实施工作，以促进档案工作的进行。因此，档案部门必须重视顶层设计。但是目前该职位仍然存在许多难题，主要表现在以下几个方面。

由于缺乏前瞻性的思维和洞察力，相关领导和管理层未能充分认识到大数据技术的重要性，也未能及时更新大数据技术和先进的处理理念，导致工作质量存在一定的限制。

有些企事业单位未能明确档案管理工作的定位，认为其应由档案管理部门负责运营和管理，忽视了其综合性和协调性的突出特点，需要多个部门开展共同的管理工作，否则，档案管理工作难以达到发展和突破，也无法与大数据技术相结合。

由于缺乏全面的档案管理计划，领导层和管理层无法运用领先的理念和技术来提升档案管理工作的效果。有些人虽然明确了管理的规划，但没有考虑到单位和公司的实际情况，使得档案管理在水平的提升方面错失了机遇。

2. 档案管理信息化能力比较低

尽管大数据技术已逐渐进入人们的视野，但在某些企事业单位中仍然不够重视对大数据技术的使用，同时档案管理工作也无法和大数据技术相结合，导致档案信息化水平相对较低。人力资源管理作为一项综合性较强的管理工作，其产生的人事档案资料包括人力资源规划、人事变动、人事考核等，这些档案资料会一直伴随着企事业单位的运行过程，若我们继续使用过去的档案管理模式，实际工作中会出现许多问题。为了合理地使用档案资料，我们必须积极推进档案管理信息化的建设进程，以实现大数据技术和档案管理工作的融合。只有这样才可以提升档案信息资源利用率和工作效率，为企事业单位提供更为全面准确的决策支持与参考依据。目前，一些企事业单位在档案管理信息化方面的能力还有较大的进步空间，主要表现在以下多个方面。

企事业单位在信息化建设方面缺乏积极性，未能跟上时代步伐，未能以发展和辩证的视角审视问题，并认为大数据技术可能会对内部人员的管理产生负面的影响。

尽管一些企事业单位已经开始重视大数据和信息化的应用，但信息化建设的效果并不尽如人意，因为其思路存在误区，建设的具体目标与实际发展情况不相适应。如果我们不能充分利用不同类型的资源和技术，也就无法构建符合本单位状况的档案管理平台。

一些单位不仅缺少先进的大数据处理设备，还在购买和引进的环节中存在一定的问题。特别是在资金调配和审批等流程中，存在着一定程度的形式主义，导致流程较为繁琐，难以及时地将资金投入到设备的购买过程中。随着时间的推移，企事业单位内部的档案管理流程将无法得到优化，从而导致人力资源管理工作水平下降。

3. 专业化档案管理人才较为稀缺

在推进人力资源档案管理建设的过程中，必须以具备专业档案管理技能的人才作为支撑。只有拥有高素质的人才队伍才能更好地促进我国档案管理水平的提高。当前，许多企事业单位缺乏人才储备，主要表现出以下几个问题：人才引进缺乏有效的考核机制，直接导致内部人才队伍素质水平较低，难以适应当前信息时代社会对档案管理的要求；由于档案管理部门的岗位设置不够具体，职责权限也缺乏明确性，导致档案人员对相关业务缺乏熟悉度，从而耽误了工作的进度；档案专业的管理人员内部比例不够合理，一些年龄较大的工作人员不够了解信息化技术和信息化管理模式，还在使用过去传统的工作模式。

4. 档案管理模式需要完善

由于人力资源管理部门的档案管理工作涉及大量的档案信息资料，因此需要运用先进的工作方法和工作经验，结合大数据技术的特点建立一套完善的档案管理模式，以实现分类有序整理、储存和归档。当前的档案管理模式已经滞后于时代潮流，主要表现在以下几个方面。

在过去的档案管理模式中，许多档案管理工作者仅仅重视档案的归档工作，而忽视了对资料的管理和总结，导致不能及时处理工作中出现的问题，同时对事前控制的把握也不够，这些问题会共同影响整个单位的档案工作环节，使得档案工作无法和大数据相结合。

在大数据时代，企业的档案管理体系需要与时俱进，建立一个全面的档案管理框架，以应对当前档案管理体系中存在的问题。通过对档案的管理，可以实现信息共享和资源共享，为社会提供服务。目前，企事业单位在档案管理方面的思维不够灵活，未能及时引入先进的档案管理理念，未能推动内部档案工作的不断发展。

（五）基于大数据技术的档案管理实践

1. 转变档案管理思维和理念

我们需要转变过去的档案管理思维，深刻认识到档案管理工作与大数据技术相融合的紧迫性，并重视将大数据技术应用到档案的管理工作中，从而将档案管理工作纳入单位的整体发展前景中，实现智能化管理和个性化服务。

我们要建立一套完备的档案管理工作体系，将信息化管理方法落实到实际的工作中，积极探索大数据技术在档案管理中的应用方法，打造一个全面化的数据库，从全方位实现科学的档案管理，进一步推动档案信息化的进程。

2. 拓宽档案管理的路径

随着大数据技术的不断发展，档案管理工作的路径得到了拓展，数据管理成为主要的发展方向，从而推动了档案管理工作的多平台发展。在信息化时代下，要做好档案信息资源的共享建设，需要从制度保障、人员培训和资源整合三个方面着手，实现档案信息资源的跨部门共管，以彰显档案管理工作的真正价值。

企事业单位如今可以利用多种信息共享平台，例如微博、微信等，这些平台为信息的传播提供了高效的共享机制，能够实现信息的高效共享。档案是企业发展过程中重要的组成部分，对企业的长远发展具有积极作用。在远程技术的辅助下，我们能够保证信息的实时性，从而拓展远程档案管理的范围，突破时间和空间的限制，为档案管理服务提供机会。

在信息技术水平不断进步的背景下，云平台技术也得到了提升，以云服务为核心，档案信息管理工作将更为深入，从而提高数据分析和计算的准确性，为档案管理工作成本的降低作出贡献。

3. 创新档案资源采集方法

为了跟上时代发展的步伐，档案管理工作需要不断创新方法，拓展数据收集的渠道，让档案信息变得更为多样化。

一方面，网络提供了更广泛的数据来源，我们可以从海量信息中筛选出价值更为丰富的信息。另一方面，利用互联网技术，可以将大量的档案信息转化为数字化文件，便于后续管理。借助平台，我们可以采用用户推送的方式，对数据进行收集、整理和归档，达到更高效的目的。为了提高档案管理水平，档案管理人员需要具备卓越的信息筛选能力，以便快速获取信息的价值评估内容，从而提高档案管理水平。

4. 提升档案管理人员综合素养

为了跟上时代的步伐，档案管理工作在开展的过程中必须注重提升档案管理人员的素质，形成专业化的人才队伍，让从业人员深刻认识到这项工作的关键。只有在专业的数据管理方式帮助下，单位才能够获取最为真实可信的数据，从而确保后续决策的准确性。在当前社会环境下，我们应该使用长远的发展眼光审视此项工作的实质与内涵。

大数据技术与过去的档案管理工作中使用的技术存在较大的区别，大数据技术的使用能够为工作带来新的模式和方法，为档案管理人员的培训工作提供完善的方法和流程，并制定有所区别的奖惩和激励制度，以提高档案管理人员的业务水平，提升自身工作的竞争力。

提高档案管理人员的专业素养至关重要，如果管理人员的专业能力得到了提升，那么档案也就不再是死板的文字和数据，后续工作也能够参考之前档案的具体工作。对于那些无法结合信息技术开展档案管理工作的人员，应该按照员工的具体规章制度进行处罚，以确保能力出众的人能够在岗位上发挥自己的作用。每一位从事档案管理工作的人都应该充分认识到自身工作的优点，并在实践中紧跟时代的步伐，不断更新工作理念，主动抓住更多机遇，为提升单位的档案管理水平而努力。

二、网络技术与档案管理的结合

在人类实践历史的进程中，档案扮演着不可或缺的角色，它不仅是重要的信息存储和记录工具，更是人类智慧和经验的结晶。随着社会经济发展，人们对信息需求的日益增加，传统档案管理方式已无法满足时代发展的需要，档案数字化和电子化逐渐成为档案管理工作发展的方向。

（一）档案管理应用网络技术的原因

1. 档案现代化发展的需求

计算机作为信息技术发展的核心工具，为企业和单位的档案管理工作带来了较大的影响，它催生了新的挑战和机遇。随着社会经济的不断进步，档案在工作和生活中扮演了非常重要的角色，而这些信息的价值也得到了体现。为了更好地开展信息的分类和归纳工作，我们必须将信息工作和高科技结合在一起，从而达到信息的分配和管理目的。在面对海量的信息档案管理任务时，工作人员必须不断提升自身的工作效率，以应对烦琐的材料整理过程，达到灵活处理管理任务的目的。

2. 推动现代管理信息化的尝试

档案管理不仅仅能够将档案信息保管得当，还能对相关档案信息进行深入挖掘和研究，为各项后续的工作安排奠定坚实的基础。在管理信息的过程中，档案储存分类管理的明确性直接影响到后续工作的推进，从而对整个流程产生较大的影响。通过运用信息技术，借助计算机对档案信息进行数字化管理，可以实现档案管理模式的数字化，从而提升管理的实际效果，促进信息技术在档案管理中发挥的实际作用，使档案管理符合时代发展的需要。

3. 推动档案管理工作服务于经济建设的要求

在知识经济时代，信息已经成为各行各业必不可少的元素，无论是人力资源管理还是各项开发的生产过程，都需要学习、浏览、储存信息。随着信息的技术不断成熟以及网络技术的快速普及应用，档案管理工作也需要开始利用新技术手段来完成自身的改革与创新。随着计算机技术的不断发展，这一过程已经从意识形态的生产力转变为现实的生产力，使档案收集、整理、传递和处理等方面的准确性和明确性得到了显著提升，并且有助于提高档案工作的实际成效。

（二）网络技术在档案管理工作中的具体应用

1. 数字化技术的应用

数字化档案的建立是档案管理工作中至关重要的一环，然而，数字化档案的建立需要大量信息的处理和加工环节，因此需要多种不同类型的数字化技术来提供支持和帮助。

数字化技术在计算机系统中扮演着至关重要的角色，随着信息化技术在不同领域的广泛使用，数字化技术已经渗透到社会发展的不同领域，其高度先进的特性不仅能够提高整体工作效率，还能够满足数据资源共享的需求，为信息提供数据检索的分析功能。数字化技术的应用之所以备受不同领域的青睐，是因为其优势较为明显。

（1）信息处理速度迅速

数字化技术的卓越之处在于其优秀的信息处理能力，它能够在信息库中快速检索到需要的信息，并通过计算机的信息处理能力和运算能力，做好信息价值的提取工作，同时结合网络共享和传输能力提升了档案信息工作的能力，为信息处理速度提供了充分保障，促进了档案管理信息化的流程实现。

（2）借助虚拟化技术为介质

数字化技术以信号为媒介，对数据开展加工、存储和传输的工作，从而实现数字化处理。在实际的工作中，数字化技术能够实现资源共享与共享操作的目的，并为用户提供便捷的服务。为了存储数据信息，需要利用虚拟化技术开展信息的处理工作。计算机虚拟技术可以将数据信息存储在各种存取介质中，包括服务器整体的磁盘和光盘等。在查询信息时，计算机系统及时提取和查询数据信息，所以我们说，数字化技术的虚拟性特征较为显著。

2. 数字档案在各行各业中的应用

在不同领域的档案管理工作中，计算机网络技术已经得到了广泛地运用。随着社会对档案管理工作提出了较高的要求，数字化档案已经成为各政府部门及企事业单位不可或缺的重要组成部分，医院、高校等单位信息量十分巨大。通过建立数字化档案库，高校能够高效地存储大量不断变化的学生信息，方便学校进行统一管理，同时也为学生未来的升学和就业提供了便捷的档案查询和调用服务。

（三）当前档案管理网络技术存在的问题

1. 电子档案的有效性

电子档案的有效性与纸质档案存在显著差异，因为电子档案通常不会存档管理人员的个人笔迹，这使文件的真实性难以得到保障，有些单位或部门会对文件的有效性持怀疑的态度。电子档案的存储过程是通过计算机实现的，如果文件在计算机端删除，文件可能再也无法找回，甚至一些不法分子为了牟取私利，会有意篡改或删除存储电脑中的电子档案，影响了电子档案的有效性。

2. 网络管理的保密性

在网络档案管理工作中，文件传输需要将不同的网络和不同的设备连接在一起，然而，对于那些保密程度较高的文件，这一过程可能导致泄密的问题，给档案管理工作带来后续的隐患。在网络档案管理过程中，信息窃取的手段十分多样，例如复制等，但并不仅限于此。这些方法和手段实际上都降低了信息的保密性。

3. 长期的网络存储风险

随着信息化技术的不断发展，档案管理工作已经实现了网络化和自动化，这不仅极大地提高了工作效率，同时也扩大了信息存储的容量和时间。同时，互联网时代也是信息时代，人们获取信息和知识变得更加方便快捷。随着时代的发展，越来越多的档案管理工作开始采用网络管理方式，使得大量的档案资源信息在网络环境中长时间存储。一旦网络环境出现了一些问题，或者遭受黑客的长时间攻击，信息资源会有泄露的危险。

4. 档案管理软件的差异化

我国在计算机软硬件领域的发展存在明显的不平衡问题，大多数软件的开发还存在较多的不足，这对于档案管理工作的高效化发展构成了极大的挑战。在机关事业单位的档案管理工作中，还存在着办公软件的使用问题，各单位办公软件的一致性难以保证，因此在实际工作中，信息共享、交流和管理等方面都面临着一定的挑战。

（四）网络技术应用于档案管理应采取的措施

1. 实施文档一体化避免文档分离

为了确保信息技术能够和档案管理的过程相结合，相关企业和单位的工作人员要保证企业内部的统一性，提高管理效率和准确性。在进行文档管理工作之前，必须保证档案管理的工作流程是正规的，确保企业单位过程中出现的工作问题，避免在工作过程中出现一些不必要的错误。还要致力于提升档案管理的综合水平和工作效率，充分发挥档案管理的成效，使其真正成为信息存储、分类、传递和共享的有力工具。作为当代档案管理从业者，必须对文档进行全面规划，深刻认识文档的安全性，树立做好信息源头的基本意识，着力解决档案一体化不足的问题，促进档案一体化的进程。

2. 注重解决电子性文档保存问题

对于从事相关工作的人员而言，必须对电子性文档的本质有深刻的理解，并且掌握电子性文档的多种来源和渠道。相关信息可被数据的记录者、信息的管理者以及计算机技术的操作人员掌握。管理部门可以将日常的文档信息纳入管理规范之中，如果出现了不符合要求的情况，应酌情进行处罚。为了确保电子文档的完整性，必须在信息文档的全过程中建立安全性保障，同时备份重要的电子文件，并采用双向归档的方式，制作出两套相同的档案方案，以提高其安全性。这样还可以避免相关从业人员随意篡改信息，如果出现了一些修改的问题和错误，也可以通过对比工作确认信息的内容。

3. 着重解决档案信息化管理当中的安全问题

在进行档案管理时，我们必须从计算机网络安全的角度充分地进行考虑，因此可以采用分级处理档案信息的方式，以实现安全管理的规范化。

在数字化档案管理工作中，由于计算机网络技术的快速更新，档案管理部门需要及时修正和更新标准规范，以确保数字化档案的工作进程不会出现各种问题。数字化档案管理会与多个部门产生联系，所以应当鼓励多方共同参与进来，一起提出意见，进行整合。

我们必须确立一套行业标准，以规范纸质档案的数字化处理。同时还要做好电子文件管理的工作，保证电子档案管理工作能够正常运行。尽管数字化档案的管理工作得到了优化和提升，但其在发展的过程中依然会出现许多问题，因此我们需要对相关的指标进行细化。

4. 切实提高档案工作人员素质

为提升档案管理从业人员的专业素养和基本素质，有关部门在招聘专业人才时，必须挑选一些熟悉法律法规、拥有丰富工作经验并对计算机操作流程了如指掌的人才。为了维护档案工作的专业性，保持档案原始性和安全性，在岗员工需要了解自己的使命和责任，并提升档案工作的专业程度。

首先，企事业单位应当加强对在职从业人员数字化档案管理意识的培养，定期组织一次或多次培训，以提升其对数字化和档案管理工作的理解，并加强对数字化信息技术的处理能力。其次，企业也应进一步推进校企合作，通过高校这一途径为单位培养综合素质更高的人才。最后，政府和企事业单位应当建立完善的工作绩效评估机制，以引导从业人员将数字档案管理工作内化于心、外化于行，最终提升数字档案工作的质量。

第四节　高校档案信息安全管理总体对策

长期以来，受传统的保密观念的影响，档案工作普遍对保管工作较为重视，但是轻视利用的过程，导致许多档案得不到有效的利用，许多价值较高的档案会被人们遗忘。因此，怎样在管理工作中利用多媒体技术、数字技术、计算机网络技术就成为一个难题。在 21 世纪这个高度科技化、信息高度共享的时代，档案信息公开已经成为一种大众的趋势。因此，我们需要建立起一个快速存储、传输、操作的过程，从而在根源上避免黑客侵犯、病毒、丢失、偷窃等问题。

一、高校档案信息网络安全管理面临的问题

（一）重视程度较薄弱

随着高校的发展，档案信息管理已经达到了网络化的程度，档案中不仅有学生的个人档案，还包括了整个学校层面的安全信息。一旦出现档案信息泄露或丢失的问题，将会给学校带来极大的问题，甚至是巨大的经济损失。因此，做好高校档案管理工作的意义重大。尽管高校档案信息管理中也使用了网络安全技术，但是现代网络环境中的问题和缺陷依然较大，这些问题仍然会影响高校档案的信息网络安全。近年来，各大高等院校都出现了一些信息泄露的问题，这些事件不仅会从社会的宏观层面对高校安全产生影响，同时也会在不同层面为学校带来损失。

然而，高校的档案管理从业人员依然没有完全认识到这一点，他们认为他们的主要职责是对档案信息进行维护和管理，而忽略了网络安全管理和安全防范背后隐藏的意义。另外，档案信息安全管理工作存在着诸多隐患，如不及时解决，会给高校的发展带来严重影响。在当前的网络环境下，许多潜在的危险因素难以被察觉。

（二）计算机软硬件差

在高校档案信息网络安全管理进程中，计算机硬件系统会对计算机数据信息的保存和处理过程产生一定的影响，这是由于其所含电磁波辐射的所导致的。因此，为确保高校档案管理工作顺利实施，应重视研究计算机网络信息安全防护措施。为了提高高校档案信息网络的安全性和专业性，必须采用专业化程度较高的电磁波接收器，以接收计算机主机和相关电子设备产生的电磁波辐射，从而降低其影响。

计算机配备的存储设备将会同步保存档案的信息，以防出现了一些问题

或者故障，给后续的工作带来障碍。此外，高校档案信息处理速度的不断提高与计算机软件系统的开放型特点密不可分，然而，在整个过程中，档案信息遭到外部恶意攻击的可能性极高，信息网络的安全性也会受到影响，甚至可能导致泄密事件的发生。因此，为了确保系统的稳定运行，所有的计算机都会在本地安装一定的软件来处理漏洞的问题。为了确保高校档案信息网络的安全性，必须不断完善计算机的系统性能，使计算机能够安全、有序地运行，从而为高校档案信息网络管理提供强有力的支持。

（三）网络安全性较差

高等院校的档案资料是一种比较特殊的资源，对其进行有效的管理和维护，主要是为了方便教职工的日常使用需求。随着科技发展与教育改革进程的加快，传统档案管理模式已经无法满足当前需求，因此需要借助现代化信息技术进行优化升级。但随着互联网技术不断发展，高校档案管理工作面临着巨大挑战。高等教育机构的档案在传输过程中会受到多个环节的影响，这些环节增加了许多不确定性，从而对其安全性产生了广泛的影响。因此，加强高校档案信息的安全性分析显得尤为重要。若计算机防护机制相对薄弱，则极易受到黑客或病毒的侵入和破坏，导致档案信息的泄露和丢失。

随着高校档案信息涉及的范围不断扩大，高校档案管理人员需要不断提升自身的水平，然而，由于一些工作人员的能力和水平存在限制，他们在高校档案信息网络安全管理方面存在多方面的缺陷，从而降低了网络安全的层级。随着高校招生规模的不断扩大，档案信息网络安全管理业务也得到了快速的发展，越来越多的管理人员进入档案管理的行业领域中。然而，由于缺乏专业和系统的培训，高校档案信息网络安全管理团队的具体水平依然存在参差，很难适应社会发展的具体需要，从而限制了高校档案信息管理工作的快速发展。

二、高校档案信息网络安全管理关键特征

（一）高校档案信息网络安全管理特征

在高校信息管理的过程中，教学档案的管理是一项不可或缺的内容。从

目前来看，我国大部分学校对于教学档案的安全问题重视程度不足。每年高校都会迎来新的学生，同时也会有毕业生离开，因此学生人数会保持着动态平衡的状态。尽管每个学生都有自己的特性，但每一届学生的整体档案情况存在一定的规律，档案管理人员需要及时发掘其中的规律，以便制定出能够帮助管理的方案。随着高校成立时间的增长，高校的资料信息数据量也在不断增多，这给高校学生档案管理工作带来了很大的挑战。在高校进行档案管理工作时，工作人员应当高度重视信息的保密性和隐私性特点，并根据学生的具体情况，制订出相应的对策。

（二）高校档案信息网络安全的关键性

随着网络技术的快速发展，人们的生活也变得越来越方便和快捷，但从档案信息管理的角度出发，网络技术也会为信息的管理带来隐患。随着互联网应用范围不断扩大，计算机用户数量不断增多，黑客们利用各种手段对网络安全进行破坏，这会造成严重经济损失。每年黑客的攻击规模呈指数级增长。计算机病毒也在不断增加，其数量已经达到了惊人的上万种之多，在网络时代，信息不仅能够为社会带来巨大的效益，还可能引发一系列灾难性的后果。相较于西方国家的网络信息化建设，我国的网络技术尚需进一步发展，在某些新兴的软硬件基础上，我们对其他国家的技术依赖程度较高，而在如何加强网络设施方面，我们面临着相当大的安全风险。高校作为人才培养和开展科研的基地，其档案信息所包含的科研、人才等内容，甚至关乎到国家的安全级别。此外，由于档案信息凭证的独特性，信息在转化为信息档案的过程中需要具备较高质量的信息安全性。因此，我们必须深刻地认识到保障高校档案网络信息安全的重要性，提高我国信息技术水平，推进防护系统的完善和发展。

三、高校档案信息管理现有的安全措施

随着科技的不断进步，电子档案已经成为档案管理的趋势，而高校电子档案的原创性和真实性则需要依赖于信息安全技术的成果。

（一）电子档案信息认证与恢复技术

1. 签名技术

电子档案通常包括手写式和证书式两种数字签名的方式，这两种方式都是为了确保文件的完整性和真实性而被设计的。手写数字签名是一种传统的数字签名方式，在文字处理软件中添加专用的软件模块，手写数字签名的方式和纸质文档的签名十分接近，人们可以使用压敏笔、手写输入笔等在输入板上写字。证书数字签名是由发件人使用其独特的密钥对所发出的文件进行加密处理，生成字母和数字混合在一起的字符串"字母数字签名"，然后它会和文件一起发送给接收人。

2. 加密技术

确保加密技术功能的完善是保证电子文件不被泄露的重要条件。在信息传输的过程中，为了确保数据的安全性，加密技术采用了一种被称为"双密钥"的加密方式。这种方法可以防止明文泄漏或者隐藏秘密，但是无法保证密文不会泄露。在网络中，加密的通信器通常拥有一对密钥，即加密密钥和解密密钥，这一对密钥存在个体的差别，因此即使用户的信息被截取了，也无法破译密码。加密密钥为公开密钥，而解密密钥则是严格保密的。发送者使用公开密钥来传递信息，而接收者则使用自己所知的密钥解密自己接收到的信息。

3. 身份验证

为确保每位合法用户身份的真实性，可以提供由字母、数字或特定符号组成的"口令"，这个方法已得到了广泛的研究和使用。在进入系统开始访问之前，用户必须先输入自己需要的口令，在获得这一口令之后，计算机将之前存储在内存的验证数据进行比较。若经过验证确认为合法用户，则可进入系统以获取相关服务；如果验证为非法用户，就不能访问系统，并向服务器发送重定向请求并重新登录。为了确保系统的安全性，银行相关系统采取了多种措施，以防止未经授权的人员进入系统访问或销毁文件或数据。

4. 防写措施

在计算机的外部存储介质中，有一种名为只读光盘的存储器，其功能仅限于读取信息，无法进行任何添加、修改或删除操作。这种只读形式的光盘从一次性写入光盘发展而来，用户仅能对其进行一次性写入，但是可以多次获取信息，只是无法对信息进行修改。通过采用一次性写入光盘的不可逆记录性质，可以有效地防止用户篡改信息，从而进一步提升电子文件内容的内部性质。当前许多软件的基础设置中，存在一种名为"只读"的状态，该状态使得用户只能够进行信息的读取，无法进行信息的变动。

5. 硬盘还原卡技术

作为一种 PCI 扩展卡，硬盘还原卡的主要作用在于还原硬盘上的数据，以保护计算机操作系统的完整性。借助硬盘还原卡的功能，用户可以自由地对硬盘中的电子文件和数据进行操作，不会受到任何限制或约束。当计算机系统出现故障时，用户可以直接从硬盘上取出数据，并通过软盘对磁盘进行修复或复制，以恢复系统的正常运行。一旦计算机重启，硬盘将恢复至先前的状态，用户的操作是无痕操作，从而确保硬盘中的数据具有原始性。

（二）电子档案防病毒技术

1. 计算机病毒的产生

计算机病毒，作为一种独特的计算机程序，其具备的破坏性是不可忽视的，并且它还可以进行自我复制，能够在不用授权的情况下对数据文件或者可执行文件中进行侵入式执行。早在 20 世纪 80 年代中期，计算机病毒就已经出现，病毒数量在近几十年中迅速增加。这些年来，网络病毒变得流行起来，并且越来越多的电子邮件和数据包带有病毒，在电子文件保护领域，防范和控制计算机病毒已成为一项至关重要的任务。

2. 计算机病毒的防治

为了确保计算机内部软件不会受到病毒的侵害，同时有效地遏制现有病毒向其他计算机终端进行传播，我们必须确立"以预防为主，以防治结合"的理念。因为病毒具有高度的反应性，因此必须防止某些有害的病毒行为，如记忆驻留方法和感染途径等。

3. 尝试运用多种软硬件技术

一旦发现病毒的痕迹，应立刻用杀毒软件对病毒进行查杀，并重启计算机，如果还有问题，须及时咨询专业人员或请专业人员进行处理。要特别注意重要数据的保护，并使用相关软件将数据储存于安全性较高的场所中。制定严格的防病毒措施是必要的，其中包括定期或不定期对硬盘和系统进行筛查，定期备份重要的数据磁盘和系统磁盘，并定期升级病毒检测软件、杀毒软件等，使之保持最新的版本。

（三）电子档案信息备份

信息备份是一种有效的信息系统损坏或崩溃的恢复方法，是确保信息安全的重要辅助措施。

1. 备份技术

备份技术正在以惊人的速度演进，从一开始的单纯复制，发展到现在的磁盘镜像和磁盘双工，再到灾难恢复解决方案、服务器群集技术、镜像站点等，备份技术呈现出蓬勃发展的态势。在网络备份方面，磁盘镜像和磁盘双工是被广泛采用的两种方式。磁盘镜像可持续更新并存储为同一类型的文件，其内部包含两对磁盘驱动器和盘体，当其中的一台发生故障时，其他机器可以继续运行。若有一块硬盘发生故障，另一块硬盘仍可独立运行，不会受到任何干扰。通过在两个通道上进行镜像操作，磁盘双工的两个磁盘能够保护文件，即使在磁盘和通道损坏的情况下也能保持文件的完整性。

2. 备份管理制度

电子档案管理员需特别留意以下几个方面，以确保其管理工作的高效性。

首要任务在于确立明确的备份机制。针对备份方法的不同，采取不同的备份方式，静态数据通常需要每隔一段时间进行一次备份，而实时系统需要实现实时的备份，以避免因系统出现问题，对计算机造成损失。

其次，我们应当考虑采用备份的方式。根据备份内容的不同，可将其分为三类：全面备份（包括所有数据的备份）、增量备份（包括添加数据的备份）以及集成备份（涵盖整个系统，包括程序和数据）；根据备份状态的不同，可将备份方式分为离线备份和在线备份两类；根据备份日期的不同，可将数据分为每日备份、每周备份以及每月备份等不同类型。

再次，务必确认备用设备的可用性。根据各单位的实际情况和设备的具体性能，可选用硬盘、U 盘、光盘、磁盘阵列、磁带机等多种存储设备进行组合，以满足不同需求。

最后，建立备份机制。确立明确的规章制度，包括是否需要在异地存储、是否需要进行多组备份，以及如何实现备份的智能恢复和灾难恢复等措施。在备份工作中，我们必须以确保系统安全完整运行为出发点，综合考虑备份系统的各个要素，形成一个相对完备的备份系统。

（四）电子档案网络传输信息安全技术

1. 防火墙

为了防止未经授权访问系统的信息资源以及阻止机器上的机密信息和专利信息的非法输出，防火墙设置了一系列障碍，用于限制系统的网络和外部网络连接点。

2. 虚拟专用网络

电子档案传输所需的专用网络，即虚拟专用网络，此项技术已得到了广泛应用。虚拟专用网络技术能够实现对电子文件和数字档案的有效管理。这种网络能够支持对各种不同格式的文件进行存储和处理，包括数字签名、完整性验证等。在虚拟专用网络中，文件传输用户可以交流，且它们之间的数据传输流量较大。如果要进行信息交流，必须通过第三方来验证文件的真实性，因此需要对传统的加密算法作出改进。在虚拟专用网络中，只要双方达成共识，便可采用更为复杂的私有加密和认证技术，从而显著提升电子档案在传输过程中的安全性。

3. 网络隔离计算机技术

深圳市宏网科技有限公司研发出一款网络隔离安全计算机，它能够在单一计算机终端实现内部网络和外部网络两种功能的交互，其中内部网络为内部安全网络，外部网络则为大众都能够接触到的互联网。这类计算机能够确保内部网络在遭受外部网络攻击和破坏时不会受到任何威胁。

四、网络信息环境下高校档案信息安全管理的对策

档案信息的安全保障需要考虑多个层面的问题，这是一个涵盖理论和实

践问题的复杂系统概念，由档案信息安全保障体系构成要素及其相互关系组成。档案信息安全具有较多类型的特点，包括综合性、相关性、动态性、相对性、脆弱性、智能性和可认证性等多个方面，这些方面共同构成了其独有的特征。在档案信息化建设的进程中，确保档案网络、系统和信息的安全，是一项至关重要的任务。以下对档案管理工作涉及的各方面进行分析研究，并在此基础上总结出档案信息资源面临着来自内部与外部两个层面的安全隐患。我们构建了一个安全保障体系，在这一体系中，思想保障、策略保障、法治保障、标准保障、技术保障和人才保障这六个要素相互交织，以应对各种层次的安全问题。

（一）思想保障

确保档案信息安全的思想基础，树立并坚持一种科学、合理的档案信息安全观。档案信息安全观包括许多类型，如安全管理观、安全目标观、安全手段观、安全服务观、安全责任观以及安全效益观。传统的安全观、保密安全观、技术安全观、系统安全观和网络安全观等，都缺乏科学性、全面性和完整性，是静态的、片面的，缺乏对动态和系统性的认知。科学的档案信息安全观是一种综合档案信息安全形式、内容和方式的安全观，它将档案信息记录的内容、方式和载体统一在一起，以确保档案信息的安全性和可靠性。

在新的历史时期，档案管理部门应当遵循国家信息安全的总体指导方针，坚定不移地推行"纵深防御、综合治理，等级保护、促进发展"的思想方向。在当今的信息时代，我们已经将"防"的范围扩展到了更深层次的安全领域，"治"则是"治理"的意思，它容纳了技术、管理、策略的内容。我们要突显重点，实施档案信息等级保护制度，这一保护机制能够促进我国建立档案信息的安全保障体系。为了确保档案信息的安全性，促进档案事业的持续发展，档案部门应当采取有效措施，加强档案信息的等级保护。

（二）策略保障

档案信息安全保障体系的核心和纲要在于制订相应的档案信息安全策略，这也在一定程度上体现了档案信息安全的总体规划。为应对档案信息安全面临的新形势、新变化和新特征，我们需要拟定档案信息安全的国家战略和规划；根据国家层面的战略和规划，各地区档案部门和各单位共同研究制定本单位的具体计划和规划，从而能够提升档案信息安全保障工作的精准度和科学性。加强危机管理意识，提升档案信息危机管理水平，最大程度地降低档案人员和档案信息的损失程度。建立健全档案信息危机预警机制和应对机制，提高全社会对档案信息管理重要性的认识，积极宣传和普及档案法律法规知识和档案安全意识，形成全员参与的局面。建立完善的危机管理法规制度，构建高效的危机管理机构网络，制订科学合理的档案防灾应急预案，从档案信息资产、档案信息所面临的安全威胁和安全缺陷等多个方面开展全面的分析和评估，同时加强对档案的备份、防灾的演练工作，及时完善安全的预警和反应机制。

充分把握档案业务工作的核心环节，是确保其顺利开展的关键所在。建立完善网络环境下的档案库藏体系，提高馆藏资源利用率，加快档案数字化进程。确保重要活动档案的归档和接收工作，有条不紊地收集已散失的档案资料，建立健全各项规章制度，规范管理行为，提高管理水平，使档案管理走上规范化、制度化轨道。做好电子化文件的实时归档工作，加强档案部门和信息化部门的双向沟通和合作，深入研究并提出档案管理的功能需求，真正实现文件和档案管理的一体化。确立仓库管理规章制度。做好对法律法规的登记和保护制度，确保知识产权和隐私权得到有效保护，同时利用好档案的实体化特性。

（三）法治保障

档案信息安全的法治保障是构建档案信息安全保障体系不可或缺的重要组成部分。我国的档案信息安全保障工作得到了有力的推进，要归功于《档案法》及其实施办法的有效实施。在我国档案信息安全法治建设的进程中，存在着一系列待解决的问题，这些问题引起了相关部门的高度重视。在我国社会主义市场经济条件下，需要从社会主义市场经济的规律出发，调整档案的相关关系，并在档案信息安全执法、档案信息安全立法等方面做出调整。在建设档案信息安全法制时，必须秉持民主参与、公正平等、奖励惩罚、安全保护、全面协调和创新发展等原则。完善档案信息安全保障法律法规体系，包括制定《档案法》、修改相关法律、发布有关规定和标准以及其他配套法规。在规范档案信息主体的活动、协调和解决各种矛盾、保障档案信息资源的安全方面，档案信息安全保障法规扮演着至关重要的角色，它不仅保护了档案信息客体的知识性和财产性，而且体现了广泛性的信息资源特征。加强档案信息安全立法工作是一项当前迫切的任务。

档案信息安全保障法规体系框架，根据不同的规范和标准，由多个独立的部分构成。在制定法规时，应当重点突出稳步推进、管理与发展并重、保证系统性和兼容性等方面，同时积极借鉴世界范围内信息安全法规建设的经验，及时对现有法规和规章进行清理和修订，并及时制定相应的法律和法规。以往的档案违法行为呈现出直观易懂的特点，容易被管理人员察觉，且采用的手段和方法相对简单。随着信息技术的不断发展和档案管理现代化水平的提高，传统的档案违法手段很难满足违法者的需要。因此，档案管理部门必须对档案违法现象进行分析研究，并采取切实可行措施予以解决。针对当前违法行为的新特征，加强档案行政执法在新时代的具体实施效果。

（四）标准保障

档案信息化安全保障体系的建立过程不仅仅需要重视技术，还需要建立起一个信息安全的标准，这也是做好档案信息安全保障的重要基础。档案信息安全标准在国家档案事业中具有十分重大的意义和作用。我国档案信息安全标准化建设正在稳步迈进，《中华人民共和国档案法》、国家档案局 27 号令《高等学校档案管理办法》等法律的正式颁布，使我国的档案管理工作更为标准化。因此，在当前形势下，我们必须加强对档案信息安全标准的研究和应用，以促进档案信息安全体系的构建与完善。通过积极争取国家有关部门的政策支持，结合档案部门的实际情况，参考国家层面的法律法规，制定符合档案制度需求的规章制度，从而对所有的用户和成员进行约束，来确保档案信息系统的稳定运行。目前，我国已经出台了一系列有关档案信息保密和网络安全方面的规定和要求。然而，我国的档案信息安全标准的水平还有待提升。

我国档案部门应当从国外的档案工作中吸取经验，深入研究并制定符合我国档案信息安全现状的体系，以确保档案信息的安全性。我国高校的档案管理部门应当从国外的档案管理工作中吸取经验，以制定符合我国国情的标准化体系内容。确立国家层级的档案信息安全标准体系，对于引领和强化档案信息安全标准化建设具有深远的意义。档案安全标准体系的构建必须以科学发展观为统领，全面贯彻《档案法》关于"依法治档"的精神，坚持以人为本、统筹兼顾的基本原则，体现系统性与可操作性相结合的要求。为确保档案信息安全标准体系的科学性、协调性、全面性、接轨性和前瞻性，必须遵循层次分明、结构合理、体系清晰、标准齐全的原则。档案信息安全标准体系是一个具有动态性和指导性的文件整体，由多个档案信息安全基础标准、管理标准和技术标准共同组成，最终达到满足信息安全要求的目的。

（五）技术保障

确保档案信息安全的关键在于深入研究和广泛应用先进的科学技术。档案信息安全技术在我国经历了一个全面发展的过程，档案信息安全技术已经超越了传统的"防"和"治"的范围，涵盖了应用安全技术、系统安全技术、网络安全技术、审计与监控技术、标识和鉴别技术、访问控制技术、密码技术等，展现了信息技术的广泛应用前景。传统技术与现代新技术相互融合、相得益彰，从多个层面共同构成了档案信息安全的屏障。

在系统的硬件建设方面，需要实现以下几个方面的要求。

首先，实现内外网的物理隔离。这就要求各单位要建立起内部网，并建立了相应的防火墙、防病毒软件等安全设备，确保网络系统能顺利运行。根据国务院及有关安全保密部门的网络安全规定，任何涉及国家机密的计算机信息系统，均不得与国际互联网或其他公共信息网直接或间接相连，必须实施物理隔离以确保信息安全。因此，必须对档案部门的内部网络和互联网进行严格的区分隔离，以确保内部档案信息的绝对安全。

其次，多子网关技术是当前被广泛认可的一种高效网络安全技术，可有效抵御各种攻击手段。它可以把一个复杂的系统分解成若干独立的子系统，将网络内部划分为多个不同安全级别的子网，实现一个网段和另一个网段之间的隔离效果。每个网段都有自己的防火墙来保护自身和其他网段的信息安全。通过这样的措施，可以有效地避免某个网络节点安全问题的扩大化。

第三，为了利用好交换机或防火墙，我们可以将所有 MAC 地址与客户端 IP 地址绑定在一起。一旦网络用户拥有了一个 IP 地址，防火墙系统将会获取到其具体的地址广播，并且防火墙系统中会出现 IP 地址和 MAC 地址，同时允许用户选择 IP 地址和 MAC 地址的绑定关系，从而限制 IP 地址只能在一个固定的工作站中使用，这不仅可以防止 IP 地址随意使用，还能够对 IP 地址进行管理。

第四，在选择档案网络设备时，应充分考虑各厂家不同型号之间，物理设备所具备的优势和弱点，以实现达到提升系统性能的效果。

在软件系统方面，需要实现以下几个方面的目标。

首先，我们需要借助一种高效的网络安全工具，定期对网络设备进行全面扫描，以确保网络安全。其次要建立一个完整、准确的档案网络安全系统，确保网络系统安全可靠地运行。该系统应具备对档案网络信息进行安全审计的能力，并自动生成日志，以记录档案网络的运行状态。此外，该设备还应具备对局域网服务器、客户端以及其他网络设备开展及时监控和监听的能力，同时还能够自动查杀局域网内的所有设备，确保网络安全。

其次，为确保档案系统的安全，应采用多种方式，如加密、动态口令、数字证书等进行保护，并采取多种措施保存好档案的数据，如果档案系统受到攻击，能够快速恢复。

为了确保档案信息和数据来源的准确性，我们需要建立一套跟踪机制，并采取相应措施进行管理。要加强用户与档案馆之间的交流互动和沟通合作。一旦发现危险的行为，档案系统应立即发出警报，并自动采取相应的应对措施，来保证信息的安全。同时还要做好备份工作，确保重要的档案数据不被破坏或丢失，确保档案数据和信息的完整性。

除了单一的网络安全产品，我们需要探索更多的解决方案，以达到长期稳定的效果。为了确保档案信息系统的安全，我们需要在防护措施的强度上实现均衡的效果，不能仅仅关注某一方面的提高，因为这样做只会导致后续出现其他的损失。因此，在确保系统正常运行的同时，还应重视整体的安全防护工作。为了全面提升档案信息系统的安全防护能力，我们必须实施一套较为完善的安全管理策略，重点关注"木桶"最脆弱的部位。

为跟上时代的步伐，我们应积极推进档案信息安全技术的不断创新和升级。尽快完善档案安全体系建设，加强档案信息安全管理，提高档案管理人员素质。我们应加大对档案信息资源建设中涉及安全问题的研究力度，提高档案信息安全技术水平。还可设立档案科学技术奖励基金，主动激励对档案技术作出卓越贡献的人员。

（六）人才保障

想要建设档案信息安全的保障体系，必须做好人才的培养工作。档案信息资源安全管理需要档案管理人员的共同努力。随着档案信息化的不断进步，社会需要档案信息管理人员不断提升自己的水平。树立现代人才观念，通过不同类型、不同层次的方式，积极推进档案信息安全人才的培养和教育。

提升档案信息安全意识是开展档案工作的前提。我们可以借助社会、学校层面的多种渠道，提高人员的档案信息安全意识。

第四章　我国高校档案数字化建设工作

档案信息数字化建设对我国高校建设发展有着十分重要的作用。本章节内容为我国高校档案数字化建设工作，依次介绍了档案信息的数字化、高校档案数字化研究、我国高校档案数字化建设工作体系。

第一节　档案信息的数字化

经济全球化和高新技术的发展是当前全球范围内经济和科技发展的两个重要趋势，这两大趋势改变了人们的生产和生活方式，让人们的工作习惯和生活习惯不断发生变化，社会也逐渐向着信息化的方向飞速发展。在当今社会建设过程中，经济全球化和高新技术发展相互融合，形成一股推动社会发展的强大合力。信息化建设是现代社会发展的主要内容，而在档案事业发展中，信息化发展是十分艰巨且必要的任务。档案信息化的前提是观念的更新、理论的指导和技术的支撑。由此可见，档案信息数字化建设是档案工作顺应时代发展的必然要求。

一、纸质档案信息数字化建设

纸质档案数字化的主要方式是通过扫描设备将纸质档案转化成数字文件，让档案信息以数字媒介的形式保存在电脑或者服务器中，并建立目录，与数字信息关联，便于查阅。纸质档案数字化的工作环节主要有纸质档案的出库、数字化处理、建立目录和数据库以及纸质档案的数字化加工和图像处

121

理等，以上工作完成后，还要对形成的数据信息进行验收，并移交入库。纸质档案数字化有助于档案管理工作的优化、提升数字化档案的使用效率，是档案工作适应社会的信息化需求的前提。

（一）当前纸质档案信息数字化建设问题

1. 数字化标准不完善

纸质档案信息数字化建设是一项综合性和复杂性特征的工作。从当前我国档案信息化建设工作情况来看，数字化标准仍然不够完善，且相对滞后。

数字化标准不够完善表现为档案信息管理系统中的一部分重要程序缺少实施标准，且不同地区的数字化建设进度有很大差别。纸质档案信息数字化工作中，只有电子档案的接收标准是统一的，而纸质档案移交和处理、数字化副本、数字化评估等具体工作却没有统一的标准。数字化标准的相对滞后表现为当前的数字化标准创建工作处于相对静止稳定的状态中，与数字化工作数量庞大的特征不相适应。虽然现有的数字化标准有较好的预见性，但是随着社会和技术的不断发展，标准也必然要进行相应的调整和修改，否则无法适应纸质档案信息数字化的工作实践。

2. 数字化面临安全隐患

纸质档案信息数字化过程中的安全隐患体现在信息安全、档案实体安全、外包安全等问题上。

信息安全和档案实体安全间存在一定的联系。档案信息安全涉及纸质载体的内容和数据内容的存储以及完整性。数字档案相较于纸质档案而言使档案工作更加便捷，但是也让档案更加容易被盗，信息泄露的风险上升；设备故障和软件更新都有可能造成数字档案丢失或损害。档案实体安全则侧重纸质档案材料的完整性和安全性，纸质材料保存不当就可能出现因纸张破损、丢失而导致的信息丢失。此外，操作不规范、质量验收工作不到位也会影响纸质档案的安全性和效益性。

数字化外包安全问题主要体现在以下方面：外包机构的工作人员在专业技能和素质方面可能存在一定的缺陷，他们的档案安全意识不到位；档案部门对保密资质不够重视，在数字化过程中忽视了安全保密工作，保密操作不严谨，忽视了网络中可能存在的安全隐患，以及涉密档案的处理不当等。

此外，内部监督也是保障档案数字化工作的安全的重要环节，若是档案部门内部的监督、控制管理体系不够完善，那么也可能导致安全问题的产生。

3. 数字化加工中的质量问题

数字化加工中的质量问题主要集中在目录数字化和全文数字化的过程中。目录数字化操作要严格遵守《档案著录规则》来规范著录信息、保证著录信息的完整，并在此基础上创建多级著录，否则纸质档案数字化工作的质量就会受到影响。全文数字化主要通过扫描、录入等方式完成，将纸质档案材料转化成图像资料。在这一过程中，成本因素、人员因素、工作质量因素和环境因素等都会对其产生影响。例如，档案部门只重视节成本，忽视工作质量；工作人员素质参差不齐，操作不合规范；监督系统不完善，难以发现工作中的问题等都会造成档案信息数字化工作质量下降。若出现问题后再进行补救和改正，就又会耗费大量的人力和物力，造成资源浪费。

4. 数字化中的法律问题

数字化中的法律问题主要涉及著作权、隐私权和法律效力三种。档案材料数量和种类繁多，其著作权和档案所有者的隐私权需要得到重视。档案部门通过网络技术生产出的文献资料如果涉及个人隐私就需要征求当事人的同意后才能公开。法律效力则是从档案材料的本质属性出发的，纸质档案数字化要保证其真实性和原始性，相关法律也对此作出了规定，纸质档案数字化处理和保存都需要遵循相关法律。法律也为数字化档案的管理工作提供了决策依据和保障。

（二）纸质档案信息数字化建设的基本要求

《纸质档案数字化技术规范》肯定了纸质档案数字化工作的重要性和必要性，并对纸质档案数字化建设提出了一些切实可行的建议。当前我国的纸质档案数字化工作尚处于探索阶段，虽然取得了一定的成果，但是也显露出了一些问题。因此，纸质档案数字化建设要以实际为基础，借用技术优势建设数字档案信息资料库，让档案收集和处理等工作深入发展，推进档案开发和保护工作的进程，在实际工作中进行精细化管理，提升档案工作的质量和效率。

1. 规范性要求

纸质档案信息数字化工作的基本操作是将纸质档案扫描电子文件并将其存储,形成具有一定体系的电子文件库。在工作过程中,规范性是最基础的要求。只有严格遵守规范才能保证数字档案信息的质量和效益。

纸质档案信息数字化的工作过程必须遵守数字化的相关规定,严格按照通用的工作标准完成工作流程。纸质档案信息数字化的主要目的是通过现代信息技术的应用让档案的信息存储和传播方式更加丰富。档案信息的服务对象并不是单一的,所以数字化工作的标准也应当取得各个对象的认同。只有这样服务对象才能顺利使用这些档案信息,不会因为文件的格式的问题产生阻碍。

2. 安全性要求

安全性是纸质档案信息数字化的重要因素。实施纸质档案信息数字化并不意味着纸质档案会被淘汰,相反,纸质档案原件依然需要谨慎保护,避免工作流程中对纸质档案造成损坏。

在数字化的过程中,很可能因为操作失误或者某些原因导致出现差错,如果数字档案信息出现差错或者被破坏,而纸质原件又没有得到相应的保护,那么档案信息就会流失,造成一定的损失。此外,许多档案信息除了本身的价值外还有一定的文物价值,所以必须对其进行妥善的保护。因此工作过程中必须重视安全性问题,在整个工作流程中,相关部门要制订严格的标准,建立完善的体制机制,保障纸质档案信息数字化工作过程的安全性。

3. 效率性要求

纸质档案信息数字化的过程中会涉及许多对象,也要耗费大量的时间和资源,因此必须保证效率才能减少各方面的成本。档案部门应当完善工作方案,尽可能减少因为方案漏洞产生的工作停滞。此外也要对纸质档案信息数字化工作进行深入研究,在此基础上不断优化工作方案,从工作流程、文件格式和档案存储模式等方面提高工作的整体效率。

同时,档案部门也要保障最后形成的数字档案和电子文件库具有高度的专业性,使其符合社会的要求。数字化是档案从纸质时代向数字时代过渡的媒介。由于纸质档案数量繁多,将纸质档案转化为数字档案并建立电子文件库的工作也十分繁重。但是当电子文件库建设工作基本完成后，后续的工作其效率会大幅度提升，专业性也会逐渐增强。纸质档案信息数字化的工作成果也会逐渐被社会各界所接受。

二、照片档案信息数字化建设

照片档案是档案信息资源中的重要组成部分，照片不仅能记录社会活动的真实场景，还能让人窥见历史发展中的真实景象。随着社会步入信息时代，传统照片在使用和存储方面都显露出了许多问题，已经无法适应时代的要求，因此如何改进照片档案的管理和使用工作就成了当前档案管理人员面临的重要问题。

（一）照片档案信息数字化背景

照片档案是指通过照片形式记录的个人、社会组织和国家机构参与社会活动的历史记录。照片档案具有极高的保存价值。现有的照片档案有传统照片和数码照片两种。对于企业的档案部门来讲，数码照片便于存储和使用，信息传递效率较高，但是一些传统照片已经经历了一定的岁月，其存储和检索都十分麻烦，因此档案部门须将传统照片档案进行数字化处理。

随着时间的推移，传统照片会逐渐出现褪色、渗化等问题。传统照片的保存对温度和湿度的要求较高，必须经常通风和翻动，否则就容易霉变和粘连。并且传统照片的保存和归档必须由人工操作，费时费力，同时需要很大的储存空间。此外许多内容相关的照片由于规格不同及存放条件的限制，必须分开存放，这就导致照片档案无法保证连贯性，对查找和使用造成不便。照片的使用过程中还可能导致底片损伤和污染，损坏照片上的信息。这些问题都让照片档案管理的工作难以高质量开展。

数字化的照片档案信息能够永久进行保存，而且数字化扫描具有很高的精度，扫描质量稳定。因此将传统照片档案进行数字化处理之后存入计算机硬盘、光盘和磁盘中，不仅利于传统照片档案的保护，还便于照片档案的使用，大大提高了照片档案信息的利用价值。

（二）照片档案信息的扫描输入及影响因素

照片档案的主要构成形式是图像，因此相较于文字信息档案而言，照片档案数字化的方式比较少，一种是通过扫描将传统照片档案转化为数字照片档案，另一种是通过数码相机拍摄照片，形成数字照片档案。无论哪种形式都必须要保证数字照片档案的准确性和全面性。而由于以下因素照片档案数字化往往比较麻烦。

第一，分辨率。数字照片的分辨率直接决定了照片档案的质量。照片的分辨率越高，图像就越清晰，存储所需的空间也越大。因此在照片档案数字化的过程中，工作人员要合理控制照片的分辨率，在存储空间一定的情况下，如果存储较多的照片，那么照片的质量必然要受到影响；如果过于追求照片的质量，那么能够存储的数量就必然会减少。

第二，色彩位数。色彩位数指的是图片的颜色数和层次，这也是影响数字照片档案的质量的重要因素。照片档案的色彩位数越高，图像就会越加清晰真实。例如，24 位的扫描仪能区分出 1 600 多万种颜色，比人类的色彩识别能力要强很多。因此要想保证照片档案色彩位数的完整，就必须使用相应的扫描仪。此外，如果使用数码相机进行拍摄，那么数码相机的质量也会影响最终图片的色彩位数，因此要拍摄具有数字化特征的照片时，工作人员就要使用比较好的数码相机。

第三，灰度级。灰度级指的是数字照片的灰度高度层次的范围，也就是图像的明暗程度和黑白两色之间的过渡能力。照片的灰度级越大，图像的展示层次也就越丰富。但是在实际工作中，档案工人员也必须合理对待灰度级的问题。因为要想形成较高的灰度级必然要投入更多的资源，例如扫描仪的灰度越高，整体的性价比就会下降。一般情况下，黑白照片档案扫描仅需 256级灰度级即可，而彩色照片档案扫描则可以采用 24 位真彩。

（三）照片档案信息的数字化储存与处理

随着计算机技术的不断发展，图像的储存格式也越来越多。不同的存储格式之间最明显的差异体现在图片压缩程度上。国内目前比较常见的图片储存格式有 PNG、JPEG、BMP 等。由于压缩程度的不同，一些压缩程度较高的图片格式仅能保存图片的关键信息而无法呈现图片的所有内容。

一般情况下，人们用肉眼观察并不能准确捕捉不同格式的照片档案间的差异。但是由于照片档案工作的要求，储存数字照片时仍要尽量使用无损的方式进行。

目前在档案工作实践中，数字照片档案的存储格式主要为 TIFF，这种格式的图像比较便于处理，且存储空间较小，且将其转化为其他格式的照片也十分方便，可以满足不同的照片档案使用需求。图像处理是照片档案存储工作中的十分重要的步骤。但是档案管理人员应该认识到，对图像信息的处理这一行为的目的是对某些照片档案进行处理和修复，而不是改变照片的本质，因此在过程中要尽可能保证不对照片产生损害。

具体而言，对于一些色彩失真的老照片，工作人员应通过校色功能对其进行处理，如果照片的清晰度不够，还可以采用一定的锐化功能。部分照片档案由于存储时间较长出现了一定的老化，工作人员就要在数字化的过程中对其进行修补和修复，然后再存储。

（四）照片档案信息数字化管理系统的建设

在照片档案数字化的过程中，配套的数据库管理系统必不可少，通过系统，工作人员能方便地对数字照片档案进行收纳和添加。具体而言，在建设照片档案数据库时，工作人员首先要将照片档案根据一定的划分标准进行分类，并添加上相对应的标签，其次根据不同的标签分别对其进行存储和保管。在将照片档案输入计算机的过程中，工作人员也要给每张照片添加标签，将照片的拍摄者、拍摄时间和地点等基本信息进行记录。在此基础上，照片档案的查阅工作才能高效又便利地进行，档案服务工作的质量也能有所提升。

三、录音录像档案信息数字化建设

新形势下，加快丰富档案资源体系建设、加强档案安全是档案部门抓好服务升级、战略转型的基础性、支撑性工作之一。传统录音录像档案（以下简称录音录像档案）作为声像档案的重要组成部分，是党和国家重要的档案资源，但是在过去的档案管理工作中，录音录像档案的保管与管理普遍不理想，对录音录像档案的保护工作相较于纸质档案而言仍存在许多问题，因此各级档案管理部门要重视录音录像档案的相关工作，并解决现存的问题。

（一）录音录像档案信息数字化建设面临的瓶颈问题

录音录像档案具有内容真实客观、生动纪实、声情并茂的属性，也有非直读性、易消磁、寿命短等特点。录音录像档案磁记录技术，是以磁性介质为载体，通过电磁感应相关技术将声音和图像转化成电信号，让电信号通过自身形成的磁场使磁性介质磁化，最终达成记录音像信息，并重复播放的目的。

1. 格式更新换代快、载体种类繁多

经过几十年的技术发展，录音录像带的种类也逐渐增加，经历了钢丝带、磁带、半导体的发展历程，如今已经发展出可模拟和数字载体。在发展历史中，由于行业标准不统一，各个厂商之间也缺少合作和沟通，导致许多录音录像技术和设备都是独家的，不具有通用性。随着技术的飞速发展，许多录音录像技术和设备纷纷被淘汰，因此许多应用这些设备录制的录音录像档案也就因为无法再播放而成了"死档案"。由此可见，录音录像格式不兼容、技术迭代速度快、播放设备老化和缺失等问题对录音录像档案数字化是十分大的问题。

2. 保管条件要求高、载体易损坏

录音录像带档案具有十分鲜明的特点，其优势和劣势都十分明显。例如，相较于传统档案而言，录音录像带档案能存储更多的信息，节省档案存储空间，且便于档案的传输和使用；但是录音录像带档案的载体十分不稳定，其寿命短且容易受外部因素的影响，因此对保存条件的要求比较高，很难进行长久的保存。此外，大部分磁带的带基和黏合剂都是高分子化合物，长时间的强光照射，尤其是紫外线照射，会让它们降解，失去原有的特性，磁带的老化也就更快。尘土污染也会让磁带的磁层产生磨损，使磁带记录的信息受损，在重放时就会出现信号跌落、噪声变大的问题。

一般情况下，质量比较好的录音录像带能保存 10～15 年，但是在保存过程中，磁带信号的自然衰减、磁粉脱落等问题几乎无法避免。此外，因保管方式和环境的问题也会缩短录音录像带的寿命，例如，周围温度过高或者摆放方式不科学就有可能导致磁带变形、发霉或者产生复印效应，导致重放信号出现问题。

3. 读取设备更新快、易老化淘汰

制作录音录像带时常用的基础材料是一种硬磁材料，通常被称作磁粉。磁粉在较强的外磁场作用下磁化才能饱和，而当外磁场消失后，磁粉上仍然会残留较强的剩磁，剩磁的大小是由外磁场的强弱决定的，外磁场越强，剩磁也就越大。利用这一特性，人们将话筒或者摄像机收集到的声音和图像信息（音频和视频信号）转化成了电信号，再经过放大器处理后通过磁头把电信号转换为磁信号记录在磁带上。而播放的过程就是使用一定的设备和技术将磁信号转化成电信号，再经由放大器处理，通过扬声器或者监视器便会呈现出声音或者图像。

随着科技的飞速发展，尤其是声像技术的迅猛发展，录音录像带的录制和播放设备更新换代特别快。在现有商业模式下，一旦推出新的产品，旧的设备就不会再进行生产，因此设备损坏后也就越来越难以修理。这也造成了声像档案的存储、保管和利用工作的困难。

4. 质量检查繁琐、耗时费力

除了上文所述的设备更新速度快的问题之外，录音录像档案相关工作还面临着需要定期进行人工倒带和播放检查的问题。录音录像带的保存媒介比较特殊，为了防止录音录像带的老化和粘连，档案保管人员必须定期使用播放设备进行倒带和试听试看，来检查录音录像带是否存在问题。这也是《磁性载体档案管理与保护规范》（DA/T 15—95）中明确规定的。但是这项工作任务量很大，并且在实践当中也会因为种种原因难以取得相应的效果。

5. 技术更新加快、不能有效衔接

模拟信号转换成数字信号的技术有很多，其核心技术是模数转换技术，与数字到模拟间的转换相反，模数转换过程一般有四个子过程，依次为采样、保持、量化和编码。在录音录像资料数模转换的过程中，如果希望保存清晰度较高的信号，就需要一张功能档次较高的音视频采集卡，如果只是录制普通的音视频档案信号则，只需要普及型的音视频采集卡。但是遗憾的是，由于早期的音视频档案因为技术的限制形成的图像质量比较差，设备的转换接口也无法与现代设备进行对接，因此，即便使用了在采集参数和数据信号等方面均采用较高技术的设备，最多也只能转换出高清质量的视频。

6. 标准出台不应时、操作缺乏遵循

2014 年，我国出台了《录音录像档案数字化技术规范（征求意见稿）》这份规范对录音录像档案中使用的音像设备、计算机配置和存储设备等硬件设施作了明确要求，对录音录像档案数字化工作中转换的技术参数作出明确规定，并针对文件的储存格式和方式提出了建议。此外，该规范还制订了较为科学的文件夹命名策略，并给出了相关工作的操作步骤，为档案工作人员的工作实践提供了参考。但是，声像档案数字化领域仍然缺少具有指导性的、可操作性较强的规范标准和操作规章。

7. 缺少专业队伍、资金缺乏

相对于传统的纸质档案资料而言，录音录像带档案属于"新型"载体的档案，其数字化工作需要专业的设备和技能进行制作、操作和管理。同时，录音录像档案数字化对硬件设备和软件设备的要求比较高，工作过程中需要录音录像机、音视频采集处理软件、采集服务器和磁盘阵列等设备的支持。但是现在很多录音录像机都已经停止生产，市面上也很难购买或收集到这些设备，尤其是一些设备还是广播级的设备，想要买到必然要花费很多的精力和财力。此外，其他的数字化设备的采购也需要很多资金。这对录音录像档案数字化是十分不利的。

（二）抢救与保护的对策

1. 建立完善录音录像档案抢救与保护相关标准规范，并认真贯彻执行

对于录音录像带档案数字化工作而言，相关标准和规范的完善意义重大。标准规范对于录音录像档案工作各方面的实践而言具有十分重要的指导和规范意义。因此各级档案行政管理部门应当以实际的工作需要为依据，在广泛调研的基础上制订出具有指导性、实用性、科学性和可操作性的标准和规范性文件。

2. 改善档案保管条件，加强保管环境基础设施的建设与投入

如今，档案工作已经逐渐受到各级政府、相关部门和社会的重视，其发展的社会环境也得到了改善，但是硬件设施建设落后、资金不足等问题依然十分显著。要想解决这些问题，各级档案部门就要积极主动采取措施推进档案工作发展，这样才能取得政府、党委和社会组织的重视与支持。此外，档案部门也要通过各种渠道筹集资金，加强档案工作基础设施建设，让档案的保管更加安全、更加专业。个别有条件的部门还可以根据国家现有的规范和要求，建设防磁档案库，以便于更好地保管录音录像档案。

3. 加强录音录像档案日常管理，延长档案寿命

录音录像档案的日常管理工作应当以国家的相关规定为标准，如《磁性档案载体管理与保护规范》（DA/T 15—95）；此外也要结合实际情况，并重点注意以下几点。第一，正确处理与保存录音录像档案。放置时，档案带应倒回引片处，将背面的"防误抹片"去掉，然后放入带盒中，要竖立存放。保管过程中工作人员要定期进行清洁，清洁过程中要小心不要直接触碰磁带内部的磁性层，以免造成损坏。第二，保持适宜的保管环境。根据国家的相关规定，录音录像档案的适宜保存温度是 15～27 ℃，适宜相对湿度范围为 40%～60%，在存放过程中，周围温度变化在 24 小时内不得超过±3 ℃，相对湿度变化不得超过±5%。此外录音录像档案的最佳保存环境条件是环境温度 18 ℃，相对湿度 40%。在保存过程中，录音录像带档案不能接受阳光直射，也不能受灰尘污染，磁性档案应保存在远离磁场的地方，不能在 30 奥斯特以上的磁场覆盖范围内。第三，定期倒带。在温度（18±1）℃，湿度 40%±5%的保管环境中，磁带档案每 3.5 年至少要重新缠绕一次，如果保管环境的条件不在适宜范围内，倒带的间隔应当适当缩短。第四，磁带档案如果从低温环境中移动到高温环境中，可能会产生"结露"（水气）的现象。此时磁带应当静置至少两个小时，让磁带恢复至室温状态之后再使用。

4. 加快推进录音录像档案数字化进程，加强档案抢救与保护

录音录像带档案载体的特性决定了这种档案无法长期保存，且技术的发展带来了新的录音录像档案保存方式，因此传统的录音录像档案必须进行迁

移。对传统录音录像带档案进行抢救和保护，最有效的办法就是通过数字技术将其转化为数字档案。录音录像档案的数字化一般有两种方式。一是自行开展数字化。这种方式在实际工作过程中对档案管理人员的专业技能、软硬件设备等方面的要求比较高，因此实施起来比较困难。二是外包。也就是档案部门将数字化工作外包给其他有相应资质的公司。这种方式对档案部门的资金要求比较高，适合缺少专业的技术人员和设备的部门。

在数字化过程中，工作人员要严格遵守《录音录像档案数字化规范》（DA/T 62—2017）的要求。

录音录像档案数字化的工作应重点注意以下环节。

第一，档案前处理环节。许多录音录像档案形成的时间较长，且管理人员在保管过程中也出现了很多失误，因此许多磁带档案已经产生磁粉脱落、磁带发霉、粘连等问题，造成音频或者视频的质量下降，甚至无法再进行播放。因此在数字化之前，必须对这些档案进行一定的前处理，以保证数字化工作的质量，达到保护档案的目的。前处理工作主要包括以下几点内容：磁带档案的常规检查，检查的内容包括此外的外观、磁带内容以及磁带的保管情况；问题的处理，一般的处理方法有除磁粉、除尘、去湿、倒带等；问题的修复，常规的修复内容包括磁带污染、发霉、变形、断裂等问题的修复。

第二，搭建数字化平台的环节。录音录像档案的数字化过程需要信息技术的支撑，因此档案部门或者相关公司要准备必要的硬件设备和软件，如播放还原设备（录音机、录像机）、非编采集工作站（包括计算机与非编采集软件）。

其中播放还原设备的选用应当注意以下几点：一是录音录像带档案的种类很多，规格也不尽相同，因此工作人员要根据磁带档案的型号来选择相应的录音机和录像机。二是播放还原设备的选择有一定的优先级，首选的是广播级设备，其次是专业级设备，最后是民用级设备。这三种不同级别的设备的区别体现在耐用性和信号质量上，三者之间的区别很大，因此要尽量选择优先级靠前的设备。三是尽量提升采集内容的质量。在工作过程中，工作人员要优先使用播放还原设备的采集质量较高的数据接口。视频采集接口中，优先级依次为数字接口、分量接口、S端子、复合接口；音视频采集接口中，优先级依次为数字接口、模拟接口。四是尽量选择新型设备。目前我国市场上的录音录像设备大多是二手设备，这些设备的使用和保养情况参差不齐，质量也很难保证。因此在实际工作中，工作人员可以选择一些型号比较新的设备，以减少过程中可能出现的问题，同时也降低了播放设备对磁带档案的损伤。

第三，数字化档案信息的修复环节。为了保证档案真实性和准确性，在采集到数字化的档案信息后，工作人员还要对数字档案信息进行保护性的修复，这项工作要建立在不损坏档案原貌的基础上，尽最大可能还原档案的原始内容。一般情况下，数字化录音录像档案信息的修复要借助非线性编辑软件或者其他的音频视频编辑软件来完成，这就要求工作人员具备相应的专业技能。

第四，数字化过程的安全性。首先，在数字化的过程中，工作人员必须对整个过程进行监督，如果发生绞带等情况，要及时停止播放，并采取一定的措施降低磁带档案的损伤。其次，在数字化过程中，工作人员要保证磁带档案处于"写保护"状态，也就是要保证磁带的内容不会因为失误操作被删除或者覆盖。再次，工作人员要尽量减少穿带和退带，也不要在播放途中突然进行快进和倒带，如必须要进行此类操作，应首先按下"停止"键，再操作。最后，如果播放途中发生断电等事故导致播放无法继续，工作人员不得强行取出磁带，应该等待来电之后再进行处理。此外，对录音机和录像机的定期保养也十分重要，这样可以减少录音机和录像机在播放磁带的过程中对磁带造成的损伤。

5. 加强业务学习培训，不断提高管理人员业务能力

首先，档案管理人员应当通过培训树立档案管理和档案安全的意识，提升自己对档案信息安全的重视程度，形成正确、科学的录音录像档案认知，并不断提升自己的专业知识和管理实践能力。其次，相关部门要不断对档案管理人员进行专业知识和技能培训，让档案管理者具备专业的理论知识和实践技能，并了解最新的档案相关技术，不断提升自己的专业素质和能力，更好、更专业地完成工作，充分挖掘录音录像档案的价值。

第二节　高校档案数字化研究

我国信息化发展战略实施进程的不断推进以及电子政务的发展让档案事业发展迎来了难得的发展机遇。档案信息化建设的深化是时代和社会发展的对档案事业发展的必然要求，是档案管理现代化的重要推动力，也是档案服务水平提升的重要途径。因此档案信息化建设势在必行。

一、关于档案数字化的简要概述

（一）档案数字化的含义

档案数字化指的是通过扫描技术、计算机技术、数字成像技术、多媒体技术、数据库技术和存储技术等将不同载体的档案信息转化为数字档案信息，以数字化的形式进行存储，通过网络相互连接，并通过计算机系统进行管理，形成一个结构有序的档案信息库，便于查阅和使用。档案数字化工作能实现档案资源的共享，这是档案信息化建设的重要工作。

目前我国许多档案馆的档案都是纸质档案、微缩胶片档案和底片档案，这些档案资料受限于传统的档案形成方式、管理方式和传播方式，只适合进行手工管理，传播也只能在点与点之间进行。即便是经过初步加工，进行编辑和印发后能够实现由点及面的传播，但是传播范围依旧太窄，不符合社会化发展的趋势。在此情况下，档案信息资源无法实现其价值，也无法适应现代数字化发展的趋势。因此我国必须要进行档案数字化工作，实现档案信息管理的现代化，让档案的使用和传播更符合现代社会发展的需求。

（二）档案数字化的作用

档案数字化的内容主要包含档案载体的数字化，如将照片档案、纸质档案、录音录像档案等进行数字化，建立起档案影像数据库或者多媒体数据库；档案目录的信息的数字化，建立起以档案目录为内容的数据库。档案数字化主要有以下几点作用。

1. 档案信息化建设重要内容

档案信息化建设的核心任务是资源建设。而资源建设中，档案数字化是其中最为重要的一项任务，也就是档案信息化建设首先要将现有的不同类型的馆藏档案进行数字化，建立起数据库系统。

2. 有效地保护档案原件

档案数字化能让数字档案资源代替档案原件的使用，有效保护档案原件。原始档案的数字化副本能够异地保存，然后输出磁带或者磁盘进行永久保存。这样，既使发生天灾人祸，档案资源也不至于遭到巨大的损坏。此外档案数字化的过程中还能对部分原始档案材料中发生的模糊褪色、污损、残缺等情况进行修复，这也是保护档案的一种的方式。

3. 改善档案的利用方式

在传统档案管理工作中，许多档案文件只有一份，在使用时会受到诸多限制。而数字档案信息能够通过计算机网络进行传输，让档案信息既能同时分享给所有需要使用的人，也能跨越地域进行调用。由此可见，档案数字化让档案的利用空间和范围都有所扩大，让更多的人了解和使用档案成了可能，能让使用者可以随时随地使用自己需要的档案文件。如果将已经公开的档案放在网络上，能为更多的人提供档案服务。

4. 传统档案馆走向数字档案馆的必经之路

进入 21 世纪，档案馆的建设发展方向是建设数字档案馆。尽管当前数字档案建设尚处于对具体结构、组织形式和管理模式的摸索当中，但是档案的数字化工作依然是必定要完成的工作。

二、高校档案数字化建设实施

随着信息技术的不断发展及其应用领域的不断延伸，高校发展的各方面也在逐渐向着信息化的方向发展，高校的教学方式、教研工作、档案管理和人事管理等工作也逐渐走向信息化和数字化管理，并脱离了对纸质资料的依赖。档案管理是高校管理和建设工作的重要组成部分。但是高校档案数字化的进程中依然存在许多问题。

（一）高校档案数字化建设的内涵及具体内容

高校档案指的是高校的各种以文字、图像、声音和影像等形式为载体的历史记录。高校在招生、科研、教学和管理等活动中都会形成大量的档案资料，这些资料对于学校、学生和社会而言具有很高的保存和利用价值。

高校档案数字化就是利用计算机技术，通过数据采集、读取、存储、传输等手段对传统档案进行数字化的工作。高校档案数字化是高校档案信息化建设的基础，这一过程不仅将档案转化为数字化资源，也体现了高校档案管理在理念、方式、技术和手段方面的革新。

1. 馆藏档案的数字化

馆藏档案数字化也就是将现有的档案进行数字化转化，具体是指通过多媒体技术、扫描技术等将现有的传统档案资料转化为二进制的数字资料，并以数字的形式记录到光盘或者磁盘中。馆藏档案的数字化是高校档案信息化建设的基础工作。

2. 高校电子档案收集工作

随着高校办公自动化的不断深入，高校在日常工作中也产生了许多电子文件，对这些文件进行归档也是高校档案资源信息化建设工作的重要组成部分。具体而言，学校各个部门的电子文件可以直接通过网络传递给档案部门，让其进行归档。

3. 建立数字档案数据库

档案数据库实际上就是大量数字档案形成的集成管理系统。档案数据库系统包括档案目录数据库、多媒体数据库、光盘数据库、档案全文数据库。高校进行档案数据库建设主要就是使用现有的高校档案管理软件，以"互联网＋档案"的形式进行档案管理工作，为学校师生职工提供档案服务，实现档案的共享。

（二）数字化档案信息服务的特点

1. 服务性

档案数字化不仅对国家档案事业的发展有积极影响，也提升了企事业单位经营和管理工作的效率，此外也让接触档案管理工作的人员转变了工作意识。档案数字化提升了档案信息服务的质量和效率。在此背景下，档案工作人员要树立服务意识，利用新的技术和数字化档案系统提供高质量的服务，提升档案信息的应用价值，让档案在服务过程中创造更大的效益。因此档案数字化工作要建立在服务性的基础上，并在此前提下开展相关工作，利用先进的信息技术改革档案管理模式，夯实档案信息服务工作的基础，将档案的作用发挥出来。

2. 数字化文件流转

档案数字化让档案管理不再依赖人工，计算机成为了档案信息管理的重要工具。在档案信息的搜集和整理工作中，工作人员通过操作计算机就能获得各个部门的信息，并在单位内部的信息系统中完成信息的流转和整合，实现数字文件的统一管理。在实际的档案管理中，部门可以以数字档案的产生、运输、保存和使用等为核心建立工作模式，并建设数字档案室，从而提升档案信息的收集效果，为后续的档案数字化信息服务提供支撑。在此过程中，工作人员也要注意档案的真实性与全面性。数字档案室的建设可以让档案工作与单位的信息系统相融合，让档案信息服务更加便捷。

3. 档案信息载体的兼容性

档案数字化的过程中，信息载体的兼容性十分重要，这也是档案信息实现共享的前提。如果数字档案信息的载体之间有很大的差异，且保存方式难以统一，那么档案信息服务就会受到消极的影响。由此可见，档案数字化信息服务必须要建立统一的档案信息载体标准，以实现不同信息之间的载体的兼容。

4. 服务模式便捷性

数字化档案信息服务能够提供便捷的档案服务。数字化档案室建设要以用户的需求为出发点进行设计和建设，在使用过程中简化信息检索流程，提升档案信息使用效率。与传统的档案管理模式不同，数字化档案信息服务能简化管理流程，为用户提供更为简单、便利的服务。在档案信息服务发展过程中，档案管理人员要时刻遵守便捷性原则，并对管理和服务进行创新，以此提升档案信息的使用效率。

137

（三）高校档案数字化建设的影响因素

在以往的发展过程中，我国高校档案数字化建设已经获得了一定的成果。数字化档案资源的开放工作也在逐渐进行。高校档案数字化的进度在不断加快。但是由于各种原因的限制，各大高校的档案数字化建设依然存在一定的差距。

1. 资金投入

档案数字化建设是一项工作量巨大的工程，对技术、专业人才和专业设备的要求也比较高，因此高校需要购买专业设备、更新软件系统、维护档案数字系统、对档案管理人才不断进行培训。这些内容都需要大量的资金投入，因此高校也必须在档案数字化建设工作中不断增加投入。

第一，在硬件设施方面高校要加大资金投入。高校的档案资源数量庞大，需要存储的档案资源也很多，因此高校必须要建立一个容量足够大的服务器。档案管理工作需要较高的保密性，因此在网络安全和软件系统防御等方面也要加大投入。第二，无论是软件还是硬件都需要定期进行维护和更新，这项工作也需要持续不断的投入资金。由此可见，高校的档案数字化建设对资金投入的要求极高，资金不足会严重制约高校档案数字化的工作的推进。

此外，由于部分高校的历史较长，校史资料庞大，其数字化工作仅靠高校的档案工作人员难以完成，因此需要扩大档案数字化人才队伍，或者将数字化工作外包，但无论选择哪种形式都需要很大的资金投入。

2. 人才队伍

高校档案资源的数字化是档案数字化建设的基础工作，缺少专业的人才队伍是很难进行这项工作的。只有打造一支具备较强的专业性和较高的综合素质的人才队伍才能保证档案数字化建设工作的顺利进行。具体而言，高校档案人才队伍建设体现在两个方面，一是档案数字化建设需要大量的具有档案专业知识和计算机技术的复合型、应用型人才，二是人才队伍的能力结构和年龄结构必须要合理，否则高校的档案数字化建设在未来必然会受到影响。

3. 数字化标准和法律法规

制度、标准和规范是所有工作顺利开展的前提。高校档案数字化建设是一项非常庞大的工作，尤其是在信息时代，高校在日常工作中会产生大量的电子文件，因此高校档案数字化工作必须要依照相应的标准和法律法规。高校的档案数字化建设工作要想具备前瞻性就必须要有统一的、完善的标准和法律法规实施细则。

各高校使用的计算机服务器、管理软件等各不相同，因此软件的适用性和通用性将对高校档案数字化工作造成一定的影响。各种型号的计算机之间兼容性较低，设备的质量也参差不齐，这导致了档案数字化工作中使用的软件和硬件，以及编码标准不能统一，进而妨碍了信息的交流共享，不利于高校档案数字化建设。因此高校必须要在档案数字化工作的筹备阶段就考虑到兼容性的问题，形成统一的标准和法律法规实施细则，这样才能为以后工作的顺利开展奠定基础。

此外，在国家政策方面，针对高校档案工作的法律和政策体系尚不完善。自2001年以来，我国发布或修订了10多项国家标准以及60多项行业标准，但是这些政策很少有针对高校档案工作的，所以高校档案数字化建设亟须有针对性和可操作性的标准和法律法规来指导工作实践。

4. 安全隐患和风险挑战的应对能力

在保护方面，数字档案和传统档案之间有很大的差距。传统档案的保护主要注意事项在于防火、温度和湿度的控制、光照的控制等方面，将这些相关因素控制好就能有效保护传统档案，具体的工作对档案工作人员而言也不复杂。而数字档案信息的保护要求较高，除了要注意以上因素之外，还要做好数字档案信息的安全防护，因此档案工作人员要具备设备故障检修和排除、应对病毒入侵和黑客入侵等相关知识。数字档案信息面临的风险主要来自两方面，一是物理风险，例如设备损害、设备故障、自然灾害等，这些问题都会导致存放在设备中的数字信息损毁，甚至带来毁灭性的损失。二是技术风险。数字档案保护对工作者的技术要求很高，由于高校自身条件和环境的因素，大多情况下工作人员的技术水平都不能满足要求，因此当出现数字档案信息技术风险时，他们也无法及时应对，这会导致信息面临病毒侵害，造成档案被篡改、损坏、遗失等问题。

（四）推动高校档案数字化的意义

步入 21 世纪，信息产生的速度也越来越快，社会进入了信息爆炸的时期，随着信息技术的不断发展以及互联网平台应用的不断延伸，信息化和数字化几乎成了社会发展的必然趋势。而高校档案数字化对于高校的建设发展而言意义也十分重大。

1. 有利于更好地保护档案原件

高校档案对于国家和社会而言十分宝贵，在高校的档案中存有很多高校创立之初便一直保存到现在的历史资料和教学、科研的相关资料，这些资料不仅能让人们对历史有更加深刻的认知，还能为高校现在的发展提供思路和借鉴。由此可见，高校档案资源意义重大，一旦遭到破坏或者丢失，对于国家和社会都是十分遗憾的损失，对于高校而言，校史的记录也将出现断层，相关的文化记忆也将消失。因此在高校档案工作中，保护原始档案文件，尽力延长其寿命是非常重要的工作。传统档案管理的实践中，档案多以纸质的形式储存着，部分已有很长历史的文件由于保护环境和技术的问题，经常出现纸张泛黄、变脆、残破、字迹逐渐模糊等问题。对于这些档案，每一次查阅利用都是对其的损害，会进一步加剧其问题。

而数字档案的出现和使用有效减少了对珍贵档案的损伤，让档案资源永久保存成了可能。在查阅时，用户只需从电脑上登录档案管理系统即可查阅电子档案，既方便又高效，且不会对原始档案产生破坏，这样原始档案就能得到有效的保护，延缓其老化和破损。此外，电子档案不会因为年代问题就字迹模糊、图像不清晰，有效保证了档案的真实性和有效性，因此它和原始档案具有相同的效力。

2. 促进部门立卷制度的实行

随着高校招生规模的不断扩大，高校的职能部门也越来越多，规模也逐渐变大，在日常教学和工作中就会产生越来越多的文件材料。在传统的档案管理工作中，针对这些材料一般使用传统的立卷方式进行归档，各单位所有的材料都在年终汇集到档案管理部门，这会导致材料散乱、庞杂、数量极多，给其整理工作带来了很大的麻烦，且在整理过程中也容易出现文件丢失、损毁或者不全的问题。此外，对这些文件的分类和归档仅凭借档案管理人员的主观判断进行，因此分类立卷标准模糊，由于档案人员对各部门的工作并不熟悉，在分类时也常常难以判断，且无法准确判断资料的价值和保管期限。这对于档案管理工作而言也是一大障碍。

档案信息化管理实行以后，所有的数据都可以通过档案系统或者网络来进行收集。各部门也能根据本部门的归档范围将产生的文件信息通过网络或者系统进行归档。档案管理人员则能通过系统随时更新档案数据和归档工作，这样既减少了归档工作量，也有效防止了档案资料的遗失，让档案的整理和利用更加高效。通过档案数字化系统，部门立卷制度也能有效落实，档案管理人员只需要对整理好的档案进行编号，整理上架即可。

3. 拓宽档案部门管理职能

随着大数据时代的来临，计算机网络技术的应用也不断深化，社会各界对计算机技术的应用也逐渐广泛且深入。档案的编目和鉴定工作也不再仅针对实体档案本身，而是扩展到文件背后的使用价值上。这就要求档案管理人员要对文件的形成过程进行深入了解，充分分析系统信息与形成文件的各个相关文献之间的关系，对文件的意义和价值进行挖掘和分析。档案部门不仅是文件的管理者，也要参与文件的形成过程。由于信息技术的不断发展，信息传递的时空界限也逐渐不再存在，数字化档案也成了真正的"无墙界档案"。档案管理工作也被赋予了新的价值，从原来的实体档案库房管理逐渐发展成为能够提供信息共享和信息服务的管理。由此，档案管理部门的职能也得到了拓宽。

4. 提升档案管理工作效率

高校的档案中有关于学校发展各个阶段的相关历史的记载，且汇集了大量的教学经验和教学成果，长久以来学校的行政管理经验也蕴藏于其中。传统档案大多以纸张为媒介进行存储，由于数量庞大，所占的空间也十分庞大。档案人员的主要工作就是接收、整理大量的文档，并对其进行立卷归档，做好保管措施，便于今后查阅，这些工作十分烦琐，工作强度大，重复性强，费时费力，易导致了档案管理工作效率极低。档案数字化建设能够将计算机技术和先进的档案管理软件应用到档案管理的日常工作中，将传统档案数字化后，再利用档案管理系统就能轻松进行文件整理、立卷、鉴定和利用等管理工作，有效提升了工作效率，且让整个工作更加地有序化，减轻了工作压力。

5. 有效促进档案资源的利用与共享

利用数字技术，不同载体的档案信息都能以数字化的形式存储于计算机服务器中，通过互联网技术，档案信息就能实现高效利用和快速共享。档案信息数字化能够突破时间和空间的限制，让用户通过计算机网络随时查阅所需档案。由此可见，数字化档案能够将网络的优势充分地发挥出来，提升了档案服务效率和服务质量，加深各界、各地区之间的档案共享，扩大了档案的使用和共享范围。由此可见，档案信息数字化能够满足档案使用者的多样性需求，为用户提供更为便利、更为高效的服务，从而促进档案信息共享的进程，提高档案利用效率。

（五）高校档案数字化发展面临的主要问题

1. 硬件和软件设备缺少投入

高校档案管理数字化工作，尤其依赖硬件和软件设施，缺少相应的软硬件，这项工作就难以开展。具体而言，档案信息数字化的过程要在良好的网络环境中进行，以保证信息能够稳定进行保存和传输。但是目前许多高校的网络并不能达到要求，并且由于某些原因，许多硬件设施都已经老化且没有进行及时的更新，这也就导致信息管理系统软件难以进行大容量信息的传输。此外，高校所使用的许多软件都比较落后，无法为工作人员提供系统支撑和信息处理的技术支撑，身份识别系统、信息共享系统更是难以实现。由此可见，软硬件设施方面的不足严重阻碍了高校档案数字化建设的发展。

2. 管理规范和标准体系不统一

由于自身的发展原因，高校档案管理并没有统一的体系和规范，这也导致各校档案管理工作的发展情况各不相同。档案数字化管理对于共享安全性、操作技术等的要求较高，因此，管理必须要建立在统一的技术支持、工作规范、管理体系上。否则档案信息的共享将很难实现。但是从现实来看，高校的档案管理工作并不能满足以上条件。这就导致档案信息数字化的速度在各个环节都难以提升，整体进度缓慢。由于各高校的技术和工作规范并不相同，档案数字化进度也就不一致。而制度建设不健全则导致了高校的管理体系不够健全，缺少科学的管理制度和管理理念。

3. 缺乏专业性人才

档案信息数字化对工作人员的知识和技术要求比较高。因此工作人员既要具备科学的档案管理实践知识，也要熟练使用现代信息技术。此外对于高校档案数字化建设工作而言，人才队伍建设也十分重要。目前，我国大部分高校的档案管理团队都无法满足档案数字化的要求，工作人员缺乏相应的专业能力，因此工作效率低、工作质量也无法保证，这严重阻碍了档案数字化的进程，也无法提供适应时代需求的数字档案服务。缺少专业工作人员也导致了高校档案管理队伍整体素质较低，不利于档案信息数字化的专业化发展。

4. 安全意识薄弱

档案信息数字化建设对于高校而言是对发展十分有利的工作。但是我国高校目前普遍还未对其重要性形成正确认知，忽视了档案信息数字化建设。此外，高校档案有一定的保密性，因此高校在档案使用和档案重要性的宣传上也有很大不足，教师和学生都意识不到档案的重要性和利用价值，因此档案部门在高校内也成了不受重视的部门。管理人员由于缺少专业知识和管理意识，对于电子文件的安全意识也不到位，在管理和使用过程中容易产生安全隐患。具体而言，档案信息在网络中进行传播和共享时，档案系统容易受到非法入侵，文件查阅的保密意识不够，容易产生重要信息或者隐私的泄露。

第三节　我国高校档案数字化建设工作体系

一、关于建设数字化档案安全体系的建议

（一）建立完善的数字化档案监管制度

在档案管理机构内部，必须要建立起完善的监管机制才能确保档案数字化建设过程中不会产生安全问题。具体的监管制度建设要从以下几个方面进

行考虑。首先，机构要对不同人员的管理和调阅权限进行明确，并通过身份认证、生物识别等安全技术确保相关工作人员的真实身份与系统中的管理权限相对应，防止有人越权查阅档案，或者泄露机密资料。其次，机构要重视对数字档案系统的监管与预警功能的完善和升级，让档案的路径被清晰记录下来，并加强对保密档案的监管，一发现保密档案出现异常状态，系统能及时发出警报并进行处理，确保保密档案不会泄露。

（二）强化档案管理人员的保密意识

如今，许多人对档案管理工作的意义的认识依旧不到位，甚至许多档案管理人员自己也是这样，因此在实际工作中难免会轻视管理工作，保密意识不到位。对此，相关机构要对档案管理人员进行培训，让员工掌握档案管理的规定和工作流程，规范档案管理者的日常工作行为，增强其保密意识。

（三）保障档案资料的存储安全

档案资料的存储安全涉及两个方面。第一，机构要定期对硬件设施进行检修。计算机等设备在运行较长时间时容易出现故障。因此档案机构要定期对其进行检修，对发现的故障要及时进行修理，确保设备以最好的状态运行，防止因为设备故障导致档案资料丢失。第二，档案管理机构要及时更新存储技术。目前随着云技术的不断发展，云存储技术已经逐渐成熟，并应用到各个领域。档案管理机构也应当恰当地使用云存储技术，云存储不再依赖于物理的空间存储，也不再依赖高配置的计算机硬件设施，调阅起来也十分方便，此外还能有效降低数字档案存储的安全风险，且具有节省成本的优势。

（四）强化档案管理系统安全防护能力

第一，设置防火墙。目前计算机领域最常用的安全防护技术就是防火墙技术，因此为了提升数字档案系统的安全防护能力，档案机构也要设置防火墙，来避免数字档案管理系统遭受攻击或者入侵。在实际工作中，防火墙有很好的防护作用，首先，防火墙可以将安全风险过滤，有效防止系统受到攻击；其次，防火墙可以将一些容易隐藏攻击的服务禁止；再次，防火墙可以控制系统的访问权限，禁止外部访问；最后，防火墙还能形成系统访问记录，以供管理人员查阅，排除异常访问。

第二，加密技术。数据加密技术从本质上来讲就是将数据信息的形式进行改变，将需要保护的信息伪装成另一种信息，让未授权的用户无法进行读取。对于一些需要保密的档案，管理机构可以使用加密技术对其进行保护，这样即便数据被盗取，盗取者也无法读取其中的信息。

第三，入侵检测。通过入侵检测技术，管理人员能够发现某些意图对系统进行攻击的行为，从而降低系统被攻击的风险。它的运行逻辑是按照一定的安全策略对系统的运行进行监测。

第四，权限设置。目前常用的访问数字档案管理系统的方式是账户密码登录，这也是系统的基础安全防护措施。但是账户和密码都有泄露的风险，这些一旦泄露，就有可能造成档案信息的泄露。因此档案机构可以尝试使用动态口令验证、人脸识别等技术提升系统访问的安全等级。此外，对于不同的访问账户也要设置不同的权限，这样也能有效防止因账户密码泄露引起的安全问题。

二、高校人事档案数字化建设工作

（一）加强高校干部人事档案数字化建设的原因

对于高校人事档案数字化建设而言，干部人事档案是十分重要的档案资源。高校管理工作离不开干部人事档案的支撑，因此加强高校干部人事档案管理，推进干部人事档案数字化建设十分有必要。

1. 高等教育信息化发展的需要

随着信息时代的不断发展，教育信息化已经成了高校发展的重要趋势，高校也必须以信息化发展为方向进行探索和研究，高等教育信息化建设的任务很重，在此过程中高校要进行很多工作，例如科研工作的信息化建设、档案的信息化建设、教学工作的信息化等。高校干部人事档案信息化建设也是其中一项非常重要的工作，这项工作有利于高校的行政管理工作发展，也有助于高校整体的改革。因此高校要加强干部人事档案数字化建设。

2. 高校管理现代化、信息化与效能提升的需要

随着互联网技术不断的发展，高校管理效能的提升也必须要依赖信息化和数字化技术。高校管理工作的现代化和信息化过程十分漫长，期间要做的工作也十分复杂，因此需要学校各部门、各方面的信息化作为支撑。由此可见，干部队伍管理的信息化是高校整体管理工作信息化的重要部分，而干部档案信息化管理则是干部管理信息化的重要环节。因此，干部档案数字化建设是高校管理提高效能的基础和前提。

3. 高校档案建设、立德树人工作任务完成的需要

高校的档案建设和立德树人工作需要长期坚持，互联网时代，信息化与数字化让高校的这两项工作迎来了发展的机遇，信息技术的应用也让高校档案建设和立德树人工作有了长足的发展。可以说，高校档案建设和立德树人工作如果不能进行信息化和数字化改革，就无法适应信息时代社会对高校的新要求。

（二）高校人事档案数字化建设工作方法

1. 重视人事档案线性化建设

（1）开发标准化管理软件

人事信息管理对高校而言十分重要。因此高校要定期组织教职工进行学习，为人事档案信息化建设奠定基础。人事档案管理信息化是高校长期的发展战略之一。通过学习，高校不同部门的职工和教师能认识到人事档案信息化建设的意义和作用，并做好长期进行档案信息化建设的准备。系统性的档案工作是高校管理水平提升的支撑，在此基础上，高校还要开发相应的自主软件，为人事档案信息化建设提供动力。

（2）成立专项督导小组

高校在管理过程中要加强监督和对具体环节的监管，避免档案信息管理整体出现方向上的问题。在此方面，高校除了通过培训提升相关人员的重视程度外，还要建立专项督导小组，通过系统监管对档案信息管理进行监督。具体而言，督导小组要合理安排和调配软件开发人员，安排资源收集工作，主持资金的拨付。

（3）学习认识档案管理新理念

高校的档案管理工作既要有一定的私密性，也要提供公共服务。这两者之间的协调就需要高校人事档案管理人员要形成专业、先进的人事档案信息化管理理念。这就需要档案管理部门加强档案工作的宣传，让高校教职工都能对人事档案的重要性和实际价值有所认知，发动全校师生配合人事档案管理人员进行人事档案数字化建设，这样的措施也便于档案管理人员后续利用这些资源为师生提供服务。

（4）建立定岗定责的岗位责任制度

在实际管理工作中，高校要建立起相应的责任制度，定岗定责，将责任落实到人，培养管理人员的专业性，使其严格依照标准进行电子资料归档和人事档案信息化工作，将监督管理工作立体化、常态化。行政管理人员应当通过逐级把关的方式对已经上传至系统的人事档案进行管理，保障电子文件的完整性和安全性。在这项工作中，人事部门应当承担主要责任，以档案的功能性为主导，围绕人事档案资源，建立起人事档案公共服务体系，其他相关部门需要时使用这些资料时，人事部门也要尽力提供帮助，让整个人事档案信息化服务管理体系更加科学、合理。

2. 建设现代化的档案管理人才队伍

（1）开展联合式培训

建立人才队伍的首要工作是对人事档案管理人员和教职人员进行有针对性的定期培训。例如，高校可以邀请档案管理技术人员对高校档案管理人员进行技术培训。高校的人事档案信息化管理在理念和技术上均与社会上比较先进的企业和行政单位有所差距，因此邀请他们的人事档案程序员或者人力资源管理专家对高校相关人员进行培训能有效提高高校的人事档案管理人员的专业和技术水平。此外高校也可以组织自己的档案管理人才到这些企业或者机关单位中进行学习，让他们在实践中学习先进的技术，以改变自己的工作理念，提高自己的工作能力。

（2）拓展人才招聘与培养渠道

招聘高质量人才是组建专业的人事档案管理团队的又一方式。与此同时，高校要制订相应的薪酬绩效激励政策，优化人才晋升渠道，这样才能提升高校人事档案管理团队的素质和能力。此外，对于人才的培养也是必不可少的。随着社会和科技的不断发展，高校对档案人才的要求也必然向着综合素质的方向发展。也就是说，高质量的档案人才必然是既具备档案数字化技术，又了解人事档案管理的相关知识，在工作中仔细认真、性格沉稳诚实的全面型人才。高校的人才管理也必然要以人才的综合素质为主要衡量标准，在对人才的晋升考查中对其各项素质进行分析和综合，然后再做决定。

（3）提高性能细化档案管理与日常工作的粘合度

在数字档案建设过程中，高校要提高全体师生和职工对数字化的意识，要通过系统性的培训让教职工的工作和业务办理能力不断提升，强化档案管理的意识，能够自觉在工作和教学过程中将形成的资料上传到档案系统中，并时刻注意档案的安全性和保密性。此外，在使用数字化档案时，教职工和学生也要时刻注意档案的保密，加强自己的责任感和政治感，充分尊重他人的隐私，保护自己的隐私，避免信息泄露。

3. 提高档案管理系统的安全性水平

高校人事档案具有特殊性，其中大部分涉及他人的隐私，因此在管理过程中，工作人员要充分认识到人事档案的隐私性，尊重他人的隐私，并规范自己的工作行为和流程，重视保密工作和安全工作，让整个档案系统顺利运行。

（1）增加安全防护与管理软件

在数字化人事档案管理系统中，安全防护与管理都十分重要，高校可以根据自身的实际情况和相应的管理标准设置登录前的系统识别。目前市面上较为先进的登录识别方法有密码识别、指纹识别、人脸识别等，此外高校还可以使用视频技术添加固定的访问二维码或者条形码，让用户的登录行为更加安全。在软件应用前的测试阶段，技术人员要进行多重试错实验，以此找出系统的安全漏洞并进行修补，及时排除错误的登录指令。

（2）严格管理人事档案信息系统的访问权限

技术人员要针对每个身份信息的管理权限进行立体化的设计。例如，行政人员的权限是一级权限，人事管理人员的权限要稍微低一些，可以设置为三级，普通教职工则只有五级权限。通过这种访问权限的设置，工作人员就能对重要的人事档案信息进行加密处理。加密的方式还有很多，如密钥加密。如有必要，高校也可以购买第三方的资源来对档案进行保护。

（3）严厉打击非法访问与入侵行为

在人事档案数字化系统中，工作人员还要使用日志管理的办法对访问用户做出限制，并记录访问用户的信息、访问者的操作等行为，对异常的行为进行跟踪。如果发现非正常用户，工作人员也要及时对其进行阻拦。人事档案管理人员应当形成动态的安全管理理念，在日常工作中重视工作规范和流程，规范自己的工作行为，提高人事档案管理工作的安全性。

三、高校学生档案数字化建设工作

学生的档案信息记录了学生的成长和受教育的过程，是学生的重要信息，对学生今后的学习、工作和生活都十分重要。因此学生的档案信息建设对于学生的教育生涯而言十分重要。学生的档案记录了学生在学习过程中取得的成绩，以及各种信息的变化情况，反映了学生的成长经历，具有真实性的特点。随着学生信息的不断增加，学生的档案信息也越来越多，传统的档案管理模式显然已经无法适应当前学生档案信息的特点了，随着科学技术的不断发展，学生的档案信息也要采用新的方式进行存储和管理。信息技术的发展和应用带来了档案管理的数字化和信息化，因此高校人事档案管理要充分利用信息技术，发挥数字技术的优势，推动档案管理工作的发展和高校本身的发展。

（一）高校学生档案数字化建设的意义

1. 规范学生档案工作走向依法管理

高校学生档案管理工作以往的发展不尽如人意，且地位比较尴尬。高校对学生档案管理工作缺少指导性的规范和标准。学生档案一旦拆开、丢失，产生的问题往往没有办法进行解决。推进学生档案数字化工作就能很好地解决这些问题，例如，数字学生档案记录了档案的最原始的信息，通过与纸质档案的对比就能发现档案是否有涂改等问题。电子档案的使用也让学生不必接触纸质档案，有效避免了拆开、丢失等问题的出现。让高校学生档案管理工作更加规范、高效。

2. 助力高校学生档案工作走向开放

对大部分学生而言，学生档案是十分神秘的，虽然各个高校都在积极进行有关档案的宣传和教育工作，但是因为宣传知识都集中在比较浅显的内容上，所以学生们对档案的了解还是不足的。2015年，我国教育部和国家邮政局以国家保密局的相关规定为指导，共同商定后确认："大学生档案"不在国家秘密载体范围内，各级机构要停止对各类"大学生档案"的收寄。由此可见，学生档案管理要积极寻求突破传统档案管理模式的方法，通过数字化技术让学校、用人单位和学生个人更清晰地了解学生档案的构成，让学生档案的格式和形成过程更加规范，体现的内容也更加全面，从而让学生档案管理工作逐渐走向开放。

3. 力推高校学生档案工作走向现代化

长久以来，学生档案工作的传递和管理依然采用传统模式进行。但随着信息时代的到来，信息技术不断发展并应用到社会各界，传统的档案管理模式已经无法满足现在学生、学校和用人单位对学生档案的需求了。例如，当前许多企业在对拟录取的毕业生进行政治审查时依然要到高校去，通过高校的档案部门调阅档案信息。这无疑是非常落后的，是对人力、物力和财力的极大的浪费，对于企业而言也是十分烦琐又缺乏效率的工作。而学生档案数字化建设能有效地解决这个问题，让企业通过线上系统就能完成对毕业生的审查，既节省时间，又提高了档案的使用效率。由此可见，高校学生档案数字化建设能为学生档案工作提供很大的助力。

（二）高校学生档案数字化建设构建路径

1. 学生档案数字化制度建设

制度建设是高校学生档案数字化建设工作开展的前提，完善、合理、标准化的工作制度能让档案数字化工作中的操作更加规范，同时有效避免了因为工作人员变动所造成的工作交接不合理的问题。高校的学生档案数字化制度具体包括学生数字档案的资料收集制度、交接制度、安全保密制度、借查阅制度、信息元数据标准。

2. 学生档案数字化机制建设

学生档案形成的过程涉及许多部门，如学生所在院系、学生处教务处、组织部、档案馆等部门，工作流程也涉及多个环节，从在校相关资料的收集到毕业信息采集，再到毕业生档案的生成、封装和派遣。由此可见，这项工作不可能仅仅依靠档案馆一个部门开展，各部门都要积极协调、配合才能做好这项工作。

学生档案中有许多需要手动填写的信息，如毕业体检信息表、党员材料信息等，这些材料的数字化需要专业的设备进行扫描和处理。除此之外，学生的学籍信息、成绩、毕业信息和奖惩情况等大都要有电子文档。因此学生档案数字化建设工作需要各个部门通力合作，形成高效的联动机制，在档案材料产生之后及时将其录入档案管理系统中，保证相关数据不会遗失，同时也保证数据更新及时。

3. 学生档案数字化设施设备建设

学生档案的归档范围与各部门的文书或教学档案均不同。因此高校应当考虑开发或者使用专门的学生档案数字管理软件系统，系统可以参考人事档案管理软件进行设计。此外，如果不考虑将学生档案数字化工作外包，那么高校档案室就要配备齐全的硬件设施，如数据服务器、高速高清扫描仪、电脑、复印机、打印机等。为了适应国家的发展需求，高校的学生档案数字化建设规划可以适当超前，并为软件和硬件的国产化升级预留空间。选择将这项工作外包的高校也要选择具备相应资质的企业或者机构，以保证数字档案的各项管理和使用工作都符合对应的标准和保密要求。

4. 学生档案数字化技术参数要求

学生档案和人事档案之间具有一定的相似性，因此学生档案的数字化的技术标准可以参考《干部人事档案数字化技术规范》（GB/T 33870—2017）来制订。严格的技术标准是保障数字学生档案真实、完整、安全、可用的基础条件。也只有这样高校学生档案数字化系统才能与用人单位或者人才机构进行对接，方便档案信息的传递和查阅。此外高校档案部门也要重视档案权限设置的问题。档案管理部门是学生档案数字化建设工作的主体，因此要有对学生档案信息录入、删除、修改、查询的权限，并且要做好纸质档案与数字档案之间的信息核对工作，还要对学生档案进行跟踪管理。相关部门也要有一定的管理权限，以便将学生各个阶段产生的档案资料及时录入系统，或查询相关的档案资料。经费是保证学生档案数字化建设工作顺利开展的重要条件，高校应当保障相关经费充足，以保证每年新增的档案能顺利数字化。对此，高校在每年的经费预算中要有一定的经费支持，并留出完善工作流程、检修相关设备、提高网络环境质量的经费。

四、高校教学档案数字化建设工作

教学档案记录了高校的教学成果和教学经验，反映了高校的教学管理水平和教学质量。教学档案是在教学实践、教学管理和教学研究工作中直接生成的档案资料，其载体有多种，如图表、文字、声像等，具有很高的价值，需要对其妥善保存。一般情况下，高校的教学档案可以分为八类，分别是招生工作材料、教材教辅材料、学位论文材料、课堂教学实践材料、学科与实验室建设材料、毕业生就业材料、学籍管理材料、综合文件材料。教学档案数字化就是使用不同的数字技术将这些不同类型、不同载体的资料转化为数字数据并存储，然后通过档案管理系统对这些内容进行管理，在此基础上提供档案服务。数字教学档案的优点十分明显，它储存空间小，信息含量大，管理和查阅起来都十分方便。教学档案的数字化能为高校教学、管理好科研工作提供更好的服务。

（一）高校教学档案数字化建设的可行性分析

1. 信息技术的有效支持

相较于传统的纸质档案管理模式而言，数字化档案管理有很大的优势，利用压缩、扫描和转化等信息技术，数字档案能存储更多的信息。通过系统，管理者和用户也能十分方便地管理和查阅相关档案信息。如今大部分高校都已经建立起了智能教学管理系统，工作过程中生成的教学档案能非常方便地通过系统进行管理，系统能将其自主编码，这样便降低了教学档案管理的复杂程度，保证教学档案能够通用。这也使教学档案的应用突破了时间和空间的限制，将应用范围进一步扩大。

2. 档案数字化可操作性强

目前，越来越多的高校大规模引进了智能化教学设备，同时也将信息技术应用在教学和管理当中，这使得高校的校园网络信息平台建设工作十分完善，通过这个平台，高校可以整合各类教育和教学信息并为不同的用户提供信息服务。随着计算机技术的进一步发展，大数据与云存储技术的应用使教学档案数字化进入了一个全新的领域。数字教学档案能够实现分类存储和智能化管理，并进一步挖掘教学信息的利用价值。虽然高校的教学档案数量庞大，种类繁多，形式也各有不同，并且信息的呈现方式也越来越个性化，但是数字档案管理平台的使用依然降低了档案管理的难度。随着高校对教学档案数字化的资金投入越来越多、技术人才引进工作也在不断加强、教学档案管理方式不断创新，在"互联网＋"的背景下，高校的教学档案管理体系必将越来越完善。

3. 数字化档案的需求广泛

数字化档案管理模式充分满足了广大高校师生对档案服务的客观要求。档案数字化管理使教学资源的利用率有了大幅度的提升，教学资源供给所需的时间也有所减少，这对各类学生和教师而言是十分有利的。随着信息时代的到来，人们的工作、学习和生活节奏都在逐渐加快，因此高校的教学档案供给服务也必须要提高效率。对此，教学档案管理部门应当与其他部门、机构和高校教职工加强合作，形成能够跨机构、跨专业、跨学科的教学数据信息库，创新教学档案管理模式与供给模式，为广大师生提供更加高效、便利的服务。

（二）教学档案数字化的基本原则

教学档案数字化工作非常烦琐，任务很重，因此必须要遵守相应的工作原则才能让教学档案数字化工作有序开展。

1. 统筹规划原则

教学档案数字化是一项持续时间非常长的工作，因此相关部门不能急于求成。高校必须根据自己档案的实际情况、档案部门的人力资源现状、相关的设施支撑等情况作长远的考虑，并分阶段制订目标和实施方案。此外，高校也要根据实际情况将目标细化，并制定工作计划，让自己的数字化基础资源得到有效的利用。

2. 优先选择原则

高校的教学档案数量很多，因此教学档案数字化需要漫长的时间来完成。因此高校可以优先选择一部分教学档案进行数字化。具体可以从以下几个方面进行规划。第一，先老后新。自高校建立起，教学档案就不断产生，许多教学档案由于使用次数较多或者年代久远，已经出现了破损或者老化的问题，面临着寿命终止的危险，因此高校可以优先抢救和保护这些濒危档案，利用数字化技术生成数字教学档案，既能让相关信息不丢失，也能用电子档案提供信息服务，减少原始档案的使用次数，从而起到保护的作用。第二，先高后低。也就是高校要优先选择利用率较高的教学资料进行数字化。建立数字档案系统的最终目的就是提供更好的档案服务，先将使用率较高的档案数字化既能减少档案工作人员的工作量也能避免档案资料因频繁使用造成损坏。第三，先永后长。档案的保管期限不同，一般而言档案价值越高，保管期限也就越长，珍贵的档案则要永久保存。因此高校在教学档案数字化过程中，要优先将永久保存的珍贵资料数字化，然后再根据保存年限的长短依次选择档案进行数字化。

3. 标准化原则

教学档案的数字化是高校档案数字化建设工作的一部分，因此必须要与档案数字化工作的整体相协调，遵循统一的数字化标准。例如，数字化资料的存储格式、著录规则等要使用国际或者国内通用的标准并进行统一，这样教学档案才能与不同的软件或者硬件兼容。采用标准化的原则也是今后解决软件和硬件升级、数据挂接等问题的前提。

（三）高校教学档案数字化建设实施路径

1. 完善信息技术基础设备

教学档案数字化符合当前社会对档案管理工作的要求，这样能够利用网络信息平台的优势提升档案传输效率，充分发挥档案的价值。因此高校要不断完善档案管理系统，加强基础设施建设。对教学档案数字化而言，高校要根据设计需求更新计算机设备、交换机和服务器，并开发专业的教学档案数据信息系统，实现教学档案管理智能化。同时高校也要结合教学档案数字化的需要购置扫描仪、条码机，以便纸质档案的数字化。如有需要，高校也可以寻求第三方的技术支持，并不断维护和更新系统，来提升自己的教学档案管理水平。

2. 加强档案信息日常管理

随着教学改革的不断推进，各院系也在进行课程创新，教学档案的形式和内容也出现了许多新颖之处，复杂程度日渐加深。因此高校要提高对教学档案的日常管理工作水平，做好归档工作。具体而言，各院系的网络系统每年都会通过微媒体上传大量教案和教学实践资料。这些资料涉及很多方面，如教学创新、学生管理等，是十分珍贵的教学档案资料。档案部门要定期与各院系联系，将各类教学档案收集整理，同时建立教学档案报送制度，明确教学资料归档工作的重点，确保重要的教学资料能得到及时地保存。

3. 建立数字化的档案制度

高校的档案管理工作应当重视数字档案管理体系的建设，发挥档案制度的指导和监督作用。因此针对教学档案的数字化建设工作，高校也要广泛地吸取经验教训，同时研究国外的先进制度和法律法规，形成符合实际的教学档案管理制度，普及数字化范围，推进高校档案数字化建设进程。例如，高校可以针对各个院系出台细化的规章制度，将教学档案管理目标和具体人员的职责范围明确下来，以提高教学档案管理水平。

4. 培养档案高素质管理人才

教学档案管理数字化对信息技术人才的要求很高，因此高校要重视人才的培养和更新，让档案管理人员具备先进的档案技术，让人才素质的提升带动教学档案数字化水平的提高，推进教学档案数字化管理的进程。随着时代的不断发展，高校应当让全体教师和职工形成档案数字化的意识，提高档案管理人员的专业素养，以适应数字化对档案管理提出的新要求。档案管理人员也要不断学习先进的数字技术，掌握信息时代的档案管理方法和理念。高校教学档案数字化的实践意义很重要，在这一工作中，高校要确立明确的档案数字化思路，强化基础设施建设，优化人力资源配置，完善教学档案数字化工作体系，并在此基础上寻找新的档案管理模式，从而更好地体现数字化教学档案的服务价值，来满足教学实践对档案信息服务的需求。

第五章 信息时代高校数字档案馆的创新建设

数字档案馆具有馆藏资源数字化、信息组织与传输网络化、服务范围扩大化、信息资源共享化、信息检索便捷化等诸多特点。本章内容为信息时代高校数字档案馆的创新建设，分为四部分内容，依次是信息时代下高校档案馆的发展、数字档案馆的发展与普及、高校数字档案馆建设目标与原则、高校数字档案馆生态系统建设。

第一节 信息时代下高校档案馆的发展

高校档案馆是保存和管理学校历史文化遗产的重要机构，承载着维护学校历史真实记录、支持教学、科研、管理决策、服务社会、传承文明的使命。现代高校档案馆虽然在发展过程中面临着许多挑战，但在信息技术的不断革新和专业化管理的推动下，档案馆的功能和服务水平在不断提升。档案馆的数字化建设、信息化管理和社会化服务等方面得到了大力发展，这不仅推动了档案工作的现代化进程，同时也满足了人们对历史文化的需求，为学校和社会的可持续发展做出了重要贡献。

一、现代高校档案馆的主体认知

高校档案馆不仅是高校档案的重要基地，也是档案史料的利用中心，它为本校内部单位提供永久保存和利用档案的服务。但是，高校档案馆既不同于国家的综合性、专业性档案馆，也不同于部门档案馆，它有其特殊的属性。

（一）现代高校档案馆与国家档案馆的区别

《中华人民共和国档案法》指出：各级各类档案馆是集中管理档案的文化事业机构。

高校档案馆与其他各类档案馆不同，主要区别在于：其一，行政归属不同。高校档案馆是隶属于高等院校的一个内部机构，属单位的档案馆。其二，收集范围不同。高校档案馆只收集保管本学校形成的档案，一般情况下，高校档案馆收藏、保存、管理能反映本校主要职能活动的材料。其三，服务对象不同。高校档案馆收藏、管理的档案主要是本校教学、科研和党政管理等各项活动的历史记录。由于保存的档案内容对本校有着很强的现实参考作用，因此高校档案馆主要面向校内服务，即服务学校的各项活动，特别是教学和科研工作。面向社会的服务对象主要是学校的历届毕业生，服务范围主要是教学档案。今后，随着高校档案馆的发展和档案的开放，高校档案馆也将面向社会，更多地体现服务社会的功能，以满足社会各界使用学校档案的需求。

现代高校档案馆还有一项特殊属性，即教育功能。对开办有档案相关专业的学校来说，档案馆是校内的教学实训场所，平时，档案馆利用档案和人才资源提供对师生进行档案知识、档案管理工作的教育；在教学需要时，它还可以承担相关专业学生的实习实训环节的教学、实习任务。

（二）现代高校档案馆的职能

高校档案工作的性质、地位和职能决定了高校档案馆的重要性。作为学校档案工作的职能管理部门，高校档案馆有责任确保学校档案的永久保存并提供档案利用服务。同时，作为科学文化事业机构，高校档案馆也发挥着重要的相关作用，为学术研究和社会服务提供必要的信息支持。高校档案馆要存储保存好学校的档案，发挥档案信息利用中心的作用，向本校和社会各方面提供服务；同时，高校档案馆要履行全国档案馆网络体系成员的义务，即根据有关规定，定期或不定期向国家档案馆移交具有国家和地方重要意义的档案。高校档案馆作为学校的内部机构，它的职能主要包括以下几个方面。

1. 行政管理职能

高等院校的档案要负责指导、行政管理、业务监督等职责，并进行统一决策和规划全校档案工作，同时制定相关的规章制度，为教学和科研提供更好的服务。高校档案馆应当充分发挥其作为学校档案工作中心的作用，建立完善的档案管理体系和档案资源共享平台，进一步提高档案的利用率，为学校发展和文化传承做出贡献。

2. 业务管理职能

档案馆还要统一管理全校各类档案材料，改善档案保管条件，提高现代化管理水平。检查、督促有关部门做好各种记录材料的形成和积累，指导有关人员做好归档材料的整理和保管工作。高校档案馆作为业务部门之一，要负责科学、永久地保存好学校的全部档案，并积极做好对档案的开放利用工作。

3. 服务教学职能

随着学校档案事业的发展和高校档案馆服务水平的不断提升，高校档案馆正朝着向利用者"提供多层次、全方位、网络化的服务"的方向发展。高校档案馆的服务目标应该为教学、科研和教育管理等各项需求提供最大限度的满足，并以此作为推动档案馆进步发展的动力。

4. 信息传输职能

档案馆负责本校档案的收集、整理、鉴定、保管和统计工作，这使档案馆成为学校各种信息的汇集地，成为分布、传播信息的权威中心。高校档案馆应站在全局高度，对档案信息进行科学的管理和加工，努力提高档案检索体系的现代化水平，服务于教学管理和科研。

5. 宣传教育职能

一方面，通过举办档案展览，宣传学校建设和发展的成绩，扩大学校的知名度，增强教职员工、校友的自豪感；另一方面，档案馆可以利用自己的资源优势，传播档案专业知识，对师生进行档案相关的知识宣传教育；还可参与教学，开设档案管理相关的公共选修课程，接纳教学实习、参观；发挥教学、实验、实践性教学的职能。为了提高高校档案工作人员的素质，高校档案馆应该定期为档案专业技术人员进行教育培训，这也是档案馆的职责之一。此举能够加强员工的专业知识和技能，提高工作效率和质量，使他们更好地履行职责，为学校教学、科学研究和教育管理等方面提供更加优质的服务。

高校档案馆同时也是一个负责永久保存和利用本校档案的科学文化事业机构，具备档案保管利用、行政管理的双重职能。高校档案馆的特点使之能更好地实现业务和行政管理一体化，因此可以更好地提高档案管理的效率和质量，促进高校档案事业的发展。

首先，就大多数高校档案馆的情况来看，其行政管理的职能往往发挥得不到位，这主要是受到机构设置和人员编制等限制。高校档案馆大多属于非独立性的机构，一种是隶属于合署办公的学校党政办公室，或挂靠在学校的行政办公室，均为科级建制，其行政管理的职能难以自主发挥；另一种是将档案馆与图书馆等放到教学服务部门，使其行政管理职权就大打折扣。

其次，档案馆的两种职能又是相辅相成的。高校要将档案馆建成集收藏、出版、研究性质于一身的机构，只有发挥好它的行政管理职能，才能促进业务管理。业务管理达到了理想的境界，也会给全校的档案工作的行政管理提供有力的支撑。

今后，在学校的机构改革中，不管机构如何变动调整，作为职能部门，学校档案馆在履行业务管理职责的时，应该遵循《档案法》赋予的独立行使档案行政管理的职权，更好地落实集中统一管理学校全部档案的职责。

（三）现代高校档案馆的发展变化

随着时代的变迁，现代高校档案馆的功能已经从单一的保管功能向社会公共服务拓展，成为重要的知识资源中心和文化遗产保护机构。学校档案作为学校历史的重要见证和记忆载体，记录了学校的发展历程和学术成果，对教学、科研和管理都具有重要意义。在信息化和网络化的时代，现代高校档案馆的功能也面临着新的挑战和机遇，需要其适应数字化时代的发展，积极开展数字化档案馆建设，提高档案数字化、电子化和网络化水平，来更好地服务于教育教学、学术研究和社会发展。

1. 传统高校档案馆的核心价值是单一保管，具有封闭性

传统的档案信息服务模式服务形式单一、被动。档案工作人员的职责仅仅是保管档案，忽略了档案信息的利用价值。这种"为保管而保管，重保管轻利用"的模式会造成用户"坐等上门"的情况，对档案信息的利用造成阻碍。现代高校档案馆已经开始转变服务模式，将信息服务的重点由档案的保管向社会公共服务拓展，并充分挖掘档案信息的价值，通过数字化、网络化等手段提供多样化的服务，更加便利地服务于用户。

另外，由于档案工作具有政治性和机要性，使得其所涉及的范围相对较窄，这种情况逐渐使档案工作变得神秘化。

2. 现代高校档案馆的核心价值是公共服务，具有开放性

2002 年 11 月，国家档案局发布了《全国档案信息化建设实施纲要》，这一举措为档案事业的发展注入了新的动力。同时，这也推动了档案工作从完全实体保管模式向信息管理模式的转变，以及促进其从单一保管功能向扩展社会公共服务功能的发展，展现了前所未有的开放性特点。这一转变让档案事业能够与外界更好地交流与互动，更好地满足用户的需求，实现了档案工作的现代化和智能化。

首先，服务模式的开放性逐步提升。面对网络社会的挑战，档案馆开始超越固定场所的限制，打破了壁垒，积极与社会互动。在档案的采集、加工、组织和服务方面，档案馆以开放的态度迎接网络环境，采用新的方式组织、控制、选择和传播信息。档案馆建立了更加辐射式的服务体系，展现了前所未有的开放性特点。这种开放的服务模式使档案馆能更好地与用户互动，提供更广泛、多样化的服务，以满足不断变化的需求。这也推动了档案事业向着更加开放、包容的方向发展，促进了档案馆与社会的紧密联系与合作。

其次，服务的对象开放性逐步提升。以往，档案馆的服务对象仅限于本单位或部门，来馆人员主要出于工作需要，服务对象相对有限。然而，在现今，现代高校档案馆已经摆脱了时空的束缚，任何上网的用户都可以利用档案馆的公共信息，无论何时何地都可以通过网络进行查询。开放服务对象的方式不仅方便了用人单位核实学位和学历，还为国外留学学历认证提供了可靠依据。这样的开放服务对象模式扩大了档案馆的服务范围，为更多人提供

了便利和服务。档案馆通过向广大用户开放，真正实现了信息共享和服务公众的目标，促进了档案资源的充分利用和社会价值的发挥。

二、信息时代下高校档案馆的发展现状

管理理念和技术的不断更新，高校档案工作在智能化、信息化等方面呈现出新的变化。在这样的背景下，高校档案馆的功能也在不断扩展和创新。从信息管理的角度来看，高校档案馆的信息加工能力不断增强；从资源建设的角度来看，高校档案馆的资源数字化和集成化特征明显；而从利用服务的角度来看，档案馆的服务已经从过去仅提供查阅档案原件发展到提供广泛、快速、精确的档案信息。与此同时，高校档案馆工作的拓展对管理和创新能力也提出了更高的要求。高校档案馆需要积极引进先进的技术手段，加强信息系统建设和运维能力，提升数字化处理和管理的水平，以满足人们日益增长的信息化需求。此外，高校档案馆还需要加强团队建设，提高工作人员的专业素养和创新能力，以应对不断变化的档案管理挑战和用户需求。这样的发展趋势将进一步推动高校档案工作的现代化和智能化进程。

（一）高校档案馆功能拓展与创新发展存在的问题

1. 管理主体间协同不足

档案资源建设日益趋向集成化和系统化，同时，服务需求也日益多元化，这促使档案工作的功能拓展和发展需要融合更多部门的协力。

首先，在档案功能拓展与发展方面，需要对工作制度、机制和主体进行更广泛的要求。过去，档案业务部门通常独立完成各项任务，缺乏其他部门和政府的支持和参与，这限制了工作制度和体制创新的范围。此外，在外部方面，政府和社会对档案服务和开发的作用尚未充分发挥，这导致档案功能拓展难以与其他主体形成协同合作，影响了其发展。因此，未来档案功能的实现需要更广泛的参与，建立更加协同合作的工作机制和体制创新。

其次，高校档案馆需要扩大服务对象，以实现功能的拓展和创新。然而，在早期，档案服务功能主要面向机关单位或企业，对个人的服务较少，而且服务流程繁琐。档案的信息管理、公开和共享往往是从档案馆自身管理的便

利角度进行开发和利用的。此外，由于档案具有保密性和封闭性的特点，许多用户不了解、不理解或不知道如何利用档案，这在一定程度上限制了档案功能的拓展。因此，高校档案馆需要加强对外宣传和用户的教育，提高服务对象的意识和能力，增强档案的利用价值。

2. 档案利用与服务渠道、方式单一

高校档案馆提供的各项服务功能存在一些问题，包括渠道和方式单一、线上服务只提供档案查询等。线上服务大多集成在信息门户中，而线下服务则置于学生服务中心，存在不便之处。虽然有些学校已将档案业务转移到线上，但其线上业务办理的执行力度不够强，导致档案馆的功能无法得到实现。此外，部分高校的研究成果主要以文字和图表形式呈现，但声音和影像类的档案电影片、档案电视片等开发相对较少。这种缺乏与新技术的融合，也会影响档案馆功能的拓展和创新。在服务方式和内容方面，需要注重提高档案电影片、档案电视片等声像类开发，以及档案与新技术的融合。这样才能更好地提高档案馆的服务效果和利用价值，推动高校档案工作的持续发展。因此，高校档案馆需要在渠道、方式、服务内容等方面进行改进，提高线上服务的执行力度，推广档案电影片等声像类的开发，以期达到更好的档案馆功能拓展与创新的目标。

（二）信息技术影响下高校档案馆的发展趋势

1. 档案馆趋于一体化

就具体功能而言，传统档案馆和数字档案馆在高校发展中扮演的角色类似。高校的档案馆、博物馆和校史馆共同展示了自建校以来的文化传承、科研、教学、人才培养等各个方面的工作，系统地记录了大学的发展历程。这些馆藏资料对于提高高校的软实力具有重要作用，是不可忽视的。随着人们对高校软实力建设认识的不断深入，高校必将更加重视这方面的工作。在这样的背景下，高校档案馆、博物馆、校史馆将会更加密切地联系在一起，三者会逐渐走向一体化，为高校软实力建设提供系统化的支持。

2. 数字化档案馆和传统档案馆协同发展

从数字化档案馆自身具备的功能和未来发展趋势来看，数字档案馆的服务和管理水平远远优于传统档案馆，因此数字化档案馆逐步取代传统档案馆是必然的结果。数字档案馆的功能受人员缺乏、管理水平、资金等多方面的限制，目前我国大部分档案馆要达到全面数字档案馆的标准仍面临一定的困难，因此数字化档案馆和传统档案馆需要展开紧密的协同发展，相互借鉴并弥补彼此的不足之处。

在未来的发展中，数字化档案馆有望逐渐占据主导地位。数字化技术的快速发展和广泛应用将为档案管理带来前所未有的便利和效益。数字化档案馆具备存储容量大、检索速度快、信息传播便捷等优势，为用户提供了更加便利和高效的档案服务体验。

然而，在短期内数字化档案馆和传统档案馆的协同发展仍至关重要。传统档案馆积累了大量宝贵的历史文献和珍贵资料，具有独特的历史和文化价值，不能被轻易取代。数字化档案馆可以借助先进技术将传统档案数字化，提高存储和检索效率，但同时也需要传统档案馆的专业知识和经验来保证数字化过程的准确性和完整性。

因此，数字化档案馆和传统档案馆应该积极合作，形成良好的互补关系。数字化档案馆可以为传统档案馆提供数字化技术的支持，帮助其提高管理效率和服务水平。传统档案馆则可以向数字化档案馆提供宝贵的原始档案资料，保留历史文化的独特魅力。两者共同努力，将推动档案事业向着更加开放、高效、便捷的方向发展，为广大用户提供更优质的档案服务。

3. 服务时间和空间进一步扩大

高校档案馆的理想状态是实现用户无时无刻、无地域限制的档案查询和打印，以最大程度地满足用户的需求。

未来，随着信息技术的不断进步和应用，高校档案馆将致力于打破时间和空间的限制，通过数字化、网络化的手段，让用户可以随时随地访问和利用档案资源。用户将能够通过网络进行档案查询、检索和打印等操作，享受便捷的档案服务。

此外，档案馆还将积极构建档案资源的关联网络，使不同档案间建立起更加紧密的联系，为用户提供更加全面和准确的信息。通过数据的交叉和关联，用户可以从多个角度和维度深入研究和利用档案资源，获得更为丰富和全面的信息。

这意味着用户可以在档案馆的数据库中进行更加灵活、深入的查询和分析，通过数据挖掘和可视化技术，发现更多的关联性和规律性。同时，档案馆还将加强与其他机构的协同合作，通过共享资源、联合服务等方式，让用户享受到更加便捷、高效的档案服务。

总之，随着信息技术的发展和应用，高校档案馆将逐步实现无时无刻、无地域限制的档案服务，为用户提供更加便捷、高效的档案查询和利用体验。档案之间的关联关系将成为发展的重点，并为用户提供更全面、多样化的信息资源，推动高校档案事业不断创新和发展。

4. 服务精细化

未来的高校档案馆服务将朝着更加精细化的方向发展。这是由于高校对档案的使用需求变得越来越多样化，并且随着技术手段和管理水平的提升，档案馆逐渐具备了提供精细化服务的基础。

首先，档案的服务方式和渠道将呈现出更多元化的趋势。数字化和信息化技术的运用为档案服务提供了更多的渠道和可能性。

其次，档案馆的服务将更具个性化。制定个性化的服务模块，更好地满足用户的需求。通过精确的用户画像和需求分析，档案馆可以为每个用户提供定制的服务体验。

再次，档案馆的服务水平将得到提升。档案馆可通过多渠道了解高校档案馆服务存在的缺陷和问题，针对这些问题，档案馆可以有针对性地进行改进和优化，提升高校档案馆的服务质量和水平。通过持续的反馈和改进机制，档案馆将与用户形成良性互动，最终实现服务的持续改进和优化。

综上所述，未来的高校档案馆服务将朝着更加精细化的方向发展，通过多元化的服务方式和渠道、个性化的服务模块以及持续的服务改进，高校档案馆将更好地满足用户的需求，为高校教育事业和学术研究提供有力的支持。

5. 馆际合作更加频繁

目前，高校档案馆馆际合作的形式和方式比较单一，未来将会朝着更多元化、深层次的方向发展。一方面，高校档案馆将加强与其他高校档案馆的合作，实现更广泛的资源共享、经验交流、走访参观等。另一方面，高校档案馆也会加强与地方档案局等其他档案管理部门的合作，共同开展档案的采集、整理、保存和利用工作，提升档案管理的质量和效率。未来，随着信息技术的发展，高校档案馆之间的合作将更加智能化、数字化，通过互联网技术、大数据分析等手段实现更加便捷、高效、安全的合作交流，促进高校档案馆之间的合作共赢。

（三）信息时代下高校数字档案馆与智慧档案馆的建设

1. 高校数字档案馆的建设应用情况

作为数字化校园建设中的重要内容，数字档案馆建设旨在通过在局域网内建立相应的档案，引导学校师生员工共享电子资源。实际上，它主要表现在将教务管理系统、办公自动化和图书馆等校园网络资源以及长期积累的历史数据合理应用，最大限度发挥知识作用。对于高校数字档案馆而言，它将成为校园文化建设中至关重要的一环。数字档案馆的建设有助于提高高校信息化建设水平，使高校信息化建设能够更好地服务于学校教学、科研和管理工作。同时，数字档案馆还能促进学校知识资源的共享，提高学术信息资源的利用效率，推进学校的信息化建设。因此，高校应高度重视数字档案馆建设，将其纳入数字化校园建设的整体规划，为学校数字化转型发挥积极的作用。

当前阶段，高校数字化档案网站的主要栏目包括成绩查询、学籍查询、档案法规、校史馆、电子图书等。通过将多元化的历史信息作为社会服务过程的关键窗口，为高校开辟一个新的宣传、学习阵地，这也是高校学生深入了解高校及其历史的重要途径之一。

高校数字档案馆还将推行自动归档的电子文件管理模式，这可进一步实现办公自动化和档案管理工作的对接。这种模式可以避免在不同单位间使用数字信息资源时出现的资源浪费，从而提高档案信息管理的效率和处理水平。此外，将传统纸质档案数字化备份，也是保障档案信息安全的一种手段。通过数字化备份，可以避免自然灾害、人为破坏等意外因素对档案信息造成的损失，并可以更方便地进行备份和检索工作。高校数字档案馆的这些工作将有助于提高档案信息资源的利用率，保障档案信息的完整性和可靠性。

数字档案馆网站提供强大的检索功能，为师生和员工开展档案利用提供便利。该检索功能采用目录级查询方式，全面开放数字化档案馆的档案信息，并对所有开放档案的全文进行了识别和扫描。因此，相关应用者可以通过网络应用来查询需要的档案，无需进入图书馆。这种检索的强大功能，将会极大地提高档案的利用率，为用户节省宝贵的时间和精力。

2. 高校智慧档案馆的建设应用情况

高校智慧档案馆是高等教育档案馆发展的高级形态，它通过利用信息技术、结合档案业务和满足用户利用需求的方式来提供综合管理档案信息内容、载体信息、管理信息，从而实现档案利用泛在的服务系统。这一系统的实现，使高校档案的"收集、存储、管理、利用、反馈、监督"等方面都发生了革命性的变化。高校智慧档案馆建设的应用价值主要表现在以下几个方面。

（1）优化信息处理

高校智慧档案馆的建设可以发挥信息技术的优势，提高数据管理效率。近年来，高校档案数据量不断增长，而处理这些数据仍存在着重复操作的问题。例如，一些电子档案被打印成纸质版后再进行数字化，这不仅耗费时间和成本，而且严重影响工作效果。若不能及时改进这些问题，将会妨碍档案管理工作的开展，并妨碍档案服务方式的应用，无法满足用户的需求。因此，高校智慧档案馆建设具有如下价值：首先，它能够使档案数据数字化处理，避免重复操作，提高处理效率；其次，它能够提供全面的数据管理服务，方便用户的查询和利用；再次，它还可以通过数据分析和挖掘，帮助用户更好地了解和利用档案数据，从而推动高校档案事业的发展。因此，高校智慧档案馆的建设是高校档案事业数字化转型的必然选择，是提高档案管理效率和服务水平的有效途径。

（2）挖掘信息价值

通过采用大数据技术，档案管理可以实现智能化的查询和搜索功能，相比于传统的人工查询方式，这可以减轻工作人员的压力，节省时间和精力。在进行档案馆信息建设时，应用信息技术时需要明确其重要性和价值，并进行有效的优化和改进，使大数据管理模式或服务方式从原有的制度、内容到方法等方面都得到明显的创新。此外，针对不同用户的需求建立不同类型的档案，并为所有用户提供高质量便捷的服务，并对原有的服务方式进行创新，充分体现大数据档案管理的各种功能。

（3）丰富使用体验

在大数据时代下，各高校应重视智慧档案馆的建设，以充分发挥信息技术的优势和价值，提升用户的使用体验。随着市场经济的发展，高校档案信息服务也将面临更多困难和挑战。为保留大量对学校发展有益的信息和数据，必须充分利用先进的信息技术，加强大数据技术和云计算技术的使用，凸显其价值。此外，智慧档案馆应不断创新，有效整合这些技术，将其融入建设环节中，优化搜索和查询功能，满足广大用户的实际需求，促进高校的稳定和顺利发展。

建设智慧档案馆，可以通过实施各项先进的信息技术来提高效率。相比于传统的人工查询方式，大数据技术能够实现档案查询和搜索的智能化，从而减轻工作人员的压力，节省更多的时间和精力。在智慧档案馆的建设过程中，应明确信息技术的重要性和价值，以便有效地优化和改进管理模式和服务方式。通过创新档案类型，为不同用户提供便捷高效的服务，智慧档案馆可以实现对传统服务方式的改进，展现大数据技术的多种功能。

三、信息时代下做好高校档案馆发展工作的建议

（一）完善高校档案馆信息化建设

针对高校档案馆的发展趋势，需要注重信息化技术的支撑，以实现档案个性化服务和档案一体化。因此，高校档案馆在提升技术力量方面需要合理地运用信息技术。

同时，高校也需要提高管理工作人员的信息素养，加强信息知识的培养。这可以通过对工作人员的培训和教育来实现，帮助他们掌握先进的信息技术知识和应用技能，从而更好地适应信息化的档案管理需求。此外，还应积极引入相关专业人才，增强档案馆内部的信息人才储备。这些专业人才可以带来新的思路和技术视野，为档案馆的技术力量提供有力支持。

通过合理运用信息技术、进行技术升级、提高管理工作人员的信息素养

以及引入相关专业人才，高校档案馆可以从根本上提高其技术力量。这将有助于更好地满足不断变化的档案管理需求，并为高校教育事业和学术研究提供更加优质的档案服务。

另外，高校档案馆需要关注用户的需求和服务体验，注重对用户的个性化服务。可以通过大数据技术分析用户喜好和需求，建立用户画像，为用户提供定制化服务。同时，需要加强档案馆内部信息系统的整合和协作，以实现档案管理一体化，提高档案利用效率和服务质量。此外，还应注重知识产权保护，建立健全的档案信息安全管理制度，防范信息泄露和侵权行为。

综上所述，高校档案馆应合理的运用信息化技术，提升技术力量和管理人员信息素养，注重个性化服务和档案一体化，加强档案信息的安全管理，从而更好地满足广大用户的需求。

（二）提升服务能力

为了提升高校档案馆的服务能力，需要从三个方面入手。首先，提升服务意识。为了实现这一目标，从档案管理部门的领导层到基层员工都树立起服务意识，并提升服务水平和态度。他们应该深入了解用户的需求，并拓宽用户反馈渠道，以便有针对性地调整和优化相应的服务方式和内容。

其次，需要积极拓宽服务渠道。除了依托信息技术建立电脑终端网络档案馆和移动 App 档案馆外，还应积极参与微信公众平台号和微博公众号档案服务平台的建设。这样可以更广泛地覆盖用户群体，提供便捷的档案服务。同时，高校也不能忽视传统档案馆的建设工作。应做好充足的应急准备，以确保在数字化档案馆出现问题时能够提供足够的应急手段，保障用户的服务体验。

最后，需要丰富服务的方式和内容。这意味着需要不断开拓新的服务业务，并根据用户的反馈结合自身所拥有的管理水平和技术手段，不断拓展细分领域下的服务内容。例如，优化档案查询检索方式和查询界面，提升用户体验；注重用户需求，开发更多个性化的服务模块；加强档案保护和文化传播，提供更多有价值的档案展示和教育活动等。

通过树立服务意识、拓宽服务渠道以及丰富服务方式和内容，高校档案馆可以更好地满足用户需求，提升服务质量，促进档案工作的发展和创新。总之，提升服务能力需要档案管理部门全面加强服务意识，拓宽服务渠道，丰富服务方式和内容，提供更好的服务给广大用户。

（三）提高管理水平

为了提高高校档案馆的管理水平，可以从以下几个方面入手。首先，需要提高档案意识，高校领导层应认识到档案管理工作在高校软实力大背景下的重要性，提高档案管理人员的管理能力和文化素养。其次，为了适应师生的需求和时代的发展，高校档案馆需要及时更新管理制度，并不断优化其内容。针对技术水平和管理方式的变化，还要调整管理制度，确保其与时俱进。

此外，积极进行馆际交流活动也是十分重要的。高校档案馆应主动参与其他高校和档案管理单位的学习交流、人才培养、教案资源共享等活动，与他们共同探讨档案馆的发展建设。通过这些交流，可以获取其他单位的先进经验和管理模式，进一步提升自身的管理水平。

通过及时更新管理制度和积极参与馆际交流活动，高校档案馆可以不断适应变化的环境，提升自身的管理水平，为师生提供更好的档案管理服务。最后，档案管理部门应注重人才培养，制定科学的人才培养计划，提高档案管理人员的专业素养和业务水平，来提高档案管理部门的综合能力。通过这些举措，高校档案馆的管理水平将得到有效提高，为高校的发展和档案文化的传承提供有力保障。

第二节　数字档案馆的发展与普及

数字档案馆是一种采用数字网络方式有序处理和管理档案的系统，涵盖了文件生命周期管理的各个环节，包括收集、创建、确认、转换、存档、管理、发布和利用等。数字档案馆通过多种载体形式存储档案信息，在特定范围内共享网络资源，提供先进的、自动化的档案电子信息服务，以满足用户的多样化需求。该系统实现了档案管理的全过程，并利用数字技术为用户提供多种形式的档案服务，使档案的管理和利用更加高效和便捷。数字档案馆的建设和运行对于信息化档案管理的推进和档案资源的充分利用具有重要意义。

一、数字档案馆概念认知

数字信息对记录方式产生了深刻的影响，其以数字代码的形式存在，并通过各种存储介质和传输方式进行存储和传递。在界定新型档案馆组织形式时，档案界提出了许多概念，如"电子档案馆""虚拟档案馆""无墙档案馆"和"超媒体档案馆"。由于数字档案馆能够最直接地反映电子信息时代记录方式的本质，因此逐渐成为主流概念。数字档案馆利用数字技术，以电子信息为基础，实现档案的存储、管理和利用，为人们提供了更加便捷和高效的档案服务。它不仅适应了信息时代的需求，还能够更好地满足人们对档案资源的获取和利用的需求。

当前对数字档案馆的内涵理解主要有以下三种。

首先，数字档案馆是现代档案实践环境中传统实体档案馆组织形式的延伸和功能拓展。虽然数字档案馆与传统档案馆在诸多方面明显不同，但传统档案馆作为数字档案馆的基础和与数字图书馆等信息机构的分界点依然至关重要。传统档案馆通过成熟的管理机制、制度、人员和馆藏资源为数字档案馆的建设提供了坚实的保障。数字档案馆弥补了传统档案馆在数字档案管理方面的不足，同时也优化了传统档案馆的服务模式，并拓展了其服务形式。两者的有机结合使得档案馆能够更好地适应电子信息时代的需求和发展，为用户提供更广泛、更便捷的档案服务。

其次，数字档案馆被视为一种技术应用体系。因为它基于档案信息资源的开发利用，并运用相关信息管理理论，所以将数字档案馆界定为数字档案资源管理的技术应用体系，这是目前较为普遍的概念。例如，冯惠玲等人所编写的《电子文件管理学》和 2010 年国家档案局发布的《数字档案馆建设指南》中对数字档案馆进行了明确的定义。这些定义从理论和实践的角度对数字档案馆的特点和功能进行了解释，并为数字档案馆的建设和管理提供了指导和参考。这些定义不仅强调了数字档案馆的技术属性，也突出了其在档案资源管理中的重要作用。

再次，数字档案馆代表了一种创新的服务模式。与传统档案馆注重保管的方式不同，数字档案馆的理念更加强调信息服务模式的创新。它以确保档案的真实性和完整性为基础，旨在满足社会多样化和个性化的信息需求。例如，数字档案馆在知识管理和知识服务模式等方面进行了创新研究，以提供更加灵活和定制化的服务。数字档案馆利用先进的技术手段和信息化管理方法，实现了档案资源的智能化整理、便捷的检索和个性化的服务，进一步推动了档案管理领域的发展。数字档案馆的创新服务模式不仅满足了用户对信息的快速获取和多样化利用的需求，也为档案资源的传承和利用提供了新的途径和可能性。

二、数字档案馆主要发展特征

数字网络化方式被应用于数字档案馆中，从而对文件各个实践过程进行管理。此外，在特定范围内，数字档案馆还能灵活运用多种载体形式对档案信息进行存储，以实现网络资源的共享，并促进信息的广泛传播和利用，进而体现档案电子信息服务的现代化与自动化。从数字档案馆的特征来看，主要表现在以下五个方面：

第一，档案信息数字化。数字档案馆内存储的档案信息是运用计算机手段处理过的数字化信息，这些信息能被计算机识别，并通过多种形式向利用者提供信息服务。

第二，以网络作为信息的传输通道。数字档案馆的存在是离不开网络的，可以说借助于网络数字档案馆的传输环境才得以现代化。

第三，以用户的信息需求为服务中心。当用户有档案信息需求时，借助计算机网络系统，在特定的权限范围内即可远程联机浏览、利用信息数据库。用户只需在家里或办公室的终端前即可获取所需信息，不必亲自到档案馆进行查阅。如果用户在使用过程中遇到问题，也只需在线联系档案工作者即可获得帮助。

第四，多种高新技术组合运用。数字档案馆作为多种系统的集合体，涵盖了数字信息保存系统、集成系统与内容管理系统等多种高新技术系统，其管理对象主要为非结构化数据。在运行过程中，数字档案馆除了发挥数据中心与档案的发布利用的作用，还具备极强的有序处理与集成管理功能。

第五，馆藏容量庞大。在当代网络技术和数字化技术的支持下，数字档案馆的馆藏容量得以扩大。它不仅可以将大量的馆藏信息存储在光盘等数字介质中，还能将不同类型的档案信息组织在相关的体系内，以实现馆藏资源的共享。

三、数字档案馆发展要求

数字档案馆能有效地收集各类档案信息，并进行全面的管理和组织，确保档案的完整性和准确性，这就要求数字档案馆应当具备一些功能，以实现对档案业务进行利用、存储、收集、管理等。

（一）收集功能要求

收集功能在数字档案馆中指的是系统能够收集增量数字化档案，包括数字化的存量档案和立档单位移交的电子化档案。

对于存量档案，将其数字化工作通常采用外包服务的方式进行。由于存量档案的年代跨度大、数量众多且档案规范不一，对其进行目录著录和数字化扫描存在相当大的困难，确保数字化质量成为项目实施中的难点之一。

对于增量档案，许多省级档案馆已实现了增量档案的"双套制"进馆，取得了显著的"增量电子化"效果。电子档案在档案资源体系中的比例明显提升。已建设的数字档案馆多通过政务服务网部署电子文档接收系统，这样可以与立档单位直接对接，方便立档单位在线管理和移交档案，减轻立档单位的归档工作量。通过这种方式，数字档案馆能够更高效地管理和利用档案资源，实现数字化档案的持续积累和增量更新。

（二）管理功能要求

管理功能要求数字档案馆系统能够对无序电子档案进行整理、分类、著录等操作，以实现对无序数据的有序化和信息化处理。数字档案馆对档案的分类有较高的要求，系统应具备自定义档案分类方案的能力，能够根据不同的分类方案对档案进行重新分类、编号，并添加档案元数据。此外，系统还应能关联实体档案的存储位置，统计各类档案的类型和数量，以及定制化业务流程等功能。具体的功能内容需要根据不同档案馆的业务流程进行定制与开发，以满足其特定需求。通过这些管理功能，数字档案馆能够更加高效地管理和利用档案资源，提升档案管理的效率和质量。

（三）存储功能要求

存储功能要求数字档案馆系统能够实现对数字档案的长期安全保存。由于档案数据对数据存储安全性要求极高，因此确保数字档案的安全性是至关重要的，其中数据备份是其中的重要环节。根据通用的数据安全备份标准，重要数据应该符合"3-2-1"备份原则，即至少进行三份复制备份，其中至少包含两种不同介质，并且至少有一份备份存放在异地。然而，多套备份会极大增加备份成本，提高实施复杂度，并增加数据安全风险。因此，在实际应用中需要在数据安全性、应用成本以及应用难度之间寻求平衡。通过综合考虑，数字档案馆可以选择适合自身需求的备份策略，以确保数字档案的长期安全存储，并在不同情况下灵活调整备份策略以满足实际需求。

（四）利用功能要求

利用功能要求系统根据档案信息的利用需求和网络条件，在公众网、政务网、局域网等建立不同的利用窗口，以实现数据查询、资源发布和信息共享等功能。一些档案馆已将手机查询功能整合到政务系统中，并通过政务 App提供在线查询服务。为了打破信息孤岛，实现"一网查档、异地出证"，全国档案事业在"十四五"期间的重要建设内容是推动全国档案信息利用的"一网通办"。一些档案馆通过政务服务网实现跨区域数据互通，例如上海市档案馆与山东省档案馆形成了"沪鲁通办"档案查询，安徽省档案馆接入"皖事通办"，实现了长三角地区的一网通办。通过这样的努力，实现了档案信息的无障碍利用和跨地区便捷服务。

四、数字档案馆发展的基础——计算机多媒体技术

在信息时代的背景下，数字档案馆作为计算机多媒体技术的产物，在满

足时代发展需求的基础上，实现了传统档案馆的巨大转变。数字档案馆的建立主要依托信息时代的计算机多媒体技术，展示了未来档案馆的发展前景。它扩展了档案馆数字信息的收集、利用、共享和管理等领域，为用户提供更便捷、高效的档案信息服务。在实践和运行中，数字档案馆充分利用先进的计算机、数据库、多媒体、数字影像、扫描和存储等技术，将存储在不同载体上的档案信息转化为数字形式，并以数字化方式进行传播、存储和利用。通过计算机系统的运用，形成了规范有序的档案信息库，为实现信息资源共享奠定了坚实的基础。数字档案馆的建立与运营使档案管理迈入了全新的时代，展现了数字化时代中档案事业的无限潜力。

五、数字档案馆发展意义

（一）档案存储保管更安全

社会活动所产生的各种原始记录即为档案，这些档案具有独特的价值，一旦遭受损失或丢失，很难弥补。数字化档案的出现取代了传统的档案存储方式，降低了档案的遗失和损毁的风险，有效延长了档案原件的使用寿命。数字化档案在提供服务时能进行严格的权限控制，可以做到既提供了信息，又保障了信息的安全性。数字化档案具有可复制性，即使面对各种不可抗力的情况下，原件遭到毁坏，仍能够提供信息供参考。这种特性确保了档案的可靠性和持久性，为社会各界提供了宝贵的资源和参考依据。数字化档案的应用为档案管理和信息利用带来了革命性的变化，为我们的社会活动和决策提供了有力支持。

（二）档案的服务质量大幅度提升

数字化档案的共享特性突破了档案利用的原件、空间和时间限制，从而提高了档案的利用率，更加及时有效地为发展提供服务。与传统档案管理方式相比，数字化档案拥有更丰富的资源、更广阔的存储空间、更便捷的检索和更快速的传输，同时在管理和控制方面也更加严谨。这为行业的发展提供了更为优质的服务和有力的决策支持。数字化档案的引入不仅提升了档案管理的效率，还为各行各业的决策和发展提供了强大的信息支持，为构建信息化、智能化的社会提供了坚实基础。通过数字化档案的广泛应用，我们能够更好地利用档案资源，推动社会的进步和发展。

（三）提高档案管理工作的效率

数字档案馆的建立确保了档案信息收集的完整性，并实现了档案著录、标引、鉴定、统计等基本工作的智能化管理，同时实现了多元化、网络化和远程化的档案服务方式，从而将实体档案转变为信息控制的形式。这种转变对传统的档案管理方式产生了重大影响，进一步提升了档案管理的工作效率。在知识经济时代，知识产生的收益比重大幅增长，数字档案馆提供的信息变得非常重要，它能为各部门的管理和决策提供信息支持。通过对比分析，能够有效地进行决策。近年来，随着持续的探索和研究，数字档案馆的工作越来越完善，提供的信息更加及时、准确且具有较高的权威性。数字档案馆在科学研究和知识普及方面发挥着重要作用，为实现科教兴国目标做出贡献。通过数字档案馆，我们能够更好地管理、利用和共享知识资源，来推动社会的发展和进步。

六、数字档案馆发展带来的变化

（一）档案载体的变化

随着办公自动化的实现，大量电子文件的产生已成为不可避免的时代趋势，电子文件逐渐取代纸质文件成为档案信息的主要形式。在未来，档案馆的主要任务将是管理电子档案，收藏、保管和利用的档案信息将主要以数字化形式存在，以计算机可读写介质作为载体，供计算机处理，并通过网络传输。因此，档案的载体将从纸质逐渐转变为计算机可读写介质。这一转变意味着档案管理将面临新的挑战和机遇，档案馆需要适应数字化时代的要求，提升数字档案的存储、管理和保护能力，以更好地应对信息化发展的需求。

（二）收集方式的变化

数字档案馆作为与网络技术、通信、计算机等高新技术发展相伴而生的产物，会依赖于网络系统。随着办公自动化的进步，档案管理的模式也发生了变化，从传统的单机管理模式，变为办公自动化系统中的一个子系统，并将随着办公自动化系统的不断发展而进一步完善。这种整合使数字档案馆能够更好地与其他系统进行协同工作，实现更高效的信息管理和资源共享。数字档案馆的发展与办公自动化系统紧密相连，两者相互促进、相互发展，共同推动了信息化时代档案管理的进步。

（三）数字档案馆将实现文档一体化管理

通过网络系统，我们可以实现电子文件的接收和归档，同时也能为利用者提供利用服务。采用文档一体化管理的方式，显著降低了档案整理的劳动强度，有效提高了工作效率。网络系统的应用为档案管理带来了便利和效益，使信息的处理更加高效和快捷，同时也提升了用户的满意度。通过整合各项功能，实现了档案管理的一体化，为用户提供了便捷的档案服务和便于利用的资源，为工作流程的优化和升级提供了有力支持。

（四）服务方式的改变

通过网络的利用，可以减少档案工作者直接为利用者查阅目录和调卷的工作量，使档案工作者有更多时间专注于档案数据的整合，开发更多可利用的档案信息。这样便形成了档案利用工作的良性循环，提升了档案工作的效率和质量。数字档案馆的发展为档案利用带来了巨大的便利和机遇，为推动信息资源的充分利用和档案工作的创新发展提供了有力支持。

（五）保管方式的改变

由于数字档案载体的特殊性，档案工作人员需要定期对电子档案进行维护和保存，以确保其安全可靠，并使其保持长期的可读和可用状态。且还必须确保电子档案的载体安全，以防止自然灾害和突发事件对档案信息造成破坏，同时还需定期进行检测和备份。此外，应注重保护磁盘、光盘等数字文件的物理环境，以避免意外损坏的发生。需要加强对电子文件形成过程中所涉及的背景信息、相关信息以及阅读电子文件所需的软硬件设备的保存，以确保电子档案的可用性和可读性。应采取措施防止信息丢失和非法篡改等风险的发生。在网络环境中，需要妥善平衡信息资源共享和保密工作之间的矛盾，以确保信息的安全性和合规性。同时，加强网络安全措施，防范网络攻击和数据泄露，保护电子档案不受未授权访问和侵害。保护电子档案的安全是数字化时代档案管理的重要任务，需要综合运用物理、技术和管理手段，确保电子档案的完整性、可用性和安全性。通过这些措施，可以有效保护和管理数字档案，以满足信息长期保存和可靠利用的要求。

七、数字档案馆理论实践发展现状

数字档案馆的理论研究和实践发展是档案馆发展的必然趋势。然而，由于数字档案馆自身理论和实践模式还不够成熟，以及传统档案馆模式等因素的限制，数字档案馆的发展依然是一项长期而系统的工程。

数字档案馆的建设会受到需求的局限性和社会需求的限制，因此进展较为缓慢。由于理论研究的滞后，数字档案馆的建设缺乏明确的目标和系统完整的需求框架。我们需要进一步加强对数字档案馆理论的研究，深化对其发展规律和运行机制的认识，为数字档案馆的实践提供更科学的指导。同时，需要借鉴国内外的先进经验，积极探索适合自身情况的发展路径，推动数字档案馆建设朝着更加成熟和完善的方向迈进。此外，信息理论和技术在推动档案学变革方面还存在许多不完善之处，使得档案信息的价值和功能无法完全展现出来。尽管社会对档案的认可度在不断提高，但由于观念、制度和技术等方面的局限性，社会对数字档案的需求增长缓慢。

八、数字档案馆的普及策略

（一）加强数字化信息资源建设

档案馆的信息资源建设是其建设工作的核心。信息资源指经过组织和系统化处理的数字化大集合。其中，将馆藏的数字化资源供用户查阅是数字化建设中至关重要的一步。此外，用户对信息的需求日益呈现针对性和个性化特征。因此，档案馆应有针对、有计划地开发网上信息，以满足用户的特定需求。同时，档案馆还应充分利用网络，为档案科研提供广泛的信息服务，使网上内容更加丰富，从而实现资源共享的目标。为此，档案馆需要不断探索创新，加强技术研发，提高信息处理和服务能力，确保信息资源的高效利用和充分开发。通过这些努力，档案馆能够更好地满足用户需求，促进信息资源的有效利用和传播。

（二）深入开展优质服务工作

服务是用户工作的核心，随着用户工作环境和服务手段的变化，服务内容也要进行相应调整。档案工作方式已由以档案为中心转变为以用户为中心，实现了以人为本的服务理念；工作内容也从档案服务向信息服务转变。这些转变意味着档案馆需适应用户需求，为其提供多元化的服务，并运用信息技术手段提供更便捷、高效的服务。档案馆要不断创新服务模式，拓展服务领域，以满足用户对信息的多样化需求。同时，档案馆也要加强对信息资源的管理与开发，提供用户所需的准确、可靠的信息服务，以促进用户工作的顺利进行。未来，档案馆的评价将不再仅仅基于馆舍的规模，而是更加关注档案馆的服务质量。因此，档案馆需要不断创新，不断提升服务水平，以满足用户的需求和期望。这样的发展方向将使档案馆成为用户信赖的知识和信息资源中心。

（三）对用户进行素质教育

网络环境下的档案馆将成为未来的发展方向，如何确保广大用户能够快速、安全、可靠地获取信息资源，成为档案服务管理工作中的重要挑战。在网络环境下，受服务对象的多样性和服务方式的多样化，以及电子数字信息资源的快速变化和面临的安全威胁（如电脑病毒和不良信息）等因素的影响，可能会对信息资源的安全性造成干扰和破坏。因此，如何防范信息化社会对档案馆带来的负面影响，以及如何建立一套有效的、能够利用各种信息技术的新型档案馆体系，成为各档案馆必须认真应对的问题。

（四）提高馆员队伍素质

在网络环境下，加强档案馆专业队伍的建设并迅速提高队伍素质，是确保优质用户服务的关键。尽管计算机和电子网络等先进技术的应用日益广泛，但它们仍然需要由人来进行操作和管理，信息化社会并不会导致档案馆的消亡，计算机也无法取代工作人员的角色和功能。

第三节 高校数字档案馆建设目标与原则

数字档案馆拥有多个特点，包括信息检索的便捷化、服务范围的扩大化、信息的组织与传输网络化、馆藏资源的数字化以及信息资源的共享化。在大数据时代，各种新技术和新媒体进入高校管理的各个系统，导致高校档案馆面临形式多样、内容丰富的数字档案的挑战。因此，高校档案馆需要进行规范化建设，以构建新的数字档案资源管理模式。

一、高校数字化档案资源的现状

（一）数字档案逐步取代纸质档案

随着高校功能的扩展，其在社会服务、科学研究、文化传承和人才培养等领域的作用日益凸显。高校在这些社会活动中积累了丰富的信息资源。除了传统的文书档案、人事档案、财务档案、教学档案和资产档案，高校的其他档案信息主要以数字形式存在，数字化档案已成为高校档案的主要形式。数字化档案以其便捷、可靠的特点，能更好地满足了高校档案管理和信息利用的需求。数字化档案的建设和管理已成为高校档案工作的重要任务，为高校提供了更加高效、便利的档案服务。高校档案部门应积极推进数字化档案建设，加强档案信息的整理、归档和存储，以确保数字档案的安全性和可持续性。

（二）数字档案资源独立分散

当前，高校对信息的保存非常重视，形成了大量的业务档案。尽管部分业务档案已被纳入学校档案馆，但由于缺乏有效的管理机制，高校档案资源建设存在一定问题。各业务系统和部门独立保管档案资源，导致数字档案资源分散和孤立，各类信息资源无法及时收集。

高校档案馆普遍面临人员不足的问题，许多高校的档案管理人员难以随时参与档案收集工作，导致一些档案信息长时间滞留在业务系统或工作部门中。相较于传统档案，高校档案更涵盖科技和文化成果，特别是科技档案大多保存在科研部门。然而，有些科研成果无法及时进入档案馆，甚至有些信息最终无法纳入档案馆中，也是一些高校正面临的问题。

为解决这些问题，高校需要建立健全的档案管理机制。档案资源应进行集中整合，建立统一的数字档案库，以确保信息资源的一体化管理和共享。高校档案馆应加强人员配备，提高档案馆工作人员的专业能力，加强与各部门的合作与沟通，确保档案信息及时收集、整理和归档。此外，高校档案馆还应加强科研档案的收集和管理，确保科技成果及时进入档案馆，为学校科研和学术交流提供可靠的历史记录和参考依据。

（三）数字化档案具有明显的开放性

随着学校管理形态的演变，社会和高校师生对高校档案资源的需求方式也在发生变化。加上高校之间激烈的竞争，许多高校将办学历史、办学成就、优秀校友和知名专家学者作为重要的竞争策略，广泛设立了网上档案馆，特别是那些历史悠久且排名靠前的高校，更是开通了网上档案查询平台。为了更好地让社会各界了解自身，许多高校还公开了教学计划、人才培养方案、科研成果、招生计划和教学资源等，以实现数字档案资源在网上的发布和传递，从而更好地满足学校的发展需求以及师生的工作和学习需求。

二、高校数字档案馆建设要点分析

（一）高校数字档案馆建设的关键点

1. 遵循行业法规和标准是数字档案馆建设的关键前提

数字档案馆通过数字化存储和网络化服务，实现了不同载体和地理位置的档案资源的存储和利用，提高了档案资源开发、共享的效率，并全面管理档案资源的各个环节，全面提升了档案管理效率和信息服务水平。

在数字档案馆建设中，必须严格遵循国家档案行业的法规和标准。在档案及其他档案的资源建设、管理、存储、加工以及采集方面，遵守法规和标准是实现数字档案馆开放、易扩展、易维护体系结构目标的基本保障和途径。此外，还应遵循本校的信息编码标准规范，以便实现系统扩展和数据交换的需要。

2. 加强数字资源建设是数字档案馆建设的关键基础

数字档案馆的建设关键在于建立各类数字档案资源库群，包括将传统载体档案进行数字化、电子文件进行归档以及专题数据库的建设，以免数字档案馆成为一座空壳。数字档案应具备与传统档案相同的原始性、凭证性和长期可读性。因此，在对传统载体档案进行数字化处理和电子文件进行归档时，除了遵守各类载体数字化规范标准外，还应注重采集各类数字化档案的元数据，确保电子档案的内容数据与元数据之间建立持久有效的联系。这样可防止非法篡改，保障数字资源的安全可靠性。

数字化档案的元数据包括描述档案特征、属性和内容等信息，可以作为档案资源的描述、管理和检索的依据。在数字档案的建设过程中，应确保元数据的完整性、准确性和一致性，采用标准化的元数据模型和规范，以便于数字资源的组织、共享和利用。

此外，为确保数字档案的长期保存和可读性，还需采用合适的数字保存技术和策略，包括数据备份、数据恢复和数据迁移等措施。同时，建立数字档案的访问控制和权限管理机制，保护档案资源的机密性和完整性。

综上所述，数字档案馆的建设需要确保数字档案资源的多样性、原始性和可信性，注重元数据的采集和管理，采用适当的数字保存技术，以及建立健全的访问控制和权限管理机制，以保障数字资源的安全性和可靠性。

3. 统筹规划、分段推进、注重实效是数字档案馆实施的关键原则

数字档案馆的建设涉及数字资源、业务系统、用户服务、数据整合和系统集成等多个方面。在资金和人员有限的情况下，可以采取分阶段、有步骤的方式逐步推进，以实现最终的建设目标。在初始阶段，首要任务是确保档

案管理系统中基本功能模块的实施，随后可以逐步扩展其功能，并采用模块化开发模式增强平台功能。由于数字化、数据交换和系统集成等方面受到资金、人力和资源等多方面条件的限制，应当采取有效的优先级排序和资源配置策略。例如，可以优先推进关键业务系统的建设和数字资源的整合，逐步增强用户服务功能和提升数据交换的效率。此外，与相关机构的合作也是关键。总之，在数字档案馆建设过程中，要充分考虑资源限制，可以通过分阶段的项目实施来满足条件，合理规划和安排建设步骤，采用分期实施方法能够最大限度地克服条件限制，并推动数字档案馆建设的顺利进行以实现最终目标。

4. 全面系统梳理档案工作业务流程是数字档案馆建设的关键步骤

为了提升档案管理与服务水平，我们可以通过集成、归档并利用那些结构各异的电子档案来实现。首先，我们需要对现有的档案业务进行全面的梳理，以获取尽可能详细的功能需求。这样可以确保基础业务流程的规范化，并实现档案管理与服务的标准化和流程化管理目标。将档案业务进行流程化，可以使得档案业务工作变得规范且易于操作。流程化的档案管理业务是成功实施后续业务和建设服务系统的关键步骤。为此，我们需要对业务进行分模块和分类，以便进行更加有序和高效的管理。通过这样的改进措施，我们能够提升档案管理的质量和效率，为用户提供更好的档案服务。

（二）高校数字档案馆建设主要风险点与不确定性

高校数字档案馆的建设需要各业务部门的配合，单凭档案部门的力量是无法完成的。许多高校已成功实施了数字化校园和办公自动化系统（OA）项目，系统遵循统一规划、平台和管理原则，实现了应用整合、数据集中和网上公文审批流转等目标，为数字档案馆建设奠定了基础。然而，由于对档案归档和信息化认识的局限性，或是档案信息化发展工作滞后，导致许多高校在数字化校园规划中缺乏档案信息化的考虑。这种情况使得档案信息化在数字化校园规划中存在缺位和缺失的问题。

以 OA 系统为例，只有少数高校在 OA 系统规划时就有档案部门参与规划 OA 文档的归档流程设计，实现了对电子文件归档的前端控制。多数高校在数字化档案馆建设时面临学校各业务系统缺乏前端控制归档的情况。在后期的数字档案馆建设中，只能尽量适应并迁就其他业务系统的流程和数据，从被动的局面入手，这为数字档案馆建设带来了不确定因素。

平台集成与系统对接工作是数字档案馆建设的主要不确定因素和风险点，因此需要协调学校信息化部门、业务部门和软件开发公司的技术、人力、资源和资金等方面的配合。为确保项目顺利实施，需要积极与各方进行沟通协调。在前期，通过走访和调研与相关业务部门进行沟通，充分了解业务需求，获得校领导和相关部门的支持，并就数据共享和项目实施达成共识。为保持项目进度，要采取一系列主要措施。

另外，为了确保系统的开放性，便于与其他系统进行对接，建议在合同中事先约定提供自定义接口（API）的相关内容，并确保后台可进行管理和自定义配置。此外，数据迁移也是数字档案馆建设中的一个风险因素。

三、高校数字档案馆建设目标

（一）高校数字档案馆建设的目的

高校数字档案馆建设旨在为学校提供全面的档案信息服务。通过数字化加工、开发、集成和远程利用高校各类型的档案信息资源，能长期保存和整合学校发展的历史记忆，并进一步弘扬校园文化。数字档案馆对于提高档案管理效率、为学校教学科研管理提供凭证和提供决策所需的信息服务、实现信息资源的共建共享等方面具有积极意义。

1. 保存历史记忆，弘扬校园文化

办公自动化和各类教学科研管理应用业务系统平台的使用，产生了大量的电子文件，运用数字档案馆系统对这些信息进行采集归档，避免了档案数据遗失，并和传统载体档案一起建成一个资源更为丰富、以档案数字信息资源为中心的信息资源库，为师生和社会校友提供更为有效的档案信息服务，同时数字资源能更快捷地开展校史研究等专题的编研工作，起到丰富校园文化资源，充分发挥档案的育人作用。

2. 摆脱时空限制，提供档案服务

随着高校办学规模的扩大，档案数据剧增，建设数字档案馆把传统载体档案进行数字化加工后，使用服务器和磁盘阵列存储后对数字档案资源进行传输、开发和利用，可以有效摆脱传统档案馆库房紧张的空间限制，同时建成后的数字档案馆系统可以通过远程 7×24 小时为师生校友提供服务，突破了传统的上班时间必须面对面的时空限制，实现了"见面越来越少，服务越来越好"。

3. 规范档案工作，提高工作效率

通过管理系统，可以对档案数字资源进行规范编研和统一管理，避免各种各样的传统载体档案管理带来的不便，运用身份认证、权限访问控制和加密传输等技术，确保档案资源的安全使用与合理利用，能有效保证档案的安全。在数字档案馆的建设过程中，可以利用人工智能技术和理念，实现档案信息的数据校验、分类标引、自助服务、自动著录、智能划控以及声像档案内容的智能识别等功能，并对数字档案进行更为有效地分类和组织，能有效提高档案管理工作效率。

4. 全文检索利用，挖掘档案资源

相比于传统的档案目录库检索依赖于档案元数据的字段著录，数字档案馆采用光学字符识别（Optical Character Recognition，OCR）技术可对档案库中的档案进行全文识别，建立全文索引库，实现档案全文检索，更利于后期档案信息资源的深度开发与挖掘，也利于档案资源的精准检索和全文利用。

5. 提供交流互动，共建共享资源

数字档案馆通过远程利用系统和网络平台为处于分散在世界各地的师生、校友提供服务，也可以通过权限分配、访问控制和加密传输等为用户提供远程档案利用的业务。现在的用户自助服务意识较强，数字档案馆建成后可以把允许公开的档案公开发布供用户自主查询利用，也可提供自助服务终端供查档用户授权使用，同时档案管理员可以使用实时互动交流工具为用户在线解答疑问，及时服务用户。

区别于传统档案，不同的档案部门也可以通过数字档案馆开展有选择的共建共享档案信息资源，通过档案信息的发布与传递，能有效地实现档案信息资源的共享，促进文化交流。

（二）高校数字档案馆建设目标分析

高校数字档案馆建设的目标是充分利用现代信息技术，全面推进学校档案资源的数字化存储、电子化增量以及网络化利用。同时，该建设目标也包括持续改革和完善传统的档案管理模式，创新档案信息化管理模式，并应用信息技术有效地提升档案信息资源的收集、管理和提供利用的服务水平。为实现这一目标，现代信息技术将广泛应用于档案工作的各个环节，使数字档案馆系统覆盖档案工作的各个环节和各种档案管理业务。这样，以信息化为核心的档案管理水平将显著提升，实现档案管理的现代化水平。

从建设的角度来看，高校数字档案馆本质上是一个管理信息系统，它承担着高校档案数字资源的收集、存储、保管和利用共享等档案管理业务功能。在日常的学校档案管理工作中，通过信息化手段实现学校档案工作中的收、存、管、用等日常业务，并通过数字档案馆系统保障档案业务工作的规范化，同时通过系统的使用将各项档案业务规范在档案馆和归档部门中得以贯彻执行，确保档案资源的前端管理、全过程管理、资源化管理、知识化管理和规范化管理。系统提供信息化手段推进电子档案信息资源建设，与办公自动化系统、业务系统等相互衔接，要素合规、来源可靠以及程序规范的电子档案通过存储介质或者符合安全管理要求的网络向档案馆移交。

高校数字档案馆的建设应以学校档案工作为核心，构建完善的档案资源体系、档案利用体系和档案安全体系。要求档案资源体系全覆盖高等院校教学科研管理产生具有保存价值的历史记录，做到"对历史负责，为现实服务，替未来着想"，对学校在发展过程中产生的党群类、行政类、学生类、教学类、科研类、基本建设类、仪器设备类、产品生产类、出版物类、外事类、财会类电子档案和实体档案进行收集整理，并进行科学整合。

利用现代信息技术，创新服务方式，充分发挥电子档案和数字化馆藏档案的作用，档案利用体系应通过网络平台提供在线服务，实现档案资源的共享和服务。要秉持"为党管档、为校为国守史、为师生为人民服务"的宗旨，主动开发档案资源，加强档案编研工作。

由于档案的原始记录性，档案被视为不可再生的资源，一旦遭到破坏将无法恢复。因此，要坚持"档案安全始终是档案工作的生命线和底线，是档案部门的首要任务和核心职责"的原则。在数字档案馆建设过程中，需要修订和完善各项安全管理制度，确保其细致入微且覆盖到档案工作的各个环节和岗位。为此，针对档案工作的每个环节都必须制定相应的档案安全管理制度，明确任务分工和责任人。

为了防范可能发生的风险，需要将安全检查工作常态化、制度化，建立健全的档案安全防范体系，将人防、物防和技防有机结合起来。同时，建立完善的档案安全应急管理制度，制定应急预案，并将档案库房列为重点保护对象。

制定相关标准并采取措施，严格审查、审核和批准档案开放、利用和公布的手续，以防止文件和档案在传输过程中的丢失和泄密。还要保证电子文件和电子档案的长期保存和利用，确保其真实性、完整性、可用性和安全性。严格执行档案安全保密管理制度，保障档案信息的安全性。

四、高校数字档案馆建设原则

要长期坚持建设高校数字档案馆建设，这是一项复杂的系统工程，事关学校档案工作的全局和长远发展，也是数字化校园建设和学校发展的重要组成部分，在建设过程中应当遵循以下原则。

（一）顶层设计、统筹规划

将数字档案馆建设纳入学校发展的整体规划，纳入数字化校园建设整体规划，以获取人才、资金和技术的支持，从而增强持续建设和发展的动力。档案馆在制定和执行标准规范时要考虑到本校数字档案馆的标准规范与数字化校园保持一致，充分考虑本校数字化校园和档案管理的实际情况，为档案信息资源与学校信息资源的共建共享、互通互联打下基础、创造条件。

档案馆在制定数字档案馆建设规划时，要立足长远，既要把握国家数字档案馆发展的战略目标和政策方向，又要深入了解本校档案工作的现实基础和发展需求，数字档案馆建设不是单纯购买一些硬件设备或一套管理软件，建设规划方案应该遵循信息资源建设的规律，从顶层自上而下地设计，站在学校资源管理全局的高度，为实现数字档案馆这个目标而进行有计划地规划，设计好各个档案管理信息系统的建设标准规范、档案移交接收标准、质量检查标准、目录数据库标准、各类档案资源著录的元数据标准规范、档案鉴定标准、档案存储载体标准、档案利用控制标准、档案安全体系建设标准规范及相关的人才队伍建设、制度保障等，同时需要档案部门处理好档案馆与电子校务、档案馆与各归档部门、档案管理人员与归档部门管理人员、档案管理人员与师生校友等之间的复杂关系，从而实现数字档案馆建设促进学校数字校园建设工作、规范档案管理工作、促进校内各部门之间信息资源的共建共享、消除信息孤岛的目标。

（二）循序渐进、持续发展

数字档案馆建设是一个长期的工程，需要注重整个工程项目的循序渐进和持续发展。现在大部分高校数字档案馆建设工作滞后于学校数字化校园建设的整体水平，数字档案馆建设就要结合本校的实际情况，规划一个总体、完整、长远的实施方案，在具体实施时要全面了解本校信息化和数字化校园的建设情况，包括建设的现状、发展规划、建设的标准规范以及相关系统的开放共享程度，并在此基础上对学校数字档案馆建设工作进行规划、设计和实施。

在具体实施项目前，要摸清本校档案工作的基础条件和档案工作的发展水平和状况，包括档案收集、整理、存放和利用的具体工作状况、档案信息资源的具体数量和质量、已有的档案设备条件等，以便做出贴合本校实际的具体发展规划和切实可行的建设方案。在项目具体建设实施时，需要把复杂庞大的数字档案馆建设项目分成若干相对独立并先后连续实施的子项目，确立优先次序，分期选择重点，合理安排，稳步实施，分阶段、有步骤地持续推进。

在高校数字档案馆建设工作中，通常需要按照数字档案馆系统规范构建安全可靠、布局合理的档案网络平台，实现局域网、校园网和互联网的三网隔离。为此，必须配备必要的网络安全设施，如防火墙、漏洞扫描、入侵检测和安全审计等。这些措施旨在确保档案系统的网络安全，防止未经授权的访问和潜在的安全漏洞。将数字档案馆的"高速公路"建设好；然后再配备满足开展数字档案接收、管理、利用等业务应用系统工作需要的服务器和存储设备，按照本馆的实际情况升级和定制开发与本馆业务最相符的数字档案管理系统，落实数字档案馆的"车"；依据本馆的馆藏实际情况分批次有序开展馆藏数字化加工工作，开展电子文件和电子档案的管理工作，装载丰富的"货"；在整个建设过程中始终需要考虑必要的人、财、物的支持，开展相应的安全保障体系以保证数字档案馆建设的效果和保障档案信息安全，相当于制定相应的"交通规则"。

（三）业务导向、利用优先

高校数字档案馆建设应围绕高校的教学、科研、管理等重要活动的开展，收集相关的历史记录，注重管理好以学校部门、学生、教师为主体形成的具有保存价值的档案。

建设时应充分了解学校的档案管理业务，从学校档案的收、管、用等环节考虑相关的资源建设工作，为收集档案资源而建立档案信息采集平台，为管理档案资源而建立档案管理信息系统，为档案安全而建设档案保护系统和备份系统。以记录学校发展的档案资源为中心，优先建设重要档案资源，重点收集相关的电子文件和电子档案。开展馆藏档案资源数字化也应以需求为导向，对馆藏珍贵档案、有重要保存价值和使用价值、需求大、利用率高、有特色的档案和形成年代相对较早的档案先进行数字化。

在建设档案网络平台时，应确保有利于电子文件的归档管理、档案信息资源的共建共享和网络利用。目前大多数高校采用"双套制"的管理模式，因此在数字档案馆建设中需要充分考虑学校电子校务的实际情况。可以在校园网基础上构建电子文件管理平台，并建立电子文件和电子档案管理系统。该系统应覆盖从电子文件采集到电子档案收集、保管和利用的全过程管理。此外，管理信息系统的功能实现和操作界面应尽可能符合用户的操作习惯；对于电子档案和档案数字资源的存储格式选取，应考虑长期保存的需求，并便于共享和利用。

（四）安全保障、科学管理

高校数字档案馆建设应充分考虑档案资源安全保密和数据敏感的特点，涉密档案的相关工作必须严格按照保密工作的要求执行，非涉密档案相关的工作也应满足相应的信息安全等级保护的要求，明确安全职责，评估安全风险，建立健全安全管理制度，同时严格遵守国家法律法规和标准规范，采取安全保障技术方法，配备安全设施设备，落实部门安全管理员、应用管理员、系统管理员、网络管理员等岗位的职责和人选，必要时还应明确安全保密管理员、安全审计员等岗位职责，确保档案信息安全。

同时，要对档案实体进行相应的安全保护，运用现代科学技术建设智能档案库房，在库房中建立温湿度自动控制系统、自动防盗报警系统、自动防火报警及灭火消防系统、视频监控系统、门禁管理系统等，对档案数据中心机房还应做到保证设备的恒温恒湿、屏蔽强电磁干扰、防雷接地、提供 UPS 不间断电源供电和提供完善的安全备份策略等，防止档案实体和档案数字资源的破坏和丢失。

第四节 高校数字档案馆生态系统建设

随着网络信息技术的迅猛发展，社会产生了大量需要保存的数字信息，这促进了数字档案馆的发展。然而，随着对数字档案馆建设研究的不断深入，数字档案馆生态系统问题开始逐渐凸显，严重限制了其可持续发展。因此，在加快数字档案馆建设的同时，也要关注其可持续发展问题。

一、数字档案馆生态系统建设定位

数字档案馆是时代发展的结果，是信息社会档案馆自我优化和升级的产物。在广义上，数字档案馆是指利用信息技术对档案信息进行收集、整理、存储和利用的信息空间；而在狭义上，数字档案馆是指个体档案馆及其档案管理业务等。综合来看，数字档案馆是利用网络技术提供档案信息管理和共享利用的信息系统。

生态系统的概念最初源于生物学领域，用于描述一定时间和空间范围内生物与生物之间、生物与物理环境之间的相互作用，通过物质循环和能量交换等过程形成具有生物多样性的有机整体。在 20 世纪 60 年代，生态系统与信息学结合，产生了信息生态系统的概念，它强调了信息人、信息、信息环境三个要素之间的相互作用。

数字档案馆生态系统是运用生态学的概念、理论和方法研究数字档案馆的结构、功能和管理运作的系统。其内涵主要强调：数字档案馆生态系统是一个不可分割的整体。在数字档案馆的产生、发展和壮大过程中，人类在其中发挥着主导作用，同时环境因素的调和与促进也不可或缺。两者相互影响、相互促进，使得数字档案馆生态系统能够正常运行，并持续提供符合需求的信息产品和服务，实现数字档案馆的社会价值。

数字档案馆生态系统的可持续发展研究是国家生态文明建设的重要体现，因为生态文明建设强调社会的可持续发展，而数字档案馆生态系统则强调数字档案馆内部生态系统的可持续发展。其次，数字档案馆生态系统的可持续发展研究对于推动实现国家"十四五"档案事业发展规划至关重要，着重推进档案工作依法治理、开放和现代化的进程。最后，数字档案馆生态系统的可持续发展有助于促进数字档案馆内部的档案信息人、档案信息资源和档案信息环境之间的循环流动，从而保障数字档案馆的良性发展。这一研究方向对于提升数字档案馆的功能和服务水平、实现数字档案馆的长期稳定发展具有重要意义。

二、数字档案馆生态系统建设结构要素

数字档案馆生态系统是一个以人为中心的人工生态系统，它的特点与自然生态系统并不完全相同，因此不能简单地按照自然生态系统的构建方式来建立数字档案馆生态系统。在数字档案馆生态系统中，各种生态因素通过物质循环、信息流动和能量流动的相互作用共同构成了数字档案馆的生态系统。数字档案馆生态系统的构建需要考虑到人的行为和需求，以及信息技术的应用和发展，从而实现数字档案馆与用户之间的良性互动和协调。数字档案馆生态系统的建设旨在提供高效的数字档案管理和服务，促进信息共享与交流，

满足用户对数字档案的需求，并不断适应和应对不断变化的环境和技术挑战。这种人工生态系统的建设和运行，需要综合考虑人的需求、档案资源的管理和利用、信息技术的支持等多个方面的因素，以实现数字档案馆的有效运作和可持续发展。这种以人为中心的生态系统理念，为数字档案馆提供了一个全新的管理和发展模式，以适应数字时代档案管理的要求。

数字档案馆生态系统的主体可划分为三类生态因子，包括档案形成者、档案管理者和档案利用者。

档案形成者作为数字档案馆生态系统的基础，决定了系统中档案信息资源的质量，对数字档案馆生态系统的健康发展起着直接的影响。档案管理者则是数字档案馆生态系统中最为重要的生态因子之一，其在系统中扮演着核心角色。

这三类生态因子共同构成了数字档案馆生态系统的运行机制，它们相互依存、相互作用。只有形成者、管理者和利用者之间密切合作，共同推动数字档案馆的发展，才能实现数字档案馆生态系统的良性循环和可持续发展。数字档案馆生态系统的客体指的是数字档案馆的生存环境。根据空间分类，可将其分为宏观环境、中观环境和微观环境。

宏观环境是指对数字档案馆建设和发展造成机会或威胁的主要力量，对数字档案馆群体内的所有组织产生影响，处于数字档案馆所面临环境的最外围。

中观环境是数字档案馆直接面临并与之相关的社会力量，它连接宏观环境和微观环境。

微观环境是指数字档案馆的内部环境，它确保数字档案馆的正常运行，实现为社会提供档案信息服务目标所需的内部条件和氛围。

这三个层次的环境共同构成数字档案馆生态系统的客体，它们相互作用和影响。数字档案馆需要在宏观环境和中观环境的作用下，通过优化和协调微观环境的各个生态因子，实现数字档案馆生态系统的良性发展和可持续运行。因此，数字档案馆应关注并积极应对各个层次环境的挑战和机遇，为数字档案馆的发展提供有利的生存环境。

三、制约数字档案馆生态系统可持续发展的原因

数字档案馆生态系统强调的是数字档案馆内档案信息人、档案信息资源和档案信息环境三要素之间的相互作用和平衡。如果这三要素之间失去信息生态平衡，将会限制数字档案馆生态系统的可持续发展。数字档案馆需要确保档案信息人的需求与档案信息资源的供给相匹配，并与档案信息环境保持良好的互动和协调。只有这三要素之间形成相互依赖、相互促进的关系，数字档案馆生态系统才能实现持续的发展和健康运行。因此，数字档案馆应重视并维护这三要素之间的平衡，以保障数字档案馆的可持续。

（一）档案信息人的观念意识

1. 档案信息生产者责任意识有待提高

在数字档案信息的生产过程中，存在着一定的问题。首先，信息生产者可能由于利益诱导，违背职业道德甚至触犯法律，故意伪造数字档案信息，导致数字档案资源的不真实。其次，档案信息生产者在工作中可能缺乏认真性，无意识地犯下小错误，导致数字档案资源的真实性受到影响。这些问题对数字档案的可信度和可靠性构成了威胁，因此在数字档案的生产环节中要加强监督和管理，确保信息的准确性和真实性。信息生产者应当严守职业道德，遵守法律法规，防止信息伪造和错误，以保证数字档案信息资源的可信度和可靠性。

2. 档案信息管理者服务理念落后

首先，传统的档案借阅过程受到一定的限制和审批手续，导致档案工作者的服务相对被动。传统档案的保密性要求较高，因此档案部门常常陷入封闭状态，日常管理活动更注重保管而轻视利用，导致服务的被动性。

其次，目前数字档案馆中的档案工作者在知识结构方面存在不足。他们的档案知识主要集中在传统档案管理领域，对于信息化档案和信息技术的了解相对较少，缺乏运用档案管理信息系统的能力。

为了改善这些问题，需要加强档案服务的便利性和灵活性，简化审批流程，提高服务效率。同时，档案工作者应积极学习并更新知识，加强对信息

化技术的了解，提升自身的信息技术运用能力，以适应数字档案馆的发展需求。这样可以提高档案工作者的主动性和专业素养，更好地满足用户的需求。

3. 档案用户档案意识薄弱

受历史、政治等因素的影响，档案部门在社会公众意识中被认为具有一定的神秘性，人们普遍认为档案馆保存的档案与个人无关，导致人们缺乏对档案的积极利用意识，整体社会对档案的重视程度不高。这反映了社会公众的档案意识相对匮乏。

（二）档案信息资源利用情况

1. 档案信息资源结构单一

我国数字档案馆保存的数字档案资源种类相对有限，馆藏内容相对不够丰富。主要保存党和国家的重要档案资源，档案保存层级较高，且与社会大众和民间生活密切相关的档案信息资源相对较少。

2. 档案信息资源共享程度不高

就目前数字档案馆建设发展阶段而言，大多数数字档案馆的档案信息资源仅限于内部共享，难以实现不同馆之间的档案信息共享。此外，国内综合档案馆系统目前主要限于省级行政区域范围内进行资源共建和共享的实践。

3. 档案信息资源区域分布不均

在经济发展现状的影响下，档案资源的区域分布存在不均衡现象。大部分档案资源集中在经济发达的东部地区和一些大城市，而相对而言，中小城市和经济落后的西部地区的档案资源种类较少且利用率低。这导致一些数字档案馆名存实亡，失去了档案馆建设的目标和意义。

（三）信息环境运行状况

1. 法治环境

目前，数字档案馆建设与发展的保障是法律法规和标准规范。然而，与数字档案馆相关的法律法规和标准规范仍有待完善，数字档案馆的工作流程及其相关技术规范需要进一步明确。

2. 经济环境

数字档案馆建设需要充足的人力、物力和财力支持，然而，作为公益性和社会性部门，数字档案馆建设主要依赖政府投入，资金和经费短缺成为制约数字档案馆可持续发展的重要因素。

3. 技术环境

由于缺乏长期规划的信息技术战略视野，数字档案馆建设还面临着技术更新和安全问题的挑战。不同软件和应用系统之间的兼容性问题导致数字档案馆后期技术维护成本增加。同时，数字档案馆的信息技术使用必然带来网络安全隐患。为了应对这些问题，数字档案馆需要加强对技术更新的规划和管理，并采取有效的网络安全措施。

四、数字档案馆生态系统特点

数字档案馆生态系统的特点包括复杂性、整体性、开放性、驱动性以及动态性等。

（一）整体性

整体性特征使数字档案馆生态系统具有高效性和适应性，使其能够有效应对外部环境变化和内部需求。通过人的参与和管理，数字档案馆生态系统能够不断获取新的资源和信息，保持可持续发展。同时，数字档案馆生态系统的有机组合和相互作用使得各个生态因子之间形成了良好的协同效应，以此提升整体系统的综合能力。

因此，数字档案馆生态系统的整体性特征是推动数字档案馆建设和发展的关键要素，为数字档案馆提供了稳定的生存环境。

（二）复杂性

数字档案馆生态系统是层级结构，可以分为主、客体两个层级，各层级可划分为三个子层级。每个小的层级系统受更高层级系统的影响和控制，各个层级系统之间相互补充、交叉催化，共同形成了一个复杂而有序的关系网络。这种层级性结构使数字档案馆生态系统的运作更加稳定和高效。

生态因子的多样性也是数字档案馆生态系统的特点之一。生态因子的多样性体现在主体和客体两个方面。在主体方面，根据《中华人民共和国档案法》，主体可以划分为国家、机构和个人，每个类别都包含着复杂的组成要素。在客体方面，数字档案馆生态系统涵盖了社会和自然两个大环境，涉及了人类社会生产的各个领域。数字档案馆生态系统主客体的多样性使得整个系统具有更广泛的适应性和应变能力。

　　因此，数字档案馆生态系统的复杂性源于其层级结构的有序性和生态因子的多样性。这种复杂性要求数字档案馆在建设和发展过程中要注重整体规划和协调，确保各个层级系统和生态因子之间的相互配合和平衡，从而实现数字档案馆生态系统健康、可持续的发展。

　　（三）驱动性

　　数字档案馆生态系统的驱动性指的是数字档案馆的生存和发展与自然生态系统的自然演变进化方式的不同，它受到外部因素的刺激和驱动。首先，广泛应用的信息技术改变了档案管理的方式和手段，推动了数字档案馆的发展。其次，电子文件的产生使得档案工作有了新的管理对象，这促进了数字档案馆的建设。最后，数字档案馆的存在目标是为用户提供高效快速的信息服务，这也是数字档案馆持续发展的动力所在。因此，数字档案馆生态系统的驱动性来源于信息技术的变革、电子文件的产生以及用户对信息服务的需求，这些外部因素共同推动着数字档案馆的发展和创新。

　　（四）动态性

　　数字档案馆生态系统一直处于不断发展和完善的动态过程中。它按照自身的整体演化规律独具特色，每个阶段都具备独特的特点。从最初的概念演变和技术探索，到当前对数字档案馆生态系统整体性的研究，该系统一直在持续地发展和演进。这种演变为未来数字档案馆的发展奠定了科学的基础。随着技术的进步和应用的不断深化，数字档案馆生态系统将进一步丰富和完善。这将涉及数字化技术、信息管理模式、用户需求和社会环境等多个方面的创新和协同发展。未来的数字档案馆将更加注重整体性和生态性，实现数字资源的有效整合、共享和可持续发展。通过持续的研究和实践，数字档案馆生态系统将逐步趋于成熟，并为数字档案的发展和保护提供坚实的支撑。

（五）开放性

数字档案馆生态系统并非封闭的系统，而是不断与外界环境进行交流额，具有开放性的特征。这种特征主要表现在三个方面。一是信息资源的开放性。数字档案馆生态系统的信息资源有来自传统档案馆的资源，也有来自计算机互联网上的信息资源，还有来自与其他信息机构合作共享的信息资源。二是数字档案馆生态系统具有开放性。其服务对象由原来的机关政府单位转向了人民群众。三是数字档案馆生态系统是一个特殊的开放系统，它的完善和发展需要与其他人员、部门、机构进行合作，它的能量交换、信息流动、物质循环都与外部环境紧密相关。

五、数据信息时代高校数字档案馆生态系统建设方案

（一）健全法律法规是制度保障

为了确保数字档案馆的稳定建设与持续发展，需要构建一系列法规条例作为支持和保障。

为此，需要制定明确的法规，规定数字档案馆的职责、管理机制、资源保障、信息安全和服务标准等方面的内容，以确保数字档案馆建设与运行的合法性、规范性和可持续性。这些法规条例应当综合考虑国家档案管理相关法律法规，并结合数字档案馆的特点和需求，制定适用于数字档案馆的专门法规。这样的法规体系将为数字档案馆建设提供明确的指导和规范，确保其在长期发展中稳步推进，避免在建设过程中的不稳定和中途停滞的情况出现。

（二）强化数字档案馆保障体系建设

数字档案馆的保障体系涵盖了制度、人员、资金和物资等方面。首先，数字档案馆需要建立健全的规章制度。这将成为数字档案馆运转的指南，确保其正常运行和管理。

其次，资金是数字档案馆能进行有效运转的前提。只有经费获得批准，数字档案馆的建设才能顺利启动并持续进行。

此外，数字档案馆还需要合理配置人员和物资资源，并确保馆内的人力资源和技术设备能够满足数字档案馆的运行和服务需求。人员包括专业档案工作者和相关技术人员，他们将负责数字档案的管理、维护和服务工作。物资资源则包括数字化设备、存储设备和安全设备等，以保障数字档案的存储、保护和安全性。

通过建立完善的制度、获得充足的资金支持以及合理配置人员和物资资源，数字档案馆能够建立起一个稳定可靠的保障体系，以确保数字档案馆的正常运行和持续发展。

此外，数字档案馆建设还需要配备符合规范的基础设施。服务器或云平台以及机房是数字档案馆的核心设施，它们承载着数字档案的存储和保护任务。电子档案阅览室和为利用者专门配置的计算机是提升服务形象、展示数字档案馆成果的重要设施。网络作为数字档案馆建设的传输纽带，也是不可或缺的。

为了确保数字档案馆建设的启动和有效运行，这些配套设施必须齐全且符合规范。同时，数字档案馆建设还需要人员、资金和物资等方面的充分支持。只有这些要素全部到位，数字档案馆建设才能顺利启动并逐渐展现出成效。

因此，数字档案馆建设需要依靠专业人才的支持，配备符合规范的基础设施，并获得充足的人力、财力和物力资源。只有这样，数字档案馆才能够顺利启动，并逐步取得显著成果。

（三）丰富数字档案资源内容

数字档案馆建设面临着重要的挑战，如何确保数字档案的质量和安全是首要任务。数字档案馆建设的首要任务是加强档案信息资源的建设。在大数据时代，需要从大档案的视角出发，通过多渠道、多方面的方式，采集有价值的信息资源。

在推进馆藏档案的数字化过程中，确保数字档案的质量和安全至关重要。

数字化是将纸质和声像档案转化为可读的数字档案最便捷的方法。尽管这种方法相对简单，但绝不能忽视数字档案的质量和安全性。要采用适当的技术和标准，确保数字化过程中的数据完整性、准确性和可靠性。此外，还需加强数字档案的安全管理，采取必要的措施保护数字档案的机密性并防止其被非法篡改。通过建立严格的访问控制、加密传输、灾备备份和定期审计等手段，保障数字档案的安全可信。

数字档案馆建设不仅仅是将档案转化为数字形式，更要确保数字档案的质量和安全，以实现长期保存和有效利用的目标。只有在信息资源建设、数字化过程和安全管理方面进行全面把握，数字档案馆才能真正发挥其应有的作用。

因此，数字档案馆建设需要着力解决档案信息资源的建设，并确保数字档案的质量和安全。这样才能在大数据时代有效地应对挑战，实现数字档案馆的可持续发展。

（四）构建操作便捷、服务模式多元化的平台

在当今信息技术和微媒体极为发达的时代，多样化的服务模式能充分展示数字档案的价值，并提供人性化和便捷的服务。数字档案信息的服务渠道包括主动服务和被动服务、馆内服务和远程服务、在线浏览和下载以及通过新媒体微信和微博进行信息发布等。这些服务方式多元且多样化，为用户提供了丰富的选择和便利。通过这些渠道，数字档案能更好地满足用户的需求，并实现信息的传播与共享。

因此，高校档案人员应当提升主动服务的理念，积极转变角色，不仅仅是保管人员，还要理解档案利用与服务需求，服务贴近用户需求，构建操作简便、检索模式多样化的数字档案服务平台。

（五）构筑数字档案信息安全防御体系

数字档案馆面临着风险挑战，包括丰富的信息资源和便捷的服务可能带来的风险。然而，这些风险不能成为数字档案馆停滞发展的理由，相反，我们应积极主动应对这些风险。为了应对风险，数字档案馆需要从信息安全管

理制度、信息安全技术等方面采取防控措施，具体方法如下所述。

1. 构建数字档案馆安全管理制度

"管理占七分，技术占三分"这句话揭示了数字档案馆安全的重要性。保障数字档案馆的安全性不仅要依靠信息安全技术，还需要建立相关的管理制度，包括保密管理、数据安全管理、软硬件系统管理以及网络和日志安全管理等方面的管理制度。为了确保数字档案馆的安全，需要建立明确的职责和责任体系，并实施机房出入登记管理等保密制度。同时，应明确系统管理员、数据管理员和业务操作人员的职责，并至少配备两名以上的工作人员参与数据库系统管理、网络数据备份以及系统和数据安全等方面的工作。此外，还应构建系统安全、网络安全和硬件安全等管理制度，以确保数字档案馆的安全运行。通过制定安全策略、权限控制、访问审计和漏洞管理等措施，确保系统和数据的完整性、保密性和可用性。不断加强工作人员的安全意识培训和技术更新，及时应对安全威胁和漏洞，建立紧急响应机制和灾备计划，以应对各类安全风险和突发事件。通过综合管理和技术手段的结合，全面提升数字档案馆的安全防护能力，为数字档案的长期保存和有效利用提供可靠的保障。

2. 强化数字档案馆安全管理技术

数字档案馆的安全管理技术主要涉及档案管理系统的安全性和数据传输的安全性两个方面。在档案管理系统的安全方面，可采取网络隔离、数据隔离、防病毒软件和防火墙技术等措施来加强安全保护。而在数据传输的安全方面，则可通过数字加密和数字签名技术来加强安全性。

档案管理系统是数字档案馆运行的核心，其安全性至关重要。为确保档案管理系统的安全，首先需要实施 MAC 地址、IP 地址和用户账户的捆绑登记，以防黑客入侵。这种措施可以有效的减少非法访问的风险，保护档案管理系统的安全。

通过这些安全管理技术的应用，数字档案馆能够提高系统的安全性，并保护档案信息的机密性和完整性，从而确保数字档案的可信度和可靠性。

为了增强数字档案馆的安全性，可以采取以下措施。首先，根据用户的职能设置权限，限制用户对档案的访问和操作范围，确保档案的合法使用。

同时，加强网络隔离技术，将档案馆的局域网与外网进行隔离，减少来自外部网络的黑客攻击。

其次，可以采用双机双网技术、双硬盘隔离卡技术和单硬盘隔离卡等物理隔离措施提升内部网络的可控性。这样可以有效隔离不同部分的数据和系统，减少潜在的风险。

另外，在档案馆的局域网和校园局域网之间设置防火墙，监控档案馆内外网之间的活动，以确保档案馆局域网的安全。这种监控可以及时检测并应对异常行为，保护档案馆的网络安全。

通过这些措施的综合应用，数字档案馆可以提高系统的安全性，保护档案信息的机密性和完整性，确保档案馆的网络环境更加安全可靠。

第六章　高校档案信息化
管理与建设

信息技术正在飞速的发展与演变，当今的世界可以说是一个信息的世界，各个领域都在建立自己的信息管理系统。本章旨在探讨高校档案信息化管理与建设的相关问题，重点关注档案信息化管理的技术应用、高校档案信息化建设的问题与影响，以及高校档案信息化建设管理的思路。

第一节　实现档案信息化管理的技术应用

社会的发展与进步是信息技术发展的基础，在如今这个高度发展的社会中，每个行业以及生活的每个角落都有着信息化的身影。信息化的发展不仅方便了我们的生活更是为各行业的发展提供了动力源泉，因此，如何有效地管理信息技术已成为我国信息化战略发展的重中之重。档案事业的发展离不开信息技术的进步，因此，档案管理人员必须不断充实自身的信息技术知识，以科学管理理念作为指导思想，为我国档案工作信息化助力。

一、档案信息化的技术基础

硬件环境建设是档案信息化的基础，它涉及计算机、服务器、网络设备、数据库、数字化输入/输出设备、存储设备等。现代档案管理人才的培养不但要强化学生的档案管理专业知识，还要在硬件、软件知识方面进行普及，使学生在档案部门能够根据档案的存量、增量、经费情况，提出本部门信息化建设的硬件需求方案，选择合理的软硬件设备。

（一）计算机

计算机是一种能够按照程序运行，自动、高速处理海量数据的现代化智能电子设备。计算机系统由硬件系统和软件系统所组成。

按照性能的不同，计算机可分为巨型机、大型机、小型机、微型机、工作站、服务器和网络计算机等。

在计算机选型时应掌握的一般性原则：选择具有较高性价比的计算机；与网络设备联系起来考虑；充分考虑计算机的效益；考虑售后服务方面的承诺。

（二）服务器

服务器是一种高性能、高可用性的计算机，它可以通过网络为程序终端用户提供专业技术支持。服务器系统能够监测网络上其他计算机或者客户机的服务请求，并根据他们的需要提供合适的服务支持，这是一种承担并保障服务的环节。

服务器具有四种特性，分别是可扩展性、易使用性、易管理性和可用性。根据应用层次的不同，服务器的等级可被划分为入门级、工作组级、部门级和企业级。

在进行服务器选型时，必须考虑到主流技术的发展趋势以及网络应用和发展的需求，以确保选型的合理性和适应性；还要满足可扩展性、易用性、可管理性和可用性等技术要求，以确保系统在各种应用场景下都能保持稳定和高效；在总体性能价格比方面，要有出色的水平；提供优质的服务和全面的支持水平，以满足客户的需求。

（三）数据库

计算机内长期存储的、有组织的、可共享的、统一管理的数据集合，即数据库，它是一种高效的数据管理方式。它以数据结构为基础，实现了数据的存储和管理。在进行数据库的选择时，需要综合考虑业务规模、流程、数据量、现有技术人员的技术水平、软件环境以及价格等多个因素。

（四）数字化输入/输出设备

数字化输入/输出设备，包括扫描仪、数码相机、数码摄像机、录音笔、打印机、刻录机等。档案管理人员需要了解产品的性能指标和参数，并学会在限定价位上选择到适合的产品。

1. 数码相机

数码相机的工作原理是利用光学原理与数字化技术，通过电子传感器将光学影像处理成电子数据。数码相机可分为单反相机、卡片相机、长焦相机和家用相机等类别。

2. 数码摄像机

数码摄像机是指把光学影像转换成电子数据的摄像机。数码摄像机可按存储介质可分为四类。

（1）磁带式：以 Mini DV 为存储介质的数码摄像机；

（2）光盘式：以 DVD-R、DVD＋R 或 DVD-RW、DVD＋RW 为存储介质的数码摄像机；

（3）硬盘式：以硬盘为存储介质的数码摄像机；

（4）存储卡式：以存储卡为存储介质的数码摄像机。

按用途可将数码摄像机分为：广播级数码摄像机、专业级数码摄像机和消费级数码摄像机。

数码摄像机性能指标基本与数码相机类同，但在光敏元件数量、分辨率、光圈、镜头、存储介质等设计方面存在的一定区别。数码摄像机侧重对动态影像的拍摄，静态影像拍摄效果不及数码相机。

3. 扫描仪

扫描仪是一种将图片、照片、胶片以及文稿资料等书面材料或实物的外观数字化后输入电脑并形成文件保存的计算机输入设备。

4. 录音笔

录音笔是通过数字存储的方式记录音频的电子设备。录音笔携带方便，同时拥有如激光笔、FM 调频、MP3 播放等多种功能。

5. 刻录机

刻录机是一种利用激光将数据写到空光盘上从而实现数据的储存的电子设备。

（五）存储设备

存储设备中用于存储数字信息的载体有软盘、U 盘、硬盘、光盘、磁光盘（MO），磁盘阵列（RAID）、区域存储网（SAN）和网络附属存储（NAS）。

1. 光盘

光盘是信息长期存储的载体。光盘可分为预录光盘、可录光盘和可擦写光盘。

光盘具有数据存储密度高、容量大、盘片可更换、携带方便、使用寿命长、功能多样化、生产成本低廉、数据复制工艺简单和效率高等特点。

2. 硬盘

计算机的主要存储介质之一是硬盘，它由铝制或玻璃制的一个或多个碟片构成，这些碟片的表面覆有铁磁性材料。绝大多数硬盘都是固定硬盘，被永久性地密封固定在硬盘驱动器中。

3. 磁光盘（MO）

磁光盘是一种光学与磁学结合而成的储存技术，它采用激光和磁场共同作用来存储信息。

4. 磁盘阵列（RAID）

磁盘阵列是一种将多块独立的物理硬盘以多种方式组合成一个逻辑硬盘，从而提供更高的存储性能和自动数据备份的先进技术。

5. 区域存储网（SAN）

区域存储网由磁盘阵列连接光纤通道组成，它是一个使用路由器、集线器、交换机、网关和网桥，实现存储设备与服务器之间互联，进行集中式管理的迅速存储网络。

6. 网络附属存储（NAS）

网络附属存储是利用现有网络，强调共享，完成网络存储的设备。

二、档案信息化管理的技术支撑

在档案工作中，信息技术扮演着不可或缺的角色，其重要性不言而喻。通过运用多种信息技术，档案工作部门能够以高效、精准的方式完成各项工作任务，从而实现档案工作技术向现代化之路迈进的宏伟目标。信息技术使档案管理工作规范化、标准化和高效化，避免了大量的劳动，大大提高工作效率和质量，还能以更专业的知识和技术培养高素质档案管理人才。档案管理从业人员不仅要不断学习先进的信息化技术和操作系统，同时还要对他们进行思想政治和工作态度教育，使其成为具有过硬工作技能与正确思想立场的专业人才。

（一）电子文件在档案信息化中的应用

经过多年的信息化技术的推进，目前我国各行各业已经基本实现了信息化应用，各组织机构和企事业单位的文档工作正在向电子化、无纸化的方向转变。随着信息技术的更新迭代，电子文件的应用领域已经扩大到文字处理、数据库、图形图像、视音频等多种文件类型，同时也涵盖了电子邮件、GIS、CAD、CAE、数据库、网页等多种形式，这些应用在政治、文化、经济以及科研等生产生活领域中的应用十分广泛，并且这种应用趋势在今后的很长一段时间内还会继续加深。

（二）云计算技术在档案信息化中的应用

云计算是当前信息技术领域的热门话题之一，正受到社会各界的高度关注，它使档案信息化面临一系列新的机遇和挑战。

1. 云计算的概念及特征

云计算是一种基于互联网的计算方式，这种计算方式利用分布式计算和虚拟资源管理等技术，通过网络统一的组织和灵活调用，将分散的信息资源集中起来形成共享的资源池，并以动态按需和可度量的方式，向使用各种形式终端的用户提供服务。

在云计算环境中，应用软件会直接安装到"云"端的服务器中，而不是用户终端上，用户仅需要通过 Web 浏览器登录"云"端的管理平台就可以使用软件并得到所需服务。"云"是对计算服务模式和技术实现的形象比喻。"云"由大量基础单元——云元组成，各个云元之间由网络连接，汇聚成为庞大的资源池。

按照云计算服务提供的资源层次的不同，可以分为 IaaS（基础设施即服务）、PaaS（平台即服务）和 SaaS（软件即服务）三种服务方式；根据服务对象的不同，可以分为面向机构内部提供服务的私有云、面向公众使用的公有云以及二者相结合的混合云等。

2. 云计算用于档案信息化建设的优势

（1）实现档案信息资源共享

云计算技术的应用使得档案管理系统软件的多元化开发可以消除"信息资源孤岛"现象，使各地区档案部门的信息共享池建设成为可能，它能以一种高度集中与广泛共享的方式进行电子档案管理。

（2）节省投资成本及运维费用

众多档案部门不再需要构建自成体系的软硬件平台，可以以极低的成本投入获得极高的运算能力，大幅度降低运维费用和提高运维效率。

（3）提高信息系统的安全性

在过去，档案馆所存储的数据主要集中在本馆的服务器上，这种时候如果服务器出现问题，不仅无法为用户提供正常的服务，严重时会将数据丢失，难以找回。这时云计算就体现出了它的优势，这项技术可以在短时间内将原服务器的数据复制在另一个服务器上，让用户能够继续使用正常服务。

（4）解决人才短缺问题

云计算的档案信息系统维护由云端技术人员负责，与目前各档案部门配备专门的信息技术人员的做法相比，既专业又节约人力成本。

3. 云计算对档案信息化的保障

目前，档案信息化面临资源整合难、数据集中难、系统运维难、资金投入难、人才引进难等诸多难题，云计算技术的出现，为档案部门走出困境提供新的思路。

（1）档案信息化基础设施保障

因为不同地区的经济水平存在巨大差异，所以对于档案信息化建设的资金投入也呈现出明显的差异。在资金紧缺的区域，其基础设施建设的需求尚且得不到满足，而在那些经济繁荣的地区，很多基础设施却被闲置一旁。为了避免基础设施建设的重复投入和技术力量不强的档案部门在系统运维方面的过高开支，档案部门可以采用云计算的"基础设施即服务"模式，利用"云"平台，将档案行业的服务器、存储器等设备整合在一起，为各级档案部门提供基础设施服务。

（2）档案信息化业务平台保障

档案管理应用系统的研发和运维需要档案部门投入大量资金和人力，尚且难以确保应用系统的质量。采用"平台即服务"模式，各级档案部门可以集中使用资金和优秀的人才，研制并推广通用的档案管理软件，这样既可避免软件重复研制的资金投入，又可通过通用软件的推广，改变过去因重复建设造成数据异构、平台异构、流程异构，档案信息资源难以互联共享的弊端。

（3）档案信息化高效利用保障

如何通过档案的社会化服务，增强档案社会利用价值，提高社会的档案意识，是新时期加强和改进档案工作的重要课题。

依托部署在"云端"的档案资源管理体系，公众可便捷地获得数字档案资源，并以此开展不同专题的档案编研；也可以将家庭档案和个人收藏制作成精美的网络展览推人"云端"供共享；还可以利用"云端"提供的"一站式"检索功能获得跨专业、跨地区的档案信息。

在"中国档案云"项目中，借助云计算技术，覆盖全国各级综合档案馆的专业化平台已经建成，为社会提供了一个统一查询和利用的开放档案信息平台，该门户网站被赋予了"中国记忆"的称号。

（三）大数据技术在档案信息化中的应用

1. 大数据概念探析

谷歌公司为提高用户使用互联网的效率，率先建立了覆盖数十亿网页的数据库，成了大数据应用的起点。而大数据技术的源头，则是谷歌公司提出的一套以分布式为特征的全新技术体系。

自大数据问世以来，社会热议的话题中总会出现它的身影，但对于它的定义至今也没有定论。大数据是一种具有高度复杂性、多样化结构和强大时效性等特征的数据形式，为了应对海量数据的处理需求，必须采用最新的计算架构和智能算法等前沿技术手段。大数据的应用强调将最新的理念融入到辅助决策和发现新知识的过程中，同时还要加强在线闭环业务的流程优化。大数据是一种集新资源、新工具和新应用于一体的综合体，其规模之大、应用之新，令人叹为观止。

2. 大数据关键技术

大数据的价值获取需要经历数据准备、数据存储与管理、计算处理、数据分析和知识呈现等多个环节，这些环节共同构成了大数据在信息系统中完整的生命周期。在数据准备和知识展示的过程中，大数据带来的变化仅限于数量方面，而对于数据分析、计算和存储这三个关键环节则产生了深远的影响，因此需要对技术架构和算法进行重构，这也将成为未来很长一段时间内大数据技术创新的核心焦点。

（1）数据准备环节

大数据具有数量大、格式多且质量不一等特点，因此，格式的规范化处理在数据准备环节显得十分重要，这是存储与管理的基础。此外，需要在尽可能保留语义完整性的前提下，对数据进行精简处理，以消除噪声的干扰。

（2）数据存储与管理环节

数据的海量化和快增长特征是大数据对存储技术提出的首要挑战。谷歌文件系统（GFS）和 Hadoop 分布式文件系统 HDFS 采用分布式架构，弥补了传统存储系统的不足，同时能够达到较高的并发访问能力。

在大数据时代，存储技术面临的另一个挑战是需要具备适应多种数据格式的能力。大数据的主要特征之一是其多样化的格式，因此，为了高效地管理各种非结构化数据，大数据存储管理系统必须采用非关系型数据库。在未来，大数据的存储管理技术将进一步融合关系型数据库的操作便捷性和非关系型数据库的灵活性，并以研发全新的融合型存储管理技术为目标。

（3）计算处理环节

大数据计算是一项高度数据密集型的任务，因此对于计算单元和存储单元之间的数据吞吐率、性价比和扩展性都提出了极高的要求。然而，分布式并行计算技术的出现填补了传统并行计算系统在速度、可扩展性和成本方面的缺陷，为大数据计算分析提供了新的解决方案。

（4）数据分析环节

在大数据领域中，数据分析环节扮演着至关重要的角色，它是实现大数据价值控制的关键。目前，针对大数据分析，主要采用两种技术路线，第一种是基于先验知识，通过人工构建数学模型来分析数据；第二种是利用大量的样本数据进行训练，构建一个人工智能系统，使机器具备从数据中提取所需知识的能力，从而取代人工操作。在当前的大数据环境下，人工智能和机器学习展现出了更强的适应性和广阔的发展前景，为我们提供了更为广阔的发展空间。

3. 大数据对档案信息化的保障

（1）档案数据高效存储保障

当前，数字档案的馆藏数量已经跨越了 TB 级别，达到了 PB 级别的高峰。同时，随着科技的不断进步，数据也呈现出了分散化和异构性的特征，需要归档的数字资源数量众多，其中包括结构化、非结构化和半结构化的数据。但文本、图片、各类表格、图像和音频、视频一类的结构化数据和 E-mail 文档等半结构化数据，无法通过关系数据库二维逻辑表更好地呈现出来。

随着档案资源数量庞大、类型多样的组织与管理需求不断增加，传统的关系型数据库已无法胜任原先的工作，因此需要引入大数据管理系统，以实现对档案的分布式存储和快速检索。Hadoop 和 NoSQL 这两种大数据存储方式，均利用硬件优势，采用可扩展、并行的处理技术，运用非关系模型存储和处理非结构化和半结构化数据，使用高级分析和可视化技术对大数据进行处理。

（2）档案数据价值挖掘保障

在同一个数字化档案资源中，档案数据所蕴含的价值各有不同，因此，用户在获取价值信息时可能会感觉到困难。面对这种情况时，档案工作的重点任务就是如何从这些资源中将有价值的档案信息进行提炼、整合，并以一种易被用户接受的方式传递出去。在大数据时代，档案工作者可以借助新的技术手段来解决问题，这些技术为他们提供了全新的解决方案。

利用大数据技术，档案工作者能够在海量档案数据中发现其中档案的相关性，对数据的聚合和分类角度也会有更多的角度，档案数据的呈现方式也会有更多维度和层次，能将不易处理的非结构化数据转变成容易处理的结构化和半结构化数据，这样就能使用户在获取档案信息时更加方便、准确。在必要的情况下，我们可以运用可视化技术，将最终结果转化为图像，以直观的方式呈现。在大数据时代，档案工作的发展水平和方向很大程度上受到海量数据中潜在知识的影响，因此，档案资源的数据分析和数据挖掘将成为档案工作的主要关注点。

（3）档案数据高效利用保障

在大数据时代，为了实现网络信息服务的智能化、个性化、精品化，档案工作服务必须具备时效性和便捷性，而基于大数据技术的工具则能够为此提供强有力的支持。互联网技术使智能档案信息检索、决策和跟踪推送服务成为一种可能，通过运用这些先进的技术手段，传统的档案分类管理存在的许多问题都可以得到解决，档案管理工作可以进入一个全新的阶段。

大数据时代的到来给档案管理工作带来的便利要比许多行业都更加突出，在这个知识经济时代，档案工作的发展方向将会是档案信息到知识资源的转化。

第二节　高校档案信息化建设的问题与影响

一、档案信息化建设体系

国家信息化体系的基本构成要素中包括档案信息化，这正说明档案事业中国家信息化战略有着很高的地位，其建设过程主要依托于国家总体规划和系统组织，以现代化信息技术为主要手段，全方位管理、处置档案资源并提供档案资源使用服务，这样可以使档案活动的发展与进步充分适应数字环境的要求，并尽可能满足社会对档案资源的需求。

（一）档案信息化概念体系

以信息技术为指导，将档案进行生成、管理、开发和利用的过程就是档案信息化。档案信息化具有以下几种特点。

1. 它是动态的概念

随着信息化的不断推进，档案信息化也在逐步发展，它呈现出一种渐进式的趋势。因此，对于某一国家、某一地区、某一行业、某一单位是否已经实现了档案信息化，我们只能对档案信息化建设的状态和水平进行深入分析，无法得出确切的答案。

2. 它的前提是信息技术的应用

档案信息化的起点与基本特征在于信息技术的应用。档案从生成到永久保存或销毁的全过程都有信息技术的参与。

3. 它是一个多要素综合作用的过程

在生成、管理、开发和利用档案的过程中，除了信息技术之外，还要将众多非技术性因素考虑在内，如档案管理业务、标准规范、政策法规、人才、管理体制和机制等，这些因素都符合档案信息化的要求。档案信息化的成果要以非技术性的因素作为支撑，技术与非技术因素之间的匹配程度也会对成果产生影响。

（二）档案信息化建设的内容体系

国家档案局和中央档案馆于 2002 年 11 月 25 日联合发布了《全国档案信息化建设实施纲要》（以下简称《纲要》），其内容针对实现我国档案资源信息化建设的核心内容有六大方面，分别为包档案管理应用系统、档案信息化基础设施、档案信息化标准规范、档案信息资源、档案信息安全保障体系和档案信息化人才队伍的建设。这项工作建设的前提是基础设施，以标准系统作为手段并以信息资源为核心，在安全管理和人才资源得到保障的前提下进行信息化建设，实现了信息的高效利用，以上各个环节和内容都是这项工作的重要组成部分，它们之间相互关联又互为补充。

1. 档案信息化基础设施建设

在档案信息化中，基础设施的建设是一项至关重要的条件，计算机软件和硬件的基础环境以及与之相匹配的各类辅助设施都属于这个范围，如各种通信子网、信息高速公路和宽带网、内部局域网以及与之相配套的软硬件设备等，这些都是不可或缺的。档案信息资源的开发利用和信息技术应用，都离不开软硬件基础设施这一物质条件的支撑。

2. 档案信息资源建设

档案信息化的核心任务在于开发和利用档案信息，它作为一种战略资源在国民经济和社会发展中起着重要作用。档案信息化建设的成功与否，取决于档案信息资源建设的质量和效率，它是实现档案信息化建设的基石。档案信息资源建设主要包括电子文件的归档与管理以及馆藏资料的数字化两部分内容。

3. 档案管理应用系统建设

档案信息化建设的速度与质量，以及档案信息资源开发利用和档案信息网络建设的技术保障，都离不开档案管理应用系统建设，这也是体现档案信息化建设效益的重要性。目前，针对不同的应用环境，相关部门开发了多种档案管理软件，包括基于政务网的文件档案数据库系统、基于互联网和政务网的档案网站以及以实体馆藏为基础运用多种信息技术综合而建立的数字档案馆等。

4. 档案信息化标准规范建设

档案信息化快速、有序和健康发展，这离不开档案信息化标准规范建设的有力支撑。档案信息化各要素之间关系的规范和协调，要以管理、法制和技术等多个方面作为支持，在这个过程中，法规和标准的建设是必要的环节，它是信息化建设的保障也是基础。

5. 档案信息化人才队伍建设

档案信息化建设的可持续发展离不开高素质的档案信息化人才，他们是支撑信息化建设直至成功的关键因素之一。加强信息化人才的培养，使当前档案从业人员都能具备较高的信息素养和信息技能，是档案信息化建设的一项重要内容，因此，建设一支高素质、高能力的档案信息化人才队伍是十分必要的。

6. 档案信息安全保障体系建设

档案中所包含的信息有很多敏感内容，还有一些属于保密级别，因此，档案信息的处理与归档不同于一般的信息。有些保密级别高的档案信息一旦被有心之人非法利用，将会对群众的人身财产安全甚至是国家安全造成不可估量的损失。因此，必须建立一套严格的安全保障体系，确保档案信息能够被合理利用。

二、信息化建设对高校档案管理的影响

（一）信息化建设拓展了高校档案管理的功能

1. 高校档案管理具备信息传递功能

在当今这个以网络为主导、信息技术为引领的时代，人们对信息资源的需求量越来越大，种种社会要求都催促着高校档案建设改革与创新的脚步。当前，高校的发展方向在于打造一个现代化的校园，不管是自动化办公还是电子政务的推行，都使得工作过程中涌现出了大量的电子信息文档。这些文件大部分都被处理成数字信息录入进计算机系统，再由档案管理人员进行分类整理，加以编号和标记进行归档。在这种工作模式下，高校的档案管理室逐渐由原来较为单一的功能演变出了信息管理中心的职能。这种工作方式的优越之处在于，公示性的文件可以在校园内部网络平台上实现共享，不仅可以提高工作效率，更能让使用者对档案管理工作有一个比较清晰的认知，在实现高校档案管理的功能的同时，又加凸显了其作为信息枢纽的重要作用。

2. 高校档案管理显化了宣传教育方面的支撑功能

高校多年的发展历程与办学特色以及各项工作的原始数据都保留在学校的档案记录中。学校领导层、教师以及学生的行为，在档案信息中也都有一定的体现。这些信息还记录了学校在学术交流心得、研究报告、项目计划以及规章制度等方面的资料，这是日后学校进行工作研究以及活动创新的信息基础。高校档案管理工作中，信息技术的应用可以使记载的材料更加原始化地呈现出来，如档案实物展示、专题讲座和知识竞赛等，都能显示出其在宣

传教育方面的支撑作用。此外，人才培养与科研活动也可以将信息技术融入进来，利用其在宣传教育方面的优势，使师生享受到更方便、更直观的服务。在开展产品研发、课题研究以及学术论文撰写等相关活动时，也可以充分使用档案管理网络的资料查询功能，使教学活动和研究工作获得更多资源支持。

（二）信息化建设加快了高校档案管理工作的建设

1. 加快了高校档案管理的公正、透明化建设

借助信息技术，学校可以以日常的校园管理为基础构建一个档案信息平台，这个平台可以将学校的办学特色、招生章程、就业升学以及教师资源等内容展览出来，使学校师生以及关注学校的社会人员对学校的基本情况有比较清晰的了解。通过此举，不仅拓展了高校档案管理的功能，同时也使高校的档案管理工作向着公正、透明的方向发展，能提升高校档案管理的服务性和专业性，是提高高校档案管理服务水平和能力有效途径。

2. 加快了高校档案管理的信息共享建设

高等教育档案管理的终极目标在于为使用者提供高效、便捷、精准的信息服务，以满足其日益增长的信息需求。大量的社会信息随着全球经济一体化体制的建设涌入人们的生活中，这使得信息管理的范围短时间内扩大了数倍甚至数百倍，档案资源的使用者也对服务提出了更高的要求。在这种社会需求的影响下，高校档案管理的发展的新趋势就是实现信息共享。高校档案管理的信息共享建设受益于信息技术的引入，此技术为其提供了强有力的支持。同时，利用信息技术还能实现全国各高校档案信息的整合，可以形成一个科学、完善且高效的信息网络。同时，它将我国各大高校的档案信息有机地融合在一起，形成了一个高效、系统、紧密的档案网络，使高校间的信息往来呈现出一种前所未有的局面。这样一套信息共享服务系统，能够为广大师生和科研人员提供更为便利的学习和工作环境，更好地实现资源的节约和利用。

3. 加快了高校档案管理的工作效能建设

高校档案管理工作效能建设的加速，主要体现在档案管理的流程和内容方面得到了简化，使档案管理的效率得到大幅提升。高校档案信息化管理采用了一种与传统档案管理模式不同的方式，将档案信息转化为可存储的数据，

从而实现了空间的极大节约。同时也避免了纸质档案因纸张破损带来的损失问题，使高校档案的安全性得到了保障，并且具有更长久的信息存储能力。其次，档案信息的整理和加工工作在信息化技术的支持下得以简化，使工作人员可以更高效的进行档案管理。最后，关键词检索技术的开发不仅使使用者的查询时间缩短，还代表着高校档案管理工作进入一个全新的状态。

（三）信息化建设完善了高校档案管理的服务性

1. 为高校档案管理的服务功能奠定了技术基础

搜集已有且有价值的纸质档案，对其进行整理和保存是高校档案管理工作的第一要务。信息技术在高校档案管理工作中的应用使各大院校都有了自己的校园网络平台，除了传统的纸质档案存储，以磁盘和光盘等形式存储的档案信息也越来越多。高校档案管理的服务功能得到了进一步的完善，这得益于存档方式的转变，这使档案搜集有了更大的范围，保存形式也更灵活，数据库与抓题库的建设也使档案服务有了更好的技术支持。

2. 使得高校档案管理的服务功能更加人性化

在高校档案管理工作中，信息化建设已经深入渗透，档案管理工作也已经有了更加人性化的服务环境。信息技术扩展了高校档案的保存形式在它的支持下得到了拓展，从而实现了信息从单一性向综合性的转变。档案信息化管理为用户提供了多角度的信息记录方式，包括声音、图像、视频、照片等，通过这种方式，使用者可以清晰准确地把握住档案的主题信息。高校档案管理的服务形式可以通过信息化技术的应用进行转变，以满足需求者的心理变化，并提供更加个性化的档案服务。通过信息技术可以将校园网站或档案管理网站增加一道用户注册的环节，审查后按照不同的需求为用户提供针对性服务，并增设个性化的专业提档服务功能，针对某些专业性较强的学科内容提供专业咨询服务，使教研工作可以在一个完善的信息交流平台上进行。

（四）信息化建设对高校档案管理工作人员提出了更高的要求

1. 对高校档案管理工作人员的专业技术水准提出了更高的要求

档案管理人员的基本能力包括档案收集、整理、分析，在现代化校园和信息化社会的环境下，基本的计算机操作也是必备的，这样才能高效快速完成搜集整理工作。在网络环境复杂多变的情况下，档案管理人员还应当加强自身档案安全意识和技术的培养学习，不断加强网络安全防护力度，提升自身的现代网络安全技术水平，以确保高校档案管理在一个安全可靠的网络环境中运行。

2. 对高校档案管理工作人员的职业素养提出了更高的要求

当网络虚拟环境进入人们的日常生活时，人们需要面对的诱惑变得越来越多。在这种情况下，高校档案管理从业人员就要有坚决抵制不良诱惑的自觉性，并主动加强自身的专业素养，这是保证高校档案管理工作安全进行的重要前提。随着信息化时代的到来，高校档案管理正面临着一把双刃剑，因此，我们要努力寻找充分发挥网络虚拟环境积极作用的途径，同时尽可能避免其中蕴含的不安全因素对档案管理工作造成的负面影响。为了确保高校档案管理工作的顺利开展，必须加强学校和管理人员自身的职业素养培养和良好意识基础的打造，以提供思想上的支持。

三、高校档案信息化建设过程存在的问题

随着高校建设速度的加快，档案工作已成为不可或缺的重要组成部分，而档案的数字化管理趋势也将不可避免。因此，必须积极推进高校档案信息化建设，充分挖掘高校档案信息资源的重要价值和作用，以实现数字化转型的目标。

（一）高校档案信息化的基础内容与意义

高校档案信息化指的是以现代信息技术为手段，档案部门从高校各部门中搜集来的信息资源进行整合和开发，以计算机技术和终端技术实现档案资源的利用和共享，使档案信息服务更加丰富、便捷。

高校档案信息化的主要内容有档案信息的数字化和电子化；档案信息接收、储存、浏览和查询一体化管理；档案信息数据库的资源共享。

尽管高校档案信息化与其他档案信息化有基本相同的意义，但其具备的独特价值在于以下两个方面。

第一，高校档案管理工作要想适应社会发展的趋势，就要能够实现档案信息化，这是必然选择，也是必然要求。

高等教育的蓬勃发展和规模的不断扩大带来的是高校档案种类和数量的增多，档案载体的形式也越来越丰富。此外，随着档案利用率和服务对象的不断增多，继续使用传统的档案管理模式已经不能适应当前的工作需求。这种情况下，只有新技术和新管理模式才能有效解决问题。

第二，高校档案的信息化建设是教育事业发展，加强高校的内涵建设和深化高校教学改革的要求。

在高校的建设与发展、人才培养评价等重要工作中，档案所提供的信息和数据支撑材料已被广泛认可。借助这些资料，高校领导可以更深入地了解实际情况，从而做出更为科学的决策，为高校提供一个全面、公正、客观、准确的评估平台，以协助专家组和校内外人士进行评价；深化教学改革、调整专业设置、明确专业发展规划以及培养社会急需、专业对口、就业率高的人才，这些措施将有助于推动教育事业的全面发展。

（二）我国档案信息化应用现状分析

目前我国的档案信息化建设，在社会信息化、国家政策的指导下健康发展，但仍需要客观、深入地了解我国档案信息化的应用现状。

1. 国家整体规划、统一领导

全国不少单位在信息化的过程中采取了由国家整体规划、统一领导、集成化应用的做法，取得了较好的效果。这些单位在信息化的过程中，把信息化作为单位信息资源的重要组成部分来实行统一管理，这不仅使档案管理实现了现代化，而且解决了电子政务产生的大量电子文件的归档问题，使档案利用者在自己的职责范围内可以方便地查阅自己需要的信息，实现了电子文件从生成到检索的一条龙管理过程，即生成、处理、收集、整理、移交、归档、档案管理检索利用。在档案信息化的过程中运用这种管理方法取得了显著的效果。具体的做法是，他们在本部门主管的范围内，从实际出发，立足现实需求，确立项目的管理目标和实施标准；在技术路线上从本部门实际出发，确立适合本部门发展的可行方案，这样既使本部门的发展少走弯路，也大大减少了不必要的经费开支。事实证明，只有采取科学有效的实施方法，开展符合实际业务需要的信息化建设工作，档案管理的信息化系统才能取得最佳的成效。

2. 全面开展与重点建设

随着社会电子政务业务的不断开展，一些较大的档案馆接受的电子档案无论种类还是数量都在不断增多，档案管理的业务也越来越复杂，在这种新的应用方式下，对一些使用率高、保存难度大的档案采取重点突破，加强落实的做法取得了非常好的效果。有一个市级地方档案馆在编制整体信息化建设战略与规划的基础上，采取了收集、编目、整理、加工转化、保管、利用的业务流程，开发和实施支持档案业务的管理系统，在技术上采取了本单位自主研发和"外包"实施相结合的技术路线，充分发挥档案自身的独特优势，使系统从开发设计到目标的实现都能保证信息的畅通，并先后成功实施了档案数字化制作系统、全文数字化信息管理系统、档案数字化应用系统、局域网站发布系统等。该管理系统在设计思路、管理流程以及应用的模式上针对性比较强，使该系统在运用的过程中始终保持良好的运行状态，档案馆在目录编制、保管利用、对外开放等业务管理环节上，实现了自动化的管理模式，不仅提高了档案管理的水平，也大大提高了档案的周转速度，挖掘了档案自身的独特潜质，提高了档案的服务效率，为其他档案管理部门提供了很好的借鉴。

3. 脱离实际、盲目仿效

全国部分档案馆（室）的档案管理，从档案建立目录到档案的查找利用，还完全处于手工操作的管理阶段，但先进单位的档案管理办法让他们羡慕不已。于是在没有经过充分调研的情况下就选定并实施先进单位的运行模式，加大投入的力度，购买比较先进的网络信息管理系统，由于前期的基础数据准备得不够充分，档案管理的工作人员计算机水平较低，没有机会学习和接受培训，再加上缺乏网络化的信息管理经验，都在管理的过程中形成了沉重的负担；有时即使购买了先进的管理软件，也会由于档案馆内部没有局域网或办公网，使网络办公无法正常地使用，这样投入了大量的资金购买的设备却形同虚设，实际工作仍然是手工管理，其结果是造成了人力物力的巨大浪费，在一定程度上使档案管理业务人员对档案信息化建设和应用产生了抵触和反感情绪，挫伤了档案信息化建设的积极性。

4. 需求驱动、分步实施

档案信息化建设在全局战略的基础上采用分步实施的策略，也是许多档案馆开展信息化建设的主要思路之一。比如某大学档案馆开展"需求驱动、分步实施"的应用策略，首先选择了业务繁忙、工作量大、档案流动性强的人事档案管理业务作为首期网络化应用的突破口，针对人事档案管理业务定制档案管理信息系统。该系统的成功实施与应用，大大提高了业务人员的工作效率和管理水平，特别是系统在人事库房的管理中，对盘点、入库及转出等流程环节，采用了无线条形码扫描技术，实现了对馆藏档案数量的准确统计、规范化管理和高效率盘点。

当人事档案管理信息系统正常运行后，各档案馆开始考虑其他档案门类如文书、科技等档案信息的管理，他们发现各个门类的档案管理业务流程和操作功能上有很多相似之处，只是档案管理的元数据或者著录编目的内容不一致，如果一个一个地去开发，软件管理人员将会陷入大量重复的劳动中，这样做的结果是：不仅工作效率低，而且系统实施运行后的工作量也很大，系统升级的工作量将会更大。于是在经过详细的工作与调研之后，他们产生了一个开发通用档案管理信息系统的想法，使其能够适用于所有档案馆的管理业务，适用于所有档案馆的档案全宗、档案门类、案卷级、文件级等各种模式的管理，并在系统升级和维护方面做到尽可能多的改动。这对软件开发人员来说，实际上是将大量的重复性体力劳动变为脑力劳动加上编程技巧，增加了软件的高附加值。在周密的系统设计和严谨的软件开发之后，各档案馆又开发了一个较为统一的档案管理信息系统，并应用于档案馆内的各部门，取得了良好的运行效果。

5. 应付检查、虚假摆设

有一些档案馆为了达标应付上级检查，不加选择地购买某一品牌的档案管理信息系统，但只录入很少的一些数据，实际工作依然是手工管理。有的是业务并不多，完全靠手工管理就能满足工作的需要；有的是想使用计算机，没有机会学习和接受培训；有的则是购买了上级指定的软件而自己又不使用。

总之是造成了投资上的浪费，甚至在一定程度上使档案管理人员对档案信息化建设和应用产生了抵触和反感情绪。

6. 闭馆自守、维持原状

有一些地市档案馆（室）把自己置身于当前档案信息化发展的大环境之外，固执地认为档案馆就是储存档案的仓库，用传统的手工操作同样可以进行档案管理，没有必要投资购买先进的办公设备和应用软件，不愿意也没有必要进行改进，更不用说给档案管理工作人员提供走出去学习经验、加强与外界沟通交流的机会。造成这种局面的原因很多，除了单位领导不重视，没有把档案管理纳入本单位工作的议事日程上的原因外，本单位的一些客观因素也会决定了档案信息化建设无法正常进行。

（三）我国高校档案信息化建设存在的问题

我国高校档案管理信息化建设从 20 世纪 90 年代开始，起步较晚，但发展势头较快。然而高校档案管理信息化建设与发展很不均衡，存在一些有关理论性、政策性、技术性的问题需要解决。档案管理与其他行业信息化相比，还存在着以下几个方面的问题。

1. 对档案信息化建设的认识有待提高

全面认识档案信息化的过程是教育思想、教育观念转变的过程，是以信息的观点对现实问题进行分析认识的过程。只有在这样的基础上指导并提高对档案信息化建设的认识，才是我们需的档案信息化。近年来，随着国家信息化建设的整体推进，校园信息化建设已呈现出良好的发展势头，而高校的档案信息化建设相对要明显滞后，其中一个主要原因是有些高校的竞争意识淡薄，受主、客观条件的限制，传统的管理理念和思维方式严重制约了高校档案管理信息化的建设和发展。所以，必须要提高对档案信息化建设的认识，将其纳入校园信息一体化的进程中来。

2. 档案信息化缺乏统一的标准

目前，虽然也有一些国家档案标准或行业标准不断出台，但不能满足档案信息化快速、有序发展的需要。要实现高校档案信息资源的全面共享，必须制定多方面的标准，例如高校档案门户网站信息系统设计和高校数字档案管理软件的应用标准、高校纸质档案的数字化标准、各高校间档案数据库交互标准等。

3. 档案数字化起步缓慢，投入不够

馆藏纸质档案的数字化是档案信息化的基础工作。馆藏档案卷级和文件级目录数据库的建设不难，对现行管理中直接生成的电子文件全文数据库的接收和管理也指日可待，然而对馆藏纸质档案进行数字化、建立档案全文数据库就存在着巨大的困难。由于馆藏纸质档案数量巨大，投入的工作量也相当大，要完成它并非易事，因此必须投入极大的人力和财力，需要高校各方面的大力支持。

4. 档案管理信息化缺少必要的软硬件环境

档案管理信息化建设的前提与基础是必须拥有信息化建设所需的硬件设备和专业软件。就目前而言，许多高校档案管理部门还缺乏硬件设备，没有专用的服务器或采用普通计算机代替，如果高校档案机构没有生产和接收电子文件的设备和网络，那么高校档案的信息化建设便无从谈起，所以，具备硬件设施是高校档案信息化建设的基础。

软件方面主要体现在档案业务管理和档案数据采集方面。目前有些高校还采用纯手工的方式管理档案，虽然也有一些高校采用了单机版或网络版的档案管理系统，但大都没有和学校的其他管理系统（如 OA 系统，学籍管理系统，成绩管理系统，资产管理系统）环境有机地结合起来，系统处理功能极弱，适应性、扩展性很差，根本无法满足现阶段高校电子校务环境下的档案管理工作的需要。

5. 高校档案管理缺少档案和信息技术专业人才

高校档案信息化人才严重缺乏。从专业结构看，档案专业和信息技术专业人员极少，既熟悉档案业务，又精通现代化信息技术的人员少之又少。绝大多数档案人员是非档案专业毕业，他们缺乏系统的档案和信息技术专业理论知识。档案信息化人才培养还难以纳入到各个学校的工作重心。

第三节　高校档案信息化建设管理的思路

如今信息技术不断变化和精进，已经逐渐演变成信息大趋势，各领域都在进行信息化建设和管理。信息化档案管理和过去的档案管理相比可谓天壤之别，用过去的方法进行管理会遇到很多问题，因此，如何实现信息化的档案管理是现阶段大部分高校面临的问题。首先需要将高校档案的现状和问题进行整合，再通过了解信息化建设的特点，分析信息化建设的重要性和对档案工作的影响与重要性，借此对过去的档案管理方法进行革新，改变对档案固有的看法与见解，跟上信息时代的脚步，做好新时代的档案建设与管理工作。随着国家的不断发展，国家对教育的要求也逐渐提高，教育事业迎来了革新，高校教育也责无旁贷。对于高校教育来说，档案是重中之重，它记录了高校的历史和现在，同时影响着未来。所以，档案管理的信息化建设与管理蓄势待发、刻不容缓。

一、高校档案信息化建设管理的基本要求

（一）明确档案信息化的发展原则

档案信息化的意义深远，任务繁重，要实现它的稳定和快速发展，必须要遵循一定的原则。其原则主要有以下几项。

1. 注重效益

档案信息化的效益主要体现在两个方面：一是合理的投入产出比；二是工作成果的可持续性。现在国家和地方都非常重视档案信息化的发展，投入了大量的资金进行信息化建设。但是也出现了许多问题，如因格式选择不当导致电子文件无法阅读成为"死档"；对数字化对象的范围鉴选不当，导致数字化资源束之高阁等。因此，档案部门要特别重视信息化效益，保证投入的有效产出比以及档案信息化的可持续发展。

2. 统筹规划

国家和地方以及行业都有必要开展相应的档案信息化规划工作。档案信

息化是一个长期发展的系统工程，其要素众多，投资不菲，为充分发挥各方面的积极性，避免重复建设和盲目建设，促进信息交换与共享，提高档案信息化的整体水平，需要对各阶段的目标、任务、措施进行总体规划和部署，分步实施，有序推进。

3. 需求导向

从规划到实施，从法规建设到标准制定，从系统开发到资源构建，都应切实以需求为导向，认真调研，广泛论证，集思广益。只有面向档案管理和开发利用的主要需求，解决工作中存在的实际问题，才能提高信息化项目的实际效果，实现合理的成本效益比，并有助于档案信息化的持续推进。

4. 保障安全

在电子环境中，档案安全保护的任务主要有保密、防止数字信息的丢失、失真和不可用。在信息时代，档案安全保护的难度加大，因此要求在健全法规、统一标准的基础上，加强档案信息的安全保障工作，正确处理信息开放与安全保密的关系，搭建信息安全保障体系，从各方面维护数字档案信息资源的安全。

（二）档案信息系统的功能要求

在网络信息化时代，为了使档案管理适应网络信息发展的需要，必须提高现代化的管理水平，改变档案管理的传统模式，积极推广适应现代化发展需要的管理体制，这就要求我们从现实的需要出发，充分利用现代化的网络信息技术，立足现在，展望未来，使档案管理不断地向着数字化、信息化、知识化的方向发展，对此，对档案信息化管理也提出了更高的要求，概括起来主要有以下四种功能。

1. 核心功能

信息化的档案管理系统，应具备档案的自动发送、接收、归档和保存的任务处理功能。通过自动化的扫描中心和电子文件创建终端，形成数字化文档，同时利用系统工作流程，对电子文档启用相应工作流程，采用自动化办公系统或互联网以邮件的方式通过有关负责人对文档进行鉴定、审批并促进下一步的工作，使文档的审批和流转，处于一个循环有序的状态，实现档案文档的"创建、提交、审批、鉴定、归档"这一系列的处理过程，同时工作流的处理可以根据文档的状态网络自动调整，也可根据工作的实际需要自动调整，大大缩短了传统档案文档所需的时间，有效提高了档案管理人员的工作效率。

2. 对信息的处理

档案信息管理系统应该是一个综合的信息系统，他应该具备支持各类档案的检索方法，同时提供全文的检索的功能，并且能具有对各种类型的档案进行信息的处理、报表与分析能力，在此基础上可以建立适应行业和单位需要的辅助决策管理系统，同时为领导的决策提供参考和预警作用，成为领导工作的有力助手。

3. 简单化操作

档案管理信息系统应同时支持 WEB 和客户端界面，并通过工作流的集成，使整个档案管理工作高度自动化，在操作中尽量实现简单化、个性化，对每一份档案都可以根据预先设置好的工作流程进行自动处理，同时对每一份需要工作人员亲自处理的文档，提供简单的界面，而且由于档案管理信息系统和各种系统的良好集成，使工作人员不再担心各种文档的处理手段，档案管理信息系统将自动启用程序，帮助工作人员完成文档的鉴定审批、归档保存等工作，其操作构成简单、快捷、准确。

4. 信息的共享与安全保证

信息时代使人们从传统的档案管理进入了现代化管理的新时代，但是实现文档的共享和安全利用是实现档案资源共享的最高目标。档案管理系统可以和许多的常用的外部系统进行集成，高效地利用有效的信息，实现档案数据高速、安全地交流与信息共享，使档案信息能够得到最大程度地共享和利用，这避免了信息孤岛和资源重复浪费的现象。档案管理信息系统与办公自动化系统集成，这可以把系统中形成的文档信息与办公自动化系统进行集成，可以把系统中形成的文件信息和原文件一同转入文档管理系统，经过档案工作人员接收处理，形成电子档案数据库保存、利用，实现文档一体化。

（三）对数字信息处理的基本要求

1. 保证档案信息的原始性

档案信息的最显著的特征就是它的原始性。因此在档案数字化的过程中必须保证档案信息的非修改性。如对照片档案在扫描的过程中可能需要对破损或被污染的部分进行修复处理，但是如果采取数字化处理和存储则需要做到不可改变；对于录音录像档案的数字化必须模拟到数字的转换，保持原样"永久化"存储。电子文档要按照对象管理模式做到草稿、修改稿、发文纸、正文以及关联信息一并归档，修改稿要保留草稿字样并改稿人姓名、修改内容、修改时间，并做到整套归档电子文件的不可修改；对于实物档案则采取3D技术按比例制作存储。

2. 保证档案信息的质量与安全

归档的电子文件除了包括电子文件内容、结构、形成背景外，还包括文件签名和印章等。因此我们不仅要考虑电子文件的完整有效，还要保证电子文件归档后的安全性。

3. 保证档案信息的系统性

保证档案信息的系统性是档案信息化工作的重要内容。信息共享是实现档案工作科学、规范、高效的有效途径，档案信息为现实工作服务将显得更加突出和重要，也就是在本单位的信息化建设条件下必须加强对现实档案信息的及时收集、维护和提供利用。

二、对高校档案信息资源进行集聚与整合

档案信息资源建设是档案信息化建设的重要内容，是档案信息化建设的核心部分，信息资源建设的好坏直接影响着档案资源的利用效率，因此我们必须高度重视档案的信息资源建设。档案信息化的发展离不开信息资源的建设，因此在发展与建设的问题上，必须把信息资源的建设作为一项重要的工作，对于信息资源建设无论是在实现的手段方面，还是信息资源的有效积累和广泛利用方面，都必须以集聚和整合为出发点和落脚点，这就要求我们在做好档案管理日常工作的同时，还要加强网络环境下档案信息资源的组织与

建设。

（一）信息资源的集聚与整合在信息化建设中的重要性

信息资源的积聚与整合是信息资源建设的重点内容，档案信息资源积聚与整合的状况直接影响到档案信息化建设对社会需求的满足程度，因此充分认识信息资源的集聚与整合在信息化建设中的重要地位，对于档案信息化建设的进程具有重要的现实意义。

1. 是档案信息化建设的重要内容

信息资源是档案管理的基本资源，离开了信息资源档案的管理也就失去了存在的客观依据，档案信息资源的数量和质量及其与社会发展的关系将决定着档案信息化建设的必要性。因此档案信息资源的整合与集聚的水平直接制约着档案信息化建设的发展，影响着信息化建设的历史进程，由此可见档案信息资源的积聚与整合在信息化建设中处于非常重要的位置。

2. 直接影响着档案信息化建设的社会效益

事实表明，造成档案利用工作不景气的原因在很大程度上是档案资源不丰富，不能满足社会对信息资源的实际需要，也就是说资源的存在现状与公众的需求之间存在着很大的差距。如果不改变这种不合理的供求状况，不仅传统的档案利用工作会"每况愈下"，久而久之也会影响档案信息化建设在公众心中的认可度，会使公众对信息化建设带来的优越性的可信度产生怀疑，甚至产生抵触的情绪，因此加强档案资源的积聚与整合就显得十分必要和迫切。

（二）信息化建设过程中高校档案信息资源集聚与整合的思路

1. 加大集聚与整合力度以推进档案信息资源建设

所谓的集聚指的是把档案集中起来进行统一的管理。这就要求归档的立档单位建立健全归档制度，在各个内设机构的实际活动中分别形成、由各个部门或个人分别保管的、反映本单位主要职能活动和基本历史面貌的各种门类、载体的档案资料都要集中到综合档案室，实行统一的规范化管理；各级各类档案馆要依照国家档案法律、法规规定的进馆范围，接收和征集有关领域内形成的、对国家和社会有保存价值的、各种门类和载体的档案资料。

档案的整合是指在国家政策"统一领导、统一管理、统一组织"的体制下通过整理和组合，以适应多方位、高层次、高水平提供档案服务的需要，最大限度地实现档案资源的社会共享。

　　档案集聚与整合的目的是通过有效整合国家档案信息资源，提升档案的服务水平，提高档案的综合利用率。为此我们必须从各个层面寻求对国家和社会有保存价值的档案信息资源，采取切实有效的措施加强档案的集聚与整合的力度，确保档案资源实现最大程度的社会利用。

　　2. 加强常规档案的接收和征集力度

　　档案信息资源形成的渠道众多，内容十分地广泛，我们可以根据其对国家和社会的保存价值进行区分，也可以根据是否属于国家政策调控范围进行区分，此外还存在交叉、包容的部分。按照国家的档案法律法规的规定，国家档案馆主要接受国家政策调控范围内的单位所形成的对国家和社会有保存价值的档案资料，对国家政策调控范围之外的单位和个人形成的对国家和社会有保存价值的档案资料则采取征集的方法。国家档案馆在档案接收工作中主要采取以下几种方法。

　　（1）缩短档案进馆的接收时间

　　档案资源集聚与整合的目的是更充分有效地利用现有的资源，因此有必要适当缩短国家政策调控范围内的立档单位所形成的对国家和社会有保存价值的档案资料在本单位的保存时间，由档案馆提前接收进馆。这样做不仅不影响立档单位的正常利用，还在一定的程度上减轻了单位保管档案的工作压力；另一方面在加快国家档案信息资源集聚与整合的同时，能在最大限度上满足全方位、多层次、多渠道对档案资源的利用需求，这是档案资源配置优化的内在要求，也是档案资源整合的最终目的。

　　（2）扩大接收的范围

　　扩大档案的接收范围主要有两个渠道：一是不断调整、扩充进馆单位，不仅接收辖区的一级单位，并且还有选择的接收有代表性的二、三级单位的档案；二是丰富进馆档案的门类和载体种类，不仅接收需要长久保存的文书档案，而且要尽可能地将分散在归档单位、个人手中甚至各业务部门的各种门类的档案资料，如照片、录音带、领导题词等材料全部接收进馆，丰富档案馆藏，扩大利用率。

（3）拓宽归档的接收渠道

随着社会信息化建设的不断深入，新的产业和领域也不断产生，随之产生许多新领域的新型档案，比如在社会主义市场经济的条件下产生的企业和个人的档案，为了适应政府职能转变管理中心详细移动而产生的社区档案，适应社会建设需要的重大活动档案，适应新时期党建工作需要的党风廉政建设档案，以及其他各种对于国家和社会具有见证历史、传承文化价值的档案材料等等，这些都应该是档案室今后收集的内容。另外还要开展多方位的档案征集工作，不仅要扩大档案征集的渠道，面向社会各行各业建立起动态的征集网络，而且要采取多种舆论导向、精神鼓励和物质奖励在内的有效手段，通过征集工作，使那些分散在国家政策调控范围之外、对国家和社会有保存价值的档案资料也进行征集，成为国家档案资源的重要组成部分，并以此来丰富我国的档案资源建设。

三、高校档案信息化建设管理的总体思路

（一）基于信息整合打造高校数字化档案资源体系

高校档案信息化管理需要依靠信息整合打造的数字化档案资源体系。

1. 打造档案信息资源的数字化资源体系

高校档案信息资源的收集、归纳和统计具有重要的价值，经过深入的调查和分析，我们可以找到这些资源的源头，并定期从相关部门收集这些早前就制定好的档案信息资源。

这里需要注意的是，高校档案室要通过监督、指导、行政指令让下属单位将信息采集工作生成制度化流程，全面辐射到每个工作重点之处，从而有效收集到各个部门在自己具体工作中生成的极具价值的档案信息资源。在进行归档的时候，还要注意将有关党群、教学、行政、人事等类型的档案资源进行有效的信息整合，将其归纳到一起，从而确保该类工作的高效性和完整性。对学生类、人事类等一些档案信息资源进行信息整合，再归档；要不断强化对电子档案资源的管理与归档；要借助信息化技术将档案室存储的档案

文献资源数字化，如将纸质档案信息资源输入计算机档案管理系统中等。

2. 打造档案信息资源的数据库资源体系

根据已有的电子文件档案资源来建设数据库：一开始应不断建设和完善目录资源的数据库建设，之后对重要档案资源进行数字化建设，从而实现档案文献资源的全文信息数据化。这样将极大地方便对档案资源的开发与运用。在档案资源数据库资源建设中，学生的学籍信息、教师的业绩信息都能纳入其中，这将对高校的教学工作发挥重要意义，从而提升了高校档案管理工作的服务质量。

我们以档案室作为中心，架构一个辐射到高校所有部门的档案信息资源管理的网络资源体系，这不仅将方便档案室对其他部门提供的档案资源的收集、加工、开发和管理，而且也有效实现了信息资源的共享。

（二）基于平台建设注重高校档案系统建设及服务延伸

在新时期，高校档案信息化管理工作必须要注重对其管理平台的建设。

1. 建设基础平台

要不断加大对其基础设施的投资，不断添加和更新硬、软件设施，例如购置计算机，架设网络，采购图像识别、复印机、数码相机等物件，除此之外还要购买或者自行开发一些先进的档案信息化管理软件程序，来提升该项工作的信息化水平。值得注意的是，在基础管理平台建设中，要确保档案管理系统与高校档案办公自动化系统实现无缝对接，使平常各部门对各种信息资料的处理工作与高校档案管理工作对接起来。当然还要做好平台系统的安全维护工作，以保证档案信息资源的完善性、客观性、安全性。

2. 建设档案信息资源的社会共享服务平台

具体做法是要不断更新和优化服务内容，从而满足社会各界的需求，如主动为一些合作企业推荐优秀的学生信息档案资源等。同时还应该逐渐建设起电话咨询、网络资源共享，甚至是上门服务等服务平台项目。当然还可借助信息化网络平台，不断建设自身的各种资源数据库，从而方便对档案资源的检索，提升其服务质量。

3. 建设更广泛的档案信息资源管理共享网络

让研究单位、合作企业、其他高校等建立一个网络资源共享平台，并让高校的档案信息资源分享到社会信息网络中，这不但能提升其利用率，延伸其服务，也有利于对其进行资源优化与开发。

（三）基于人才建设打造一支高素质档案管理人才队伍

在高校档案信息化建设中，要注重人才队伍的建设，从而打造一支高素质档案管理人才队伍。

档案管理人员要与时俱进，具备档案信息化管理的理念，努力摒弃重藏轻用的传统档案管理思想，要不断借助信息化技术完成各项档案管理工作，以提升该项工作的信息化水平，而且在服务中，要改变传统的服务习惯与服务态度，变被动服务为主动服务，来满足新时期高校乃至社会对该项工作的服务需求。

高校相关部门应该不断对人才队伍进行相关专业知识的培训，如通过讲座、研讨会、继续教育甚至学术交流的方式来不断提升档案管理人员的综合素质。尤其要注重对信息化技术和档案学专业知识这两方面的培训，要让工作人员起码具备最基本的信息搜集、筛选、交流、输出、加工等专业信息技术能力，并掌握档案管理工作的最基本步骤、其重点内容与该项工作具体价值。

要不断完善规章制度，明确工作人员的工作任务、工作目的，并建设工作激励机制和福利待遇机制，以激发工作人员的工作积极性、学习积极性。

要打造一支以管理人才为中心，以信息化技术人才为主体，以综合型人才为基础的高校档案信息化管理工作精英人才团队，为新时期高校档案信息化建设提供优质化、结构合理化的人才资源。

（四）基于安全维护建立科学化的高校档案安全保障机制

高校必须要注重档案信息资源的规范化和标准化建设，要严格依据《中华人民共和国档案法》和按照我国教育部下达的《教育管理信息化标准》，来开展档案信息化管理工作。这样才能建立科学化的高校档案安全保障机制，以确保档案资源的安全。

高校应与社会其他相关部门或单位进行协调合作，并制定出档案信息化管理的具体标准，包括硬软件设施的建设标准、数据库资源的格式标准，以及相关软件资源的使用标准和开发标准等等。如此才能统一档案信息资源标准，打破五花八门、各成体系的混乱格局，从而有效维护了档案信息资源的安全。

高校可以从自己的实际出发，依据相关政策和权威标准，不断地建设和完善档案信息化资源的搜集、输出、处理、运用、加工、销毁体制，并做到对现行档案管理规范的及时补充与更新，以满足高校档案信息化建设的实际需要。

高校要建立具体的高校档案安全保障机制。首先，要制定严格的管理制度来做好档案信息资源的保密工作，要严厉禁止非工作人员来操作与破坏相关的网络资源系统，并执行用户身份实名认证等举措；其次，要对重要的档案信息资源生命周期进行全程监督，并用纸质载体对其做好备份工作；再次，要确保网络平台安全，利用先进的防火墙和杀毒软件来杜绝黑客与病毒的攻击，要定期对系统进行漏洞检查，一旦发现隐患，必须立即处理，升级系统安全级数；最后，要建立应急机制。这样一旦出现安全问题，就能迅速开启应急方案，从而来有效解决危机。

（五）基于科学评价做好高校档案信息服务评价工作

高校档案信息服务评价工作能有效保障高校档案信息化管理工作的服务质量。因此高校应该建立一个科学化、标准化、规范化的档案信息管理工作服务评价机制。

高校要明确服务标准，界定自己的具体服务内容和服务权限；要实现服务流程的清晰化、合法化、科学化、规范化、高效化；要为自身的服务制度提供保障，自己的各项服务制度要有合法性、合理性以及可操作性的依据；实现自身服务行为及时性、高效性、充分性、系统性；实现服务方式多元化、合法化、高效化、合理化；建立科学化、规范化、客观化、标准化服务满意度评价制度。

参考文献

［1］周彤. 高校档案工作可持续发展探索与实践［M］. 北京：研究出版社，2021.

［2］陈一红. 我国高校档案管理工作创新研究［M］. 天津：天津人民出版社，2019.

［3］郭静. 高校档案的社会化服务研究［M］. 长春：吉林文史出版社，2021.

［4］赵学敏. 高校数字档案馆建设理论与实践［M］. 昆明：云南大学出版社，2020.

［5］吴彧一，王爽，刘红. 高校人事档案管理实务与创新［M］. 延吉：延边大学出版社，2020.

［6］范杰，魏相君，敖青泉. 信息化视角下高校教学档案的建设与管理［M］. 长春：东北师范大学出版社，2019.

［7］田亚慧，龚海洁，郝彦革. 高校干部人事档案信息化管理研究［M］. 长春：吉林大学出版社有限责任公司，2021.

［8］赵雅琴. 高校档案建设与管理研究［M］. 长春：吉林出版集团股份有限公司，2020.

［9］赵红霞. 高校档案管理与服务研究［M］. 北京：中国原子能出版社，2019.

［10］刘璞. 高校档案管理与信息安全［M］. 长春：吉林出版集团股份有限公司，2019.

［11］朱敏. 信息时代高校档案管理工作面临的问题及对策［J］. 文化产业，2023（11）：13-15.

［12］田梦. 数字化视域下高校档案管理改革与对策分析［J］. 文化产业，2023（05）：19-21.

［13］贾丽君，廖利香. 大数据驱动下的高校档案信息化管理模式探析［J］. 兰台内外，2023（04）：16-18.

［14］夏宇飞，张园园，杜鹏，李亚楠. 信息化技术对高校档案管理的影响分析［J］. 兰台内外，2023（02）：16-18.

［15］崔芳芳，郝静. 大数据环境下高校档案信息化建设问题及对策［J］. 科技资讯，2023，21（01）：204-207.

［16］薛靖秋. 新时代高校档案工作发展路径探析［J］. 文化产业，2022（34）：25-27.

［17］杨婵. 提升高校档案管理工作质量的三个路径［J］. 企业文明，2022（11）：124-125.

［18］费鸿虹. 信息化背景下高校档案开发利用策略研究［J］. 江苏科技信息，2022，39（31）：41-44.

［19］白晓丹. 高校档案管理人员素质培养策略研究［J］. 产业与科技论坛，2022，21（21）：279-280.

［20］王君. 信息技术对高校档案管理的影响探究［J］. 办公自动化，2022，27（20）：46-48.

［21］郭燕. 基于用户需求的高校档案馆服务研究［D］. 保定：河北大学，2021.

［22］王晨加. 高校档案管理现状、问题及对策研究［D］. 贵阳：贵州大学，2021.

［23］张一凡. 高校档案移动服务平台建设研究［D］. 南宁：广西民族大学，2021.

［24］牟奇蕾. 高校档案馆信息服务质量研究［D］. 武汉：华中师范大学，2021.

［25］高梦杰. 高校档案信息化建设提升策略研究［D］. 郑州：郑州大学，2021.

［26］李紫楠. 高校档案利用规律研究［D］. 哈尔滨：黑龙江大学，2021.

［27］孟娜. 湖南省"双一流"高校档案信息化管理研究［D］. 湘潭：湘潭大学，2020.

［28］张博. 基于质量管理的高校档案管理流程研究［D］. 济南：山东大学，2020.

［29］薛茗月. 高校档案数字化管理问题研究［D］. 乌鲁木齐：新疆农业大学，2019.

［30］高寒. 高校学籍档案信息管理系统研究与实现［D］. 南昌：南昌航空大学，2018.